RALPH SKUBAN

# Patanjalis Yogasutra

arkana

RALPH SKUBAN

# Patanjalis Yogasutra

DER KÖNIGSWEG
ZU EINEM WEISEN LEBEN

arkana

Editorische Hinweise:
Bei allen fremdsprachigen Begriffen, die im Text nicht ausdrücklich einer anderen Sprache zugeordnet werden, handelt es sich um Sanskrit-Wörter.
Die Zahlen, die im Inhaltsverzeichnis in Klammern aufgeführt sind, bezeichnen die Nummern der Sutras.



MIX
Papier | Fördert gute Waldnutzung
FSC® C014496

Penguin Random House Verlagsgruppe FSC® N001967

10. Auflage
Originalausgabe

in der Penguin Random House Verlagsgruppe GmbH
Neumarkter Straße 28, 81673 München
produktsicherheit@penguinrandomhouse.de
(Vorstehende Angaben sind zugleich Pflichtinformationen nach GPSR.)

Lektorat: Claudia Göbel
Covergestaltung: UNO Werbeagentur GmbH, München
Umschlagmotiv: © Brent Lewin/OnAsia.com
Satz: Buch-Werkstatt GmbH, Bad Aibling
Druck und Bindung: GGP Media GmbH, Pößneck
Printed in Germany
978-3-442-34107-8

www.arkana-verlag.de

# Inhalt

Zu lieben, das heißt: MICH erkennen,
MEIN wirkliches Wesen,
die Wahrheit, die ICH BIN.
Durch diese Erkenntnis gehst du
augenblicklich ein in MEIN SEIN.

BHAGAVAD GITA

# Einführung

Wir wissen nicht, wer Patanjali war oder wann er gelebt hat – es war wohl irgendwann zwischen 400 vor und 400 n. Chr. Manche Forscher glauben, es müsse sich um jenen Patanjali handeln, der auch zwei Werke über Medizin und Grammatik verfasst hat. Andere bezweifeln das. Wir sollten es also halten wie der christliche Mystiker Thomas von Kempen (1380–1471), der sagte: »Frage nicht, wer das gesagt hat, sondern achte auf das, was gesagt wird.«

Auf die Botschaft kommt es an. Und diese ist umfassend. Wissenschaft und Praxis des Yoga müssen bereits zu Patanjalis Zeiten seit Jahrhunderten existiert haben und so ist es sein Verdienst, erstmals eine strukturierte Darstellung des Yoga vorgelegt zu haben. Seine Schrift gilt bis heute als *der* Grundlagentext des Yoga überhaupt.

Die knapp 200 Verse – wir können sie auch Sutras oder Aphorismen nennen – sind aneinandergereiht wie Perlen auf einem Faden. Das ist es auch, was das Wort *sutra* meint: Faden. Es gibt keinen Text, der in vergleichbarer Dichte, Logik und Präzision den Entwicklungsweg des Bewusstseins beschreibt, den man Yoga nennt.

*Yoga* heißt »Verbindung« oder »Einheit« und ist ein Wort für Weg und Ziel zugleich: Als Ziel steht es für den Bewusstseinszustand des Zu-sich-selbst-gekommen-Seins, für den es viele Namen gibt: Befreiung, Nirvana, Himmelreich, Selbstverwirklichung, Friede, Stille, Erleuchtung und noch zahlreiche andere. Als Weg bezeichnet Yoga die Vielfalt der Methoden, die diesem großen Ziel dienen. Das *Yogasutra* gibt uns, frei von Dogmen und ohne den erhobenen Zeigefinger der Moral, in liebenswerter Anerkennung des Menschen und seiner Schwächen das Rüstzeug an die Hand, den höchsten Berg zu erklimmen, den es gibt: uns selbst.

Wer keine Flügel hat, kann nicht wissen, wie es sich anfühlt, ein Vogel zu sein. So versucht das erste Kapitel des *Yogasutra* eigentlich Unmögliches, nämlich das Unsagbare zu sagen. Patanjali gibt uns Hinweise, wie wir einen Seinszustand erlangen können, der uns jene innere Freiheit zurückgibt, die wir eigentlich nie verloren haben. Wir haben sie nur vergessen. Mit wissenschaftlicher Akribie entfaltet er den Wachstumsprozess des Menschen, einen Prozess, der das Abstreifen all dessen bedeutet, was wir nicht wirklich sind, um so zur Wahrheit unseres Seins zu gelangen, zu »wirklichem Wissen«, wie Patanjali auch sagt. Dies geschieht in der meditativen Gipfelerfahrung des Samadhi, und so heißt das erste Kapitel »Samadhi Pada«, also: »Kapitel über Samadhi«. Hier mit »Meditation« überschrieben, setzt es den großen Rahmen und stellt uns das Höchste in Aussicht: das Einswerden mit der Quelle.

Patanjali definiert Yoga als das Zur-Ruhe-Kommen aller mentalen Muster. Sie hindern uns daran zu erkennen, dass unsere wahre Natur reines Gewahrsein ist, jenseits allen Leides, reine Glückseligkeit. Zu dieser Erfahrung will das *Yogasutra* uns hinführen. Es ist ein Weg der Selbstentwicklung, der uns loslöst von der irrtümlichen und leidhaften Verstrickung in die Welt, deren Erleben vor allem von unseren Wahrnehmungen, Gedanken und Gefühlen bestimmt ist. Am Ende des Weges steht die Befreiung von dieser großen Täuschung. Dies ist *kaivalya* – ein Seinszustand, der über alle Worte hinausgeht.

Im zweiten Kapitel geht es um Sadhana, das heißt »Übung« und meint unsere tägliche, konkrete spirituelle Praxis. Den Rahmen steckt Patanjali mit dem Begriff des Kriya Yoga ab – in *kriya* steckt *kr*, was »tun« bedeutet. Auf drei Säulen ruht der Übungsweg: auf der konkreten Bemühung, also den vielfältigen Methoden des Yoga, auf der Selbsterforschung, in der wir uns selbst verstehen lernen, und schließlich auf *Isvarah-pranidhana*, der Hingabe.

Patanjali spricht über das Leid des Menschen und seine Ursachen. Zu ihrer Überwindung entfaltet er ein Übungssystem aus acht Elementen, das Kriya Yoga mit konkretem Leben erfüllt. Er lässt uns auch wissen, wie bereichernd und wunderbar die Früchte sind, die wir bereits auf dem Weg ernten können. Fünf äußere Elemente stellt er uns in diesem Kapitel genauer vor: Dies sind Regeln für den Umgang mit uns selbst und der Welt, die Arbeit mit unserem Körper und seiner Lebensenergie, und der Rückzug der Sinne, jenes Loslassen in die Entspannung hinein, das zur Brücke wird für die drei inneren Elemente, die im dritten Kapitel folgen.

Oft wird das *Yogasutra* auf das zweite Kapitel verkürzt. Das ist einerseits bedauerlich, weil Patanjali doch so viel mehr zu sagen hat. Andererseits ist dies nicht so schlimm, weil mystische Texte immer gleichsam holografisch sind – so wie Gott und die Welt: Im Teil steckt schon das Ganze. Und so begegnen wir dem ganzen Gebäude gewissermaßen auch dann, wenn wir nur einen Teil studieren. Ich will den Leser dennoch ermutigen, das ganze *Yogasutra* zu lesen – es ist ein lohnenswertes Unterfangen, denn letztlich bedeutet es, uns selbst zu studieren.

Das dritte Kapitel – »Loslösung: Vibhuti Pada« – schließt die Darlegung der acht Elemente des Yoga ab – und entführt uns dann in eine Welt der Wunder. Es beginnt mit den drei inneren Gliedern des Yoga. Alle äußere Praxis, die Gegenstand des zweiten Kapitels war, dient allein dem Zweck, die Voraussetzungen dafür zu schaffen, sich den inneren Übungen widmen zu können: Konzentration, Meditation und – als Gipfelpunkt – Samadhi. Sie sind innigst miteinander verbunden, ein Element fließt ganz natürlich zum nächsten hin. Gemeinsam bewirken sie jene Transformation des Bewusstseins, die wir Loslösung nennen können – ein Weg zu innerer Freiheit.

Der zweite, größere Teil des Kapitels beschäftigt sich mit den ungewöhnlichen Fähigkeiten, die sich auf dem spirituellen Weg entwickeln können. Die Yogis nennen sie *vibhutis* (oder auch *siddhis*), und so nennt Patanjali das dritte Kapitel *vibhuti pada.* Wir werden sehen, dass die Entwicklung besonderer psychischer Fähigkeiten eng verbunden ist mit dem zunehmenden Gewahrsein unseres inneren Kosmos und den Kräften, die in unserem Körper wirken. Am Ende des Prozesses steht die Loslösung von *kaya* und Chitta, also von Körper und individuellem Bewusstsein, und die befreiende Erfahrung, dass wir keines von beiden sind, sondern reines, absolutes Gewahrsein.

Das dritte Kapitel des *Yogasutra* gehört zu den faszinierendsten und geheimnisvollsten Texten der spirituellen Weltliteratur. Es ist zugleich jenes, das am wenigsten kommentiert wurde. Dabei transportiert es auf knappem Raum einen ungeheuren Reichtum an yogischen Ideen und weist zudem eine innere Bewegung und Struktur auf, die nach einem weitergehenden Aufschließen geradezu ruft. Diesem Rufen habe ich hier zu folgen versucht.

Das letzte, vierte Kapitel ist das kürzeste. Es heißt *kaivalya,* Befreiung. Patanjali stellt die spirituelle Evolution als natürlichen Prozess dar. Ob wir wollen oder nicht, ob es uns bewusst ist oder nicht: Wir sind hier, um uns von der Verstrickung in die Welt zu lösen und schließlich »nach Hause« zu gehen. Allein diesem Zweck dient die Welt: Uns erkennen zu lassen, dass wir nicht von ihr sind. Alles Üben dient nur dem Öffnen von Schleusen, dem Entfernen von Blockaden auf allen Ebenen unseres Seins, um diese natürliche Entwicklung ihren Gang nehmen zu lassen. Es gilt nicht, etwas auf dem Yoga-Weg hinzuzugewinnen, sondern Gepäck zurückzulassen. Wenn wir ganz nach oben wollen, müssen wir alles loslassen, was uns beschwert.

Patanjali zeigt sich als aufgeklärter Psychologe, wenn er uns über die Mechanik der tief in uns wirkenden Denk- und Verhaltensmuster belehrt. Er denkt wie die Avantgarde der Physiker, wenn er feststellt, dass auf der fundamentalen Ebene materieller Existenz alle Dinge eins sind. Er ist moderner Erkenntnistheoretiker, wenn er das Problem von subjektiver Wahrnehmung und objektiver Existenz thematisiert. Und er ist verwirklichter Geist im reinsten Sinne des Wortes, wenn er sich am Ende des Kapitels dem ultimativen Prozess des Loslassens widmet, dem Loslassen all dessen, was wir auf dem Yoga-Weg gewonnen haben. Auch das müssen wir loslassen, um wirklich frei zu werden.

# 1
# Meditation: Samadhi Pada

In jedem Haus brennen Lichter, du Blinder!
Und du kannst sie nicht sehen.
Eines Tages aber, ganz plötzlich,
werden deine Augen sich öffnen,
und du wirst sehen.
Und die Fesseln des Todes
werden von dir fallen.

*Kabir (1440–1518),*
*indischer Yogi,*
*Mystiker, Dichter und Musiker*[1]

# Was ist Yoga? (1–4)

**1**

**Nun ist es so weit:**
**Die Einführung in Yoga beginnt.**

## *Umkehr*

Mit A fängt das Alphabet an, und mit A beginnt auch Patanjali: »*Atha*« – »Nun also«, sagt er, und meint: »Angekommen an diesem aussichtsreichen Moment, auf den euch euer bisheriges Leben vorbereitet hat, beginnt jener Weg, der euch zur Erfahrung eurer wahren Natur führen wird: zum Zustand von Yoga, zum inneren Licht, zum reinen Gewahrsein.« Dieser Moment ist deshalb so aussichtsreich, weil er eine totale Richtungsänderung bedeutet: vom Außen zum Innen. Es ist jene Umkehr, jenes Ganz-neu-Denken oder griechisch *metanoia,* von dem auch Jesus spricht, wenn er uns auffordert, uns nach innen zu wenden, weil das Verstricktsein in die äußere Welt auf der Suche nach immer mehr und dauernd anderen Dingen so viel Leid mit sich bringt. Das Glück auf dem äußeren Weg zu erhoffen, ist ein Irrtum oder *hamartia,* wie es im Neuen Testament heißt.

Es ist eine traurige Wahrheit, dass aus *hamartia* und *metanoia* in Verkehrung der ursprünglichen Botschaft die Begriffe Sünde und Buße wurden: So wurden aus Irrtum und Umkehr Schuld und Strafe. Nur zwei Wörter genügen also, um eine Botschaft der Befreiung in eine der Knechtschaft zu verwandeln. Jesus sprach vom gleichen Grundirrtum, der Ausgangspunkt allen mystischen Denkens ist. In der spirituellen Tradition Indiens wird dies *avidya* genannt, was so viel heißt wie: Nicht-Sehen, In-der-Dunkelheit-Sein. Gemeint ist, dass wir glauben, wir wären bloß Körper, Gedanken und Gefühle und als solche getrennt vom Ganzen des Seins, in unserem Wohlsein vollkommen abhängig von einer Vielzahl von Dingen, die sich unserer Kontrolle entziehen. Da nehmen uns selbst die sporadischen Phasen von »Spaß« nicht das ungute Grundgefühl im Leben, dass es letztlich tödlich enden wird. Und dann? Vor allem: Was bis dahin? Patanjali schlägt vor: Wende dich der Methode des Yoga zu, um zum Zustand von Yoga zu gelangen: zur Selbst-Verwirklichung. Um nichts weniger geht es dabei. Mit anderen Worten: um alles. Auf dem Weg des Yoga mögen uns gute Dinge begegnen: mehr innere Ruhe und Klarheit, mehr psychische Balance und Stabilität, mehr Gesundheit auch für unseren Körper. All dies ist wunderbar und dennoch sind es bloß willkommene Nebenerscheinungen der Therapie, denn Yoga ist Gesundung: Er soll uns ganz und heil machen – bis auf den Grund unseres Seins. Und in diesem Sinne sind alle spirituellen Wege Heil(s)-wege, sie alle sind Yoga.

## 2

**Yoga ist das Zur-Ruhe-Kommen der dauernd sich verändernden mentalen Muster.**

3

**Dann ruht der Seher in sich selbst:**
**Dies ist Selbst-Verwirklichung.**

4

**Zu anderen Zeiten, wenn wir nicht im Zustand**
**der Selbst-Verwirklichung sind, nimmt**
**der Seher die Form der mentalen Muster an:**
**Es scheint, als wäre er identisch mit ihnen.**

## *Der Zustand des Yoga*

*Vrittis* sind die sich permanent verändernden mentalen Muster, mit denen wir uns bewusst oder unbewusst identifizieren. Yoga, sagt Patanjali, ist der Zustand der Selbst-Verwirklichung, den wir dann erfahren, wenn alle diese Muster endlich zur Ruhe gekommen sind *(nirodhah)*. Zu ihnen gehören unser Wollen und Nicht-Wollen, unsere Ängste und Sorgen, unser Ärger und Zorn, all das oftmals so zwanghafte Denken, verbunden mit dem Auf und Ab von Gefühlen, unser mehr oder weniger gesichertes Wissen, unsere Urteile über Richtig und Falsch, unsere Erinnerungen – eben die vielen vergänglichen und fragilen Bausteine, die wir in ihrer Gesamtheit für das halten, was wir dann »Ich« nennen. Wenn alle *vrittis* in unserem Bewusstsein, Chitta, zur Ruhe kommen, wenn der See des Geistes still geworden ist, dann können wir auf seinen Grund blicken. Wir treten ein in die uns allen gemeinsame Stille, die unsere wirkliche, unsterbliche und glückselige Natur ist.

Wir erfahren unser inneres Licht, Purusha. Nichts weniger als das also verspricht Patanjali.

Das *Tao Te King* sagt: »Die Stille offenbart die Geheimnisse der Ewigkeit« (Vers 16). Wenn wir dieser inneren Stille nicht gewahr sind, befinden wir uns im Zustand der Nicht-Verwirklichung. Dann identifizieren wir uns mit all den Bildern, Gedanken, Ideen, Erinnerungen und Emotionen, die vor uns aufziehen und vergehen. Wir setzen uns gleich mit allen Regungen auf dem Feld des Bewusstseins, mit den Bildern auf der Filmrolle, die wir Leben nennen. Wir glauben, wir wären, was wir wahrnehmen, denken und fühlen. Und so verhüllen wir das innere Licht, das wir wirklich sind. Wir leben in *avidya* (oder, mit Jesus gesprochen: in *hamartia*), in jener spirituellen Blindheit, die der letzte Grund aller Ängste und Sorgen ist, die Ursache allen Ärgers und Zorns, der fruchtbare Boden des Leidens und das Fundament unserer Angst vor dem Tod.

## Vrittis – die mentalen Muster (5–11)

5

Es gibt fünf Arten mentaler Muster.
Sie können mit Leid verbunden sein oder nicht.

6

Diese fünf sind: richtiges Wissen, falsches Wissen,
Vorstellung, tiefer Schlaf und Erinnerung.

7

Richtiges Wissen kann auf drei Wegen
erlangt werden: durch direkte Wahrnehmung,
über logische Ableitung und mittels Zeugnis.

8

Falsches Wissen beruht darauf,
dass wir eine Sache anders wahrnehmen,
als sie in Wirklichkeit ist.

9

Vorstellungen sind mentale Muster,
die nicht auf real existierenden Objekten beruhen.

10

Tiefer Schlaf hat die Leere zum Objekt.

## 11
**Erinnerungen sind in der Vergangenheit entstandene Eindrücke, die nicht losgelassen wurden.**

### *Chitta*

Die Yoga-Wissenschaft bezeichnet mit Chitta das, wofür wir in mühsamer Annäherung die sehr unpräzisen Wörter »Geist« oder »Bewusstsein« verwenden müssen. Schon deshalb stiften Übersetzungen aus den philosophischen und spirituellen Traditionen des Ostens bei uns so oft Verwirrung.

*Chitta* heißt wörtlich »das, was gesehen wurde«. Alles Gesehene, Erlebte, Erkannte und so weiter wird Teil von Chitta. Es hinterlässt seine Eindrücke wie Fußspuren auf einem Feld. Und in der Tat wird Chitta im 13. Kapitel der *Bhagavad Gita* mit einem Feld verglichen. In der Sankhya-Philosophie, aus der Patanjali schöpft und von der noch zu reden sein wird, heißt es *antahkarana*, das innere Organ. Chitta umfasst alle Zustände des Bewusstseins: Wachbewusstsein, Traum und traumloser Tiefschlaf. Chitta ist unser Bewusstsein im ganz umfassenden Sinne und schließt damit auch jene Anteile ein, die uns nicht bewusst sind. Es speichert Erinnerungen, es nimmt wahr mithilfe der Sinnesorgane. Chitta denkt, ob logisch und klug oder zwanghaft und neurotisch: Es beherbergt unser kleines Ego-Ich genauso wie die Ebene komplex-logischen Denkens und intuitiver Erkenntnis. Auch Gefühle gehören dazu. Schließlich sorgt Chitta dafür, dass Entscheidungen gefällt und in Handlung umgesetzt werden. Es umfasst die gesamte psychomentale Vielschichtigkeit des Menschen.

Die Philosophie des Ostens hat die verschiedenen Dimensionen des Denkens und Fühlens noch nie so scharf getrennt, wie dies im westlichen Denken immer der Fall war. Es ist klug, da keine künstliche Trennung vorzunehmen, wo die Dinge im Leben zusammenfließen, genügt doch schon ein einziger unangenehmer Gedanke, um eine ganze Kaskade von Emotionen auszulösen, die ihrerseits neue Gedanken entstehen lassen. Andauernde negative Gedanken und Emotionen machen uns zu körperlichen und seelischen Wracks – jeder weiß das. Und dennoch geschieht dies bei so vielen Menschen.

Die vielen Facetten von Chitta weist man im Yoga drei Hauptbereichen zu, dies ist gleichsam eine begriffliche Verdichtung aller mentalen Funktionen. Da ist zunächst *manas*, für das wir im Deutschen leider kein passendes Wort haben. Der englische Begriff *mind* ist da schon treffender. *Manas* hat eine Vielzahl von Aufgaben: Zusammen mit den Sinnesorganen ist es für unsere Wahrnehmung zuständig. Es bearbeitet dabei grundlegende Fragen biologisch-instinktiven Charakters: Ist das, was ich wahrnehme, bedrohlich oder nicht? Bietet es mir Chancen? Es ist zudem die Ebene der Rationalität, was noch nicht Klugheit und schon gar nicht Weisheit meint. Auch das zweifelnde und sorgenvolle Denken, einschließlich der damit verbundenen Gefühle, ist *manas*. Schließlich ist es jene Instanz, die getroffene Entscheidungen in Handlungen umsetzt. Wenn wir Meditation praktizieren, dann ist *manas* der Acker, auf dem wir arbeiten.

An allen mentalen Prozessen ist zweitens *ahamkara* beteiligt, unser Ich-Sinn oder Ich-Gefühl. *Ahamkara* bündelt und integriert die Vielzahl der mentalen Vorgänge. Wir brauchen es zur Abgrenzung von anderen und zur Selbstbehauptung. Im spirituellen Sinne steht es zugleich für das letztlich illusorische Gefühl, ein separates und vom Ganzen des Seins getrenntes Ich zu sein.

*Buddhi* ist jener Bereich von Chitta, der für komplexes Denken zuständig ist – wir können ihn als höhere Intelligenz bezeichnen. *Buddhi* ist Wachsein, Weisheit und Intuition. Eines der wichtigsten Ziele im Yoga ist es, *viveka*, unterscheidendes Gewahrsein oder Unterscheidungskraft, zu entwickeln (2.15). *Viveka* kommt aus *buddhi*. Von *buddhi* inspiriertes Denken ist immer klug. Es ist nicht ichzentriert. Deshalb ist es weise. *Buddhi* ist jener Teil in uns, in den Purusha, der Seher, unser Reines Gewahrsein, hineinstrahlt. Unser ganzes Erleben und Handeln in der Welt wird bestimmt vom Zusammenspiel dieser drei Aspekte unseres Bewusstseins. Ist unsere Wahrnehmung klar oder voreingenommen? Leben wir ständig in der kleinen Welt, die wir »Ich« nennen oder können wir über den Tellerrand hinausblicken?

Man kann also sagen, dass Chitta alles an uns ist, was nicht bloß Körper ist. Noch ein Zweites ist es nicht: Jene Dimension von »Geist«, die wir meinen, wenn wir *spirit* sagen. Das lateinische *spiritus* heißt Atem – das ist es, was uns belebt. Chitta gibt uns kein Leben, vielmehr muss es selbst belebt (in-spiriert) werden. Chitta lässt uns leiden, nämlich dann, wenn es zu unruhig ist – wenn wir von ihm benutzt werden, anstatt es zu benutzen. Hat der See des Bewusstseins Wellengang, und den hat er fast immer, dann nennt Patanjali diese Wellen *vrittis*, was wörtlich heißt: Wirbel.

## *Vrittis*

*Vrittis* sind die dauernd sich wandelnden Muster in Chitta. *Vrittis* sind unsere Wahrnehmungen. Sie sind, was wir denken und was wir träumen, unsere Erinnerungen und auch unsere Gefühle. Jede vorstellbare Regung in unserem Bewusstsein ist *vritti*. *Vrittis* können Leid erzeugen oder auch nicht.

Fünf Arten von *vrittis* benennt das *Yogasutra*, sie beschreiben das ganze Feld von Chitta: richtiges Wissen, falsches Wissen, Vorstellung, Schlaf und Erinnerung. Alles ist darin enthalten, jeder mentale Zustand: Wachen, Träumen, Sehen, Hören, Sprechen und Fühlen, jede geistige Regung, und sei sie noch so subtil oder erhaben. Die *vrittis* in unserem Bewusstsein machen uns zu der Person, die wir gegenwärtig sind. »Person« kommt vom lateinischen Wort *persona:* Maske oder Larve – ein im wahrsten Sinne des Wortes entlarvender Begriff. Er sagt nämlich, dass wir nicht wirklich sind, was wir glauben und vorgeben zu sein.

*Pramana:* Das erste *vritti* ist *pramana:* richtiges Wissen. Zu solchem können wir auf drei Wegen gelangen:

- Wenn unsere Sinne intakt sind, können wir durch direkte Wahrnehmung *(pratyaksha)* sicheres Wissen erlangen: »Dort steht ein Haus. Ich weiß das, weil ich es dort stehen sehe.« Natürlich gilt das nur, wenn und insoweit unsere Wahrnehmung ohne Beeinträchtigung funktioniert. Und selbst dann noch ist klar, dass selbst das feinste Gehör nicht alles hören und auch das schärfste Auge nicht alles sehen kann.
- Zu richtigem Wissen können wir auch gelangen, indem wir logisch schließen *(anumana)*: »Wo Rauch ist, da ist auch Feuer«.
- Der dritte Weg, auf dem wir es erlangen können, sind verlässliche Quellen oder Zeugnis *(agama)*: Dies können spirituelle Schriften oder wissenschaftliche Texte sein und natürlich kann dies auch ein guter Lehrer sein.

Der Erkenntnisweg im Yoga verläuft normalerweise von der dritten zur ersten Form. Wir lesen zum Beispiel ein gutes Buch über Yoga oder jemand berichtet uns davon (Zeugnis). Dann stellen wir unsere eigenen Überlegungen an (logischer Schluss). Schließlich beginnen wir, selbst zu üben (direkte Erfahrung).

Die grundlegendste Form richtigen Wissens ist das Gegenteil von *avidya*. Es bedeutet zu wissen, wer wir sind.

*Viparyaya:* Falsches Wissen, *viparyaya*, das zweite *vritti*, ist ein mentales Muster, das durch eine Wahrnehmung ausgelöst wird, die nicht mit der Wirklichkeit übereinstimmt. Die Yogis erzählen gerne die Geschichte vom Seil, das für eine Schlange gehalten wird: Die Reaktion *(vritti)*, die beim

Anblick der Schlange im Bewusstsein entsteht, ist als mentales Muster zwar real, ihr Inhalt aber stimmt nicht überein mit der Wirklichkeit. Falsches Wissen verursacht sehr oft Leiden, vor allem im Bereich zwischenmenschlicher Beziehungen. Die grundlegendste Form von *viparyaya* – und zugleich das Fundament allen Leidens – ist *avidya.*

*Vikalpa:* Vorstellungen, *vikalpa,* sind das dritte *vritti.* Sie sind Schöpfungen unseres Geistes, geformt aus mentalen Inhalten: Konzepte, Geschichten und Worte. Es ist eine Welt der Ideen, bloße Vorstellung, Einbildung und Fantasie, der keine objektive Wirklichkeit zugrunde liegt. Worte, Geschichten, Konzepte und mentale Erfindungen – mögen sie Leid verursachen oder auch nicht – sind nicht die Wirklichkeit. In diesem Sinne sind sogar die Yogasutras *vikalpa:* Sie sind nur Worte. Zwar wollen sie auf die Wirklichkeit verweisen, doch sind sie nicht die Wirklichkeit selbst.

*Nidra:* Auch der unbewusste Zustand des tiefen Schlafes, *nidra,* ist ein *vritti,* sagt Patanjali – es ist das vierte. Dabei ist der Gegenstand unseres Bewusstseins die Leere. Es ist eine süße Leere, die uns Erholung schenkt, fast so süß wie Samadhi, die meditative Gipfelerfahrung. Leider sind wir dessen nicht gewahr, da *nidra* die Wachheit des Samadhi fehlt. Wie nah (oder fern) sich *nidra* und Samadhi sind, können wir im *Yoga-Vasishta* nachlesen, wo wir über den zu Lebzeiten verwirklichten oder befreiten Menschen – den *jivanmukti* – lesen können: »Er ist wach und genießt die Stille tiefen Schlafes.«[2]

*Smriti:* Erinnerung, *smriti,* ist das letzte der fünf *vrittis:* Ein mentales Muster, das sich darin zeigt, dass ein in der Vergangenheit erfolgter und nicht verloren gegangener oder nicht losgelassener Eindruck reproduziert wird: Er steigt wieder auf an die Oberfläche des Sees unseres Bewusstseins und schlägt erneut seine Wellen.

Diese fünf *vrittis* lassen sich auf einfache Weise so zusammenfassen: Das erste ist richtiges Wissen, das zweite ist falsches Wissen, das dritte ist eingebildetes Wissen, und das vierte ist gar kein Wissen. Das fünfte schließlich ist vergangenes Wissen.[3]

## Praxis und Loslassen – Abhyasa und Vairagya (12–16)

12

Diese mentalen Muster können durch Praxis und eine innere Haltung des Losgelöst-Seins zur Ruhe gebracht werden.

13

Praxis bedeutet, sich darin zu üben, einen stabilen Zustand mentaler Stille zu erreichen.

14

Wird eine Praxis lange Zeit ohne Unterbrechung und mit Hingabe verfolgt, dann wird sie zur stabilen Grundlage.

15

Losgelöst-Sein ist ein Zustand, in dem völlige Wunschlosigkeit erreicht ist in Bezug auf Gesehenes und Gehörtes, selbst im Blick auf das, was in den Schriften vermittelt wird.

16

Wenn es nicht einmal mehr ein Anhaften an den Grundbausteinen der Natur gibt, weil es zur Erfahrung reinen Gewahrseins, Purusha, gekommen ist, dann ist dies die höchste Form des Loslassens: das Große Losgelöst-Sein.

## *Das Loslassen üben*

Losgelöst-Sein, *vairagya*, und Praxis oder Übung, *abhyasa*, sind wie zwei Flügel, die uns in die Stille tragen. Mit ihrer Hilfe können wir das innere Gefängnis verlassen, in dem unser Glück allein davon abhängt, ob die Dinge, denen wir im Leben begegnen, so sind, wie wir sie haben wollen – oder eben nicht so sind, wie wir sie nicht haben wollen, was auf das Gleiche hinausläuft.

*Abhyasa* ist die kontinuierliche Bemühung, sich in Richtung *chitta vritti nirodhah* zu entwickeln, dem Zur-Ruhe-Kommen der mentalen Muster (1.2). *Abhyasa* ist nicht bloß eine begrenzte Übung für begrenzte Zeit, das Leben selbst muss *abhyasa* werden. Es ist nicht von Bedeutung, welcher konkreten Praxis (Sadhana) wir folgen und welcher Tradition diese entstammt, denn Wege gibt es so viele, wie es Menschen gibt – der Übungsgegenstand ist immer einer: das Loslassen.

*Vairagya* meint: nicht anhaften an den Dingen, die wir mögen oder nicht mögen. Es ist ein Ausbrechen aus der Gefangenschaft äußerer Umstände, ein inneres Sich-Erheben über die mit Leid verbundenen Polaritäten des Lebens. *Vairagya* bedeutet nicht, dass uns das Leid anderer egal ist. Es bedeutet nicht, unser Mitgefühl aufzugeben, oder nicht mehr hilfreich sein zu wollen. Es ist vielmehr das Gegenteil: Ohne schmerzhafte Verwicklung in alles, was geschieht, ist unser Blick klarer, unser Mitgefühl tiefer und unsere Hilfe kraftvoller. Können wir annehmen, was wir nicht ändern können? Das ist *vairagya*. Können wir loslassen, was festzuhalten nur Schmerz bringt? Das ist *vairagya*.

Können wir wirklich vergeben, etwas also nehmen, als sei es nie geschehen? Das ist *vairagya.* Können wir in der Welt sein, ohne unablässig auf alles mit Billigung oder Missbilligung zu reagieren? Das ist *vairagya.*

Nach der Erfahrung des inneren Lichts geht der Yogi über die mit Leid verbundene Zweischneidigkeit des Lebens hinaus: Freude und Schmerz, Wollen und Nicht-Wollen, Erfolg und Misserfolg. Das ist *paravairagya:* das große Losgelöst-Sein. Es ist ein Leben in vollkommener innerer Freiheit, es ist absolut im Sinne des lateinischen Wortes *absolutus,* das auch heißt: losgelöst. Es ist totaler innerer Friede, reine Stille – auch im Angesicht äußerer Stürme. Es ist der innere Zustand des Befreiten, der Yoga erreicht hat. In der *Bhagavad Gita* steht geschrieben: »Wenn dies erfahren wird, existieren keine Fragen mehr.« (Kap. 2, Vers 72)

## *Patanjalis große Aufforderung*

Daher können wir *vairagya,* das Losgelöst-Sein, und *kaivalya,* die Befreiung, als eins sehen. Die Meditation selbst ist eine Übung in *vairagya:* Zuerst müssen wir unsere körperlich-mentale Anspannung loslassen und die Sinne nach innen wenden, um uns überhaupt konzentrieren zu können. Dann fokussieren wir ein Objekt allein, lassen also alle anderen Gedanken los. Wir vertiefen den Prozess zu Meditation, um eines Tages auch die Krücke des Meditationsobjektes fortzuwerfen und Samadhi zu erreichen.

So ist das ganze *Yogasutra* letztlich eine Anleitung zu

*vairagya.* In den ersten vier Versen spannt Patanjali den Bogen: Yoga ist das Ziel, der Zustand, in dem alle *vrittis* losgelassen wurden. Dann werden wir über die *vrittis* belehrt. Schließlich folgt die große Aufforderung: Übe das Loslassen!

## *Vairagya – der Kern der ewigen Weisheit*

Die Bedeutung des Loslassens ist der Kern aller spirituellen Traditionen, es ist *philosophia perennis,* wie es im Lateinischen heißt, ewige Weisheit. Die *Bhagavad Gita* ist übervoll davon. Als Arjuna seinen Lehrer Krishna fragt, was denn einen befreiten Yogi auszeichne, ist es die Haltung des Losgelöst-Seins, die Krishna als erstes und wichtigstes Merkmal benennt: »Wer alle persönlichen Wünsche losgelassen hat und vollkommen zufrieden in der Wirklichkeit seines wahren Selbst (Atman, Purusha) ruht, den nennt man einen vollkommenen Weisen.« (Kap. 2, Vers 55) Es ist genau diese Botschaft, die Jesus uns im *Thomas-Evangelium* bringen will, wenn er das Loslassen (die Vergebung) so wendet: »Werdet Vorübergehende.« (Logion 42) Meister Eckhart – nennen wir ihn einen in Gotha geborenen christlichen Yogi – wurde im 13. Jahrhundert beinahe zum Opfer der Inquisition, wie so viele, die zur befreienden Wahrheit gelangten und sich der Knechtschaft kirchlicher Unterdrückung zu entziehen versuchten. Er sagte in der ihm eigenen Sprachgewalt: »Du musst wissen, dass sich noch nie ein Mensch in diesem Leben so weitgehend gelassen hat, dass er nicht gefunden hätte, er müsse sich noch mehr lassen. (...) So weit du ausgehst aus allen Dingen, so weit, nicht weniger und nicht mehr, geht Gott ein mit all dem Seinen. (…) Da findest du wahren Frieden und nirgends sonst.«[4]

Alle Yoga-Wege sind Wege zu *vairagya:*

- Bhakti Yoga ist »sich völlig lassen«, der Weg der Hingabe: sich hinzugeben bedeutet, das loszulassen, woran man noch immer festhält: sich selbst.
- Jnana Yoga bedeutet zu erkennen, was im absoluten Sinne wahr ist und was nicht, es ist der Weg der Weisheit. Weisheit besteht darin, das Vergängliche vom Unvergänglichen zu unterscheiden und falsche Identifikationen loszulassen.
- Karma Yoga, der Weg des Handelns, meint: In der Welt zu handeln, ohne sich an den Früchten des Tuns festzuhalten. Es ist ein Tun, ohne zu tun, genau das, was im Taoismus *wu wei* genannt wird: Losgelöst handeln.
- Raja Yoga, sich in die Meditation zu begeben, heißt: alle mentalen Konzepte loslassen, sich leer machen, so leer, dass der Seher in sich selbst ruht. Dieses Loslassen macht auch den Reichen »arm im Geist«, sodass er das große Ziel erreichen kann.

Lassen wir noch einmal Meister Eckhart zu Wort kommen: »Der Mensch«, sagt er, »hätte ein rechtes Himmelreich, der um Gottes willen auf alle Dinge verzichten könnte, was immer Gott gäbe oder nicht gäbe.«[5] Es ist gleichgültig, welchem (Yoga-)Weg wir folgen – er führt uns immer zu *vairagya.*

# Samadhi (17–18)

## *Verwirrung um Samadhi*

Es geht nun um Samadhi, das große Ziel. Vorweg sei gesagt, dass unter Fachleuten – unter Swamis, also hinduistischen Lehrern, genauso wie innerhalb der akademischen Zunft – ein fast schon amüsantes Durcheinander darüber herrscht, wie viele Stufen meditativer Gipfelerfahrungen (Samadhi) Patanjali nun eigentlich benennt, in welcher genauen Reihenfolge sie eintreten und welcher Aspekt sich im Detail wie zu welchem anderen verhält und so fort. Diese Unstimmigkeiten sind bemerkenswert, denn letztlich ist ja das Erreichen des höchsten Bewusstseinszustandes – *nirbija samadhi* – das Ziel des ganzen Unterfangens, das wir Yoga nennen (1.51). Alles, was Patanjali sagt, hat also dies im Auge. Die Vermutung liegt nahe, dass die wenigsten Yogis diesen Zustand je erreicht haben, und wenn doch, so ist die Präzision der Beschreibung, an der sich manche versuchen, dem Gegenstand wohl nicht angemessen. Wie sonst ließen sich schon in formal-logischer Hinsicht so viele Unstimmigkeiten feststellen? Aristoteles, Platons Schüler, wies schon vor etwa 2500 Jahren darauf hin, dass man sich einem Gegenstand wissenschaftlich nur in der Weise und auch nur insoweit nähern kann, als er es seiner Natur nach zulässt. Sterne lassen sich eben nicht mit Mikroskopen untersuchen. Und Samadhi ist nicht für das Reißbrett geeignet.

Der Kern dessen jedenfalls, was die Yogasutras

ausdrücken wollen, ist klar: Dass es die Praxis des Yoga ist, die uns Schicht um Schicht näher an das Zentrum dessen führt, was oder wer wir wirklich sind: zu Purusha, dem Zeugen und Beobachter, zum inneren Licht reinen Gewahrseins. Ein Gewahrsein, das so unbegreiflich, unbeschreiblich, großartig und erlösend ist, dass manche Bücher allein davon handeln, wie es wohl sein mag, in diesem Zustand zu leben, so zum Beispiel die wundervolle *Ashtavakra Gita:* »Jenseits aller Form. Für immer still. Genau so bin ich.« (Kap. 7, Vers 3) Auch der bekannteste Teil der *Bhagavad Gita* (die letzten Verse des 2. Kapitels) behandelt die Frage, wie denn einer ist, der den höchsten Zustand von Yoga erreicht hat: »Er erfährt die Glückseligkeit von Atman und will nichts mehr sonst.« (Kap. 2, Vers 55) Mahatma Gandhi hat diese Verse täglich rezitiert.

Die Meditation nimmt Schleier um Schleier von unserer Wahrnehmung, bis wir in das Objekt der Konzentration so weit eingetaucht sind, dass wir eins mit ihm werden, so eins, dass wir uns selbst – gemeint ist: unser Ego-Ich – hinter uns lassen und auf den Grund dessen blicken, was so treffend »See des Geistes« genannt wurde.[6] Und dieser Blick ist transformierend.

## *Der philosophische Hintergrund des Yoga*

Um die nun folgenden Sutras besser verstehen zu können, ist es sinnvoll, ein wenig über den philosophischen Hintergrund des Yoga zu erfahren: die Sankhya-Philosophie. Sie geht auf den legendären Weisen Kapila zurück und ist die theoretische Grundlage für den praktischen Weg des Yoga. Yoga und Sankhya gelten als untrennbar. Im 5. Kapitel der *Bhagavad Gita* lesen wir: »Narren, nicht aber Weise, sagen, dass Sankhya und Yoga verschieden wären.« (Kap. 5, Vers 5) Sankhya ist die Landkarte, Yoga das Fahrzeug. Das *Yogasutra* ist ganz davon durchdrungen, doch gleichzeitig gibt Patanjali dieser Philosophie eine durchaus eigenständige Note. Deshalb sprechen manche auch vom »Patanjali-Sankhya«.[7]

Sankhya hat sich, wie die anderen Denksysteme Indiens auch, aus den Veden entwickelt. Vor 2600 Jahren entstanden, ist es wohl das älteste philosophische System Indiens, vielleicht das älteste der Menschheit überhaupt. Die anderen Denkschulen (Darshanas) haben daraus geschöpft. Auch Buddhas Lehre ist davon beeinflusst, was nicht verwundert, war doch einer seiner Lehrer ein Sanhkya-Gelehrter namens Rishi Alar Kalam.

Wie in allen indischen Darshanas geht es auch im Sankhya um Befreiung durch Erkenntnis – jene Erkenntnis, welche die spirituelle Blindheit beseitigt. Das *Yogasutra* legt hierzu einen praktischen Übungsweg dar, denn nur den wenigsten Menschen ist es vergönnt, durch philosophische Kontemplation (Jnana Yoga) zur Erfahrung inneren Friedens und Losgelöstseins zu gelangen. Patanjalis Yoga will uns durch Praxis zu Samadhi führen, zu jenem besonderen Bewusstseinszustand, in dem die befreiende Erkenntnis aufscheint.

Samadhi geht sehr tief, wir könnten auch sagen: unvorstellbar tief. Es ist eine meditative Versenkung in die

Grundbausteine des Seins, in das Fundament der Schöpfung selbst, das in der Sankhya-Philosophie Prakriti genannt wird. In Ermangelung eines vergleichbaren Begriffs wird Prakriti meist mit »Natur« übersetzt. Tatsächlich aber ist alles, was ist, Prakriti – außer Purusha, unserem inneren Licht. Prakriti ist die Welt, die wir sinnlich erfahren und in die hinein wir handelnd wirken. Sie unterliegt den Gesetzen von Ursache und Wirkung, ist veränderlich und unbewusst. Purusha dagegen ist reines Bewusstsein, unveränderlich und jenseits von Ursache und Wirkung – völlig losgelöst. Purusha gibt Prakriti Bewusstsein. Und Prakriti gibt Purusha die Erfahrung der Welt.

Der Weg des Yoga hat nur den einen Zweck: zu erkennen, dass wir nicht Prakriti sind. Indem wir erkennen, was wir nicht sind, erkennen wir, was wir in Wahrheit sind: alles durchströmendes, reines Gewahrsein. Es ist ein Prozess der Einswerdung mit der inneren Wahrheit durch die Trennung von falschen Identifikationen: Yoga, die Verbindung mit Purusha, geschieht durch *viyoga*, die Trennung von Prakriti. In dieser Beziehung ist Yoga der Selbst-Erforschung des Advaita-Vedanta ähnlich, die kontemplativ der Frage nachgeht, was wir nicht sind (*neti neti* – nicht dies, nicht das), weil es ebenso unmöglich ist, in Worten, die selbst zur Welt von Prakriti gehören, zu sagen, was wir in Wahrheit sind. Darin liegt der Grund aller Paradoxien in spirituellen Schriften. Besonders die Tradition des Zen hat es zur Meisterschaft im Ausdrücken des Unmöglichen gebracht mit Fragen wie dieser: »Wie klingt das Klatschen einer Hand?« Gibt es eine geeignetere Frage, um auf die innere Stille hinzuweisen?

Der große indische Weise Nisargadatta Maharaj (1897–1981) rät uns: »Um zu wissen, was du bist, musst du zuerst nachforschen und erkennen, was du nicht bist. Entdecke all das, was du nicht bist – Körper, Gefühle, Gedanken, Zeit, Raum, dies oder das. Nichts, was du wahrnehmen kannst, sei es konkret oder abstrakt, kannst du sein. Der Akt der Wahrnehmung selbst zeigt, dass du nicht das bist, was du wahrnimmst.«[8] Der christliche Mystiker Thomas von Kempen überschreibt ein Kapitel seiner berühmten Schrift *Imitatio Christi* (Die Nachfolge Christi) wie folgt: »Sich vom Geschaffenen loslösen, um den Schöpfer finden zu können«.[9] Der Leser möge bitte die Wörter »Geschaffenes« und »Schöpfer« durch Prakriti und Purusha ersetzen: Das ist *viyoga*.

## *Evolution*

Prakriti, der »Urstoff«, ist unendlich feiner, als wir uns dies vorzustellen vermögen, viel feiner selbst als das, was wir im Westen allgemein unter »Geist« subsumieren (Bewusstsein, Vernunft, Denken). Wir können auch (Ur)Energie oder Shakti dazu sagen. Prakriti in dieser »formlosen Form« ist erster Grund *(pradhana)* und Wurzel *(mula)* der Schöpfung, selbst ewig und nicht geschaffen, *avyakta*. *Avyakta prakriti* ist der Ausgangspunkt der Evolution. Aus ihr entfalten sich weitere 23 *tattvas* oder Elemente: Sie sind bedingt, verursacht, geschaffen oder sie sind *vyakta*. Und deshalb sind sie vergänglich: die Welt unserer Erfahrung von Denken, Fühlen, Körper und äußerer Welt.

*Mahat*, kosmischer Geist oder kosmische Intelligenz, ist die erste Manifestation, die erste Vergröberung, Verdichtung und »Konkretisierung« der Urenergie von *avyakta prakriti*. Alles Weitere entfaltet sich nun von hier aus: Auf der Ebene des Individuums wird *mahat* zum höchsten Aspekt von Chitta, zur Weisheit, intuitiven Einsicht und Intelligenz, *buddhi*.

Das Rad der Verdichtung dreht sich weiter und der nächste Aspekt von Chitta tritt ins Sein: *ahamkara*, das Ich oder Ego. Aus ihm entstehen in einem schöpferischen Wurf einerseits *manas* und die dazugehörenden »zehn Fähigkeiten«: Das sind die fünf *jnanendriyas* oder Wahrnehmungsfähigkeiten (Gehör-, Tast-, Seh-, Geschmacks- und Riechsinn) sowie die fünf *karmendriyas* oder Aktionsfähigkeiten (Sprech-, Greif-, Bewegungs-, Fortpflanzungs- und Ausscheidungsfähigkeit). Andererseits entstehen die fünf *tanmatras* oder feinstofflichen Elemente (Klang, Berührung, Form, Geschmack und Geruch), aus denen sich schließlich die fünf *mahabhutas* oder grobstofflichen Elemente (Raum, Luft, Feuer, Wasser und Erde) entwickeln, welche die Grundlage der äußeren Welt, einschließlich unseres Körpers, bilden.

Also kennt die Sankhya-Philosophie 25 Bausteine auf drei Ebenen, um die Evolution von der »Ursuppe« zum Menschen und zur äußeren Welt zu beschreiben:

- zwei Elemente auf der transzendenten Ebene (Purusha und *avyakta prakriti*)
- drei Elemente auf der individuellen Geistebene (*mahat/ buddhi*, *ahamkara* und *manas* – zusammen: Chitta)

- 20 Elemente auf der Körper-Welt-Ebene (fünf Sinne, fünf Aktionsmöglichkeiten, fünf feinstoffliche und fünf grobstoffliche Elemente).

Und eben dies besagt das Wort *sankhya:* Aufzählung – wenn wir es mit einem kurzen a aussprechen. Sprechen wir das Wort dagegen mit einem langen a aus, bedeutet es »Kenntnis der Wahrheit«. Genau diese ist das Ziel des komplexen Sankhya-Denksystems, dessen ausführliche Darstellung ein eigenes Buch erfordern würde.

Sankhya versucht zwei Dinge gleichzeitig zu leisten: zum einen die Darstellung der Schöpfung, ihrer Entfaltung (Evolution) und Wiederauflösung (Involution). Zum zweiten – und darin liegt die praktische Relevanz – ist sie ein psychologisches Modell für die drei Ebenen des Menschen als körperliches, geistiges und transzendentes Wesen: Mit den Füßen mögen wir in der grobstofflichen Welt sein und mit dem Kopf sind wir verstrickt darin. Doch unser transzendenter Kern, Purusha, ist jenseits von Körper und individuellem Bewusstsein, frei, unsterblich, losgelöst.

## *Verdichtung: Bewusstsein – Energie – Materie*

Englische Ausgaben des *Yogasutra* verwenden manchmal den nicht sehr schönen, aber in gewisser Weise doch treffenden Begriff *mind-stuff,* »Geist-Stoff«, für Chitta und deuten damit an, dass, wie wir gesehen haben, nicht nur Denken und Fühlen in der Philosophie des Ostens untrennbar miteinander verbunden sind, sondern auch

Geist und Materie. Dass Energie und Materie, Kraft und Stoff, eigentlich eine Einheit sind, weiß auch die westliche Naturwissenschaft, seit Albert Einstein diesen Zusammenhang auf seine berühmte Gleichung $E=mc^2$ brachte. Man wusste zu seiner Zeit bereits, dass eine Energieform sich in die andere umwandeln lässt, zum Beispiel chemische in elektrische oder elektrische in Bewegungsenergie und umgekehrt – ein Wissen, das der Menschheit Motoren und Batterien bescherte. Einstein trieb diesen Erkenntnisprozess weiter voran und zeigte, dass auch Licht und Materie letztlich Energie sind – ein Wissen, das die Menschheit zum Schrecken Einsteins vor allem dazu nutzte, Vernichtungswaffen zu entwickeln.

Sankhya drehte die Gleichung bereits vor 2600 Jahren einen Quantensprung weiter, indem sie Bewusstsein als energetische Qualität definierte:

Bewusstsein *(mind)* = Energie = Materie

Alles außer Purusha ist Prakriti. Anders gesagt: Bewusstsein ist stofflich, unendlich fein zwar, nicht mit den feinsten Messgeräten nachweisbar, aber dennoch stofflich – *mind-stuff* eben. Vom Geist *(mahat/buddhi)* bis zur grobstofflichen Welt *(mahabhutas)* ist alles ein energetisches, sich verdichtendes und ausdifferenzierendes Kontinuum. Doch das gilt nicht für Purusha: Er ist *spirit* – kein Geist-Stoff, sondern reines Bewusstsein, Gewahrsein. Völlig losgelöst.

Durch diese Betrachtung erübrigen sich philosophische Überlegungen, die der Frage nachgehen, wie der Geist in die Maschine kommt und wie das eine mit dem anderen verbunden ist. Beides ist schlicht eines: Prakriti. Was wir im Westen unter Geist verstehen, ist aus Sicht des Sankhya eine evolutive Ausformung von Prakriti, die ihr eigentlich unbewusstes Sein Purusha verdankt, dem reinen, nicht manifesten, universalen Bewusstsein, das als Funke in uns allen leuchtet und dem wir bei der Praxis des Yoga »auf der Spur sind«.

## *Die gunas – eine psychologische Typenlehre*

In Sutra 1.16 tauchen die *gunas* zum ersten Mal auf. Wir haben sie dort als Grundbausteine der Natur bezeichnet. Die *gunas* spielen auch in der *Bhagavad Gita* eine wichtige Rolle. Sie sind keine Bausteine im Sinne kleiner Teilchen, keine Atome oder subatomaren Partikel. Vielmehr sind sie Grundqualitäten, Modalitäten oder Seinsweisen, die allem in Prakriti oder der Natur innewohnen: Jede Substanz enthält alle *gunas*. In der nicht geschaffenen Urform von Prakriti *(avyakta prakriti)* liegen sie in vollkommen ausgeglichener, harmonischer Form vor, ein Zustand, den man im Sankhya *sama avashta* nennt. Die Nähe von Purusha wirkt dann wie ein Magnet auf Eisenspäne. Er induziert Bewegung, Aktion, regt an: Die Evolution beginnt. Fortan formieren sich die *gunas* zu immer neuen Konstellationen und es entsteht die »Welt der zehntausend Dinge«, wie man im Taoismus sagt. Das eine wird zu vielen. Wie jede denkbare Farbe eine Mischung aus nur drei Grundfarben darstellt, so zeigt auch jedes Etwas im Universum – ob Stein, Lebewesen oder Gedanke – eine nur ihm spezifische

Zusammensetzung dieser drei Qualitäten: *tamas, rajas* und *sattva*. Dass es drei solche Grundeigenschaften geben muss, leitet Sankhya aus der menschlichen Alltagserfahrung her: Alle Dinge, die wir erfahren, werden von uns entweder als angenehm, neutral oder unangenehm empfunden. Deshalb müssen diese Grundqualitäten der Schöpfung inhärent sein.

Im praktisch orientierten Yoga sind die *gunas* vor allem in psychologischer Hinsicht wichtig. Sie stellen eine Art mentaler Typenlehre dar und dienen zur Beschreibung des geistigen Entwicklungsweges des Yogi: vom dunklen, verblendeten *tamas* über das grelle, aggressive *rajas* hin zum lichthaften und weisen Zustand von *sattva*.

*Tamas* ist eine überwiegend negative Geistesqualität. Davon geprägte Menschen sind träge, desinteressiert und neigen zu Negativität und Destruktivität. Sie sind pessimistisch. Ehrlichkeit und Offenheit gehören nicht zu ihren Vorzügen. Ihr Denken ist nicht logisch-präzise, und sie können bigott oder sogar fanatisch sein. Veränderungen gegenüber sperren sie sich – sie stecken fest. Auch Gewaltbereitschaft fällt in den Bereich von *tamas*. Als kosmisches Prinzip repräsentiert *tamas* aber auch positive Aspekte wie zum Beispiel Erdung, Festigkeit und Stabilität.

*Rajas* ist der Gegenpol zu *tamas*. *Rajas*-Menschen sind leidenschaftlich, dynamisch, rastlos, unruhig, aber auch im positiven Sinne kreativ. Ihr Denken kann präzise sein. Als »Macher« verändern sie die Welt zum Positiven wie zum Negativen. Sie arbeiten am liebsten für sich selbst und neigen daher oft zu Opportunismus und Egoismus. Damit verbunden ist Aggressivität im Durchsetzen eigener Interessen: *Rajas*-Menschen leben im Wettbewerb. Mit der Wahrheit nehmen sie es zudem nicht immer genau, sie steht gleichsam zur Disposition der jeweiligen Interessenlagen.

*Sattva* ist der verfeinerte Geisteszustand, den Yogis anstreben. Er steht für Reinheit, eine lichthafte Geistesqualität, für vollkommene Balance. Mit *sattva* werden ausschließlich positive Eigenschaften assoziiert: Weisheitsstreben, Optimismus, Vernunft, Wahrhaftigkeit und Güte. Alle Praktiken des Yoga zielen darauf ab, in Chitta immer mehr »sattvische« Qualitäten wachsen zu lassen, um den Geist schließlich zu *nirodhah* – in die Stille reinen Gewahrseins – zu führen: »Yoga ruht im sattvischen Herzen.«[10]

Niemand entspricht immer oder vollkommen einem dieser Typen. Wir vereinen alle *gunas* in uns und wir verändern uns in der Zeit. Das heißt, die Qualität unseres Geistes – die Mischung der *gunas* – unterliegt dem Wandel. Manchmal bedarf es der einen Qualität, um ein Zuviel der anderen auszugleichen: Zu viel tamasische Trägheit bedarf des Feuers von *rajas* und zu viel rajasische Rastlosigkeit bedarf der Erdung von *tamas*.

## *Die fünf Qualitäten von Chitta*

Der Weg des Yoga ist ein persönlicher Entwicklungsprozess, in dem durch regelmäßige Übung immer mehr sattvische Qualitäten ausgebildet werden sollen. Chitta transformiert sich dabei über fünf qualitative Stufen:

1. Der *tamas*-dominierte Geist ist *mudha* oder dumpf, und kann nur durch *rajas* aus seiner Trägheit geholt werden.
2. Der *rajas*-geprägte Geist ist *kshipta* oder rastlos.
3. Durch die Yoga-Praxis gewinnt er an sattvischer Qualität und oszilliert dann zwischen Unruhe und stiller Einkehr. Man nennt ihn dann *vikshipta* oder abgelenkt. *Viksipta* ist die typische Bewusstseinsqualität der meisten spirituellen Sucher.
4. Dominiert *sattva*, so wird der abgelenkte Geist zum einsgerichteten oder *ekagrata*.
5. Schließlich kann das Bewusstsein die Stille, *nirodhah*, erfahren, jenen Zustand, den Patanjali in Sutra 1.2 als Yoga definiert.

**17**

***Samprajnata samadhi* ist das vollkommene**
**Eintauchen in ein Objekt**
**durch Konzentration. Mit ihm verbunden**
**sind vier Phänomene:**
***vitarka*, *vichara*, *ananda* und *asmita*.**

**18**

**Die zweite Art von Samadhi**
**ist *asamprajnata samadhi*.**
**Ihr geht die kontinuierliche Bemühung voraus,**
**jeden mentalen Inhalt loszulassen,**
**selbst das Objekt der Meditation. Allein die**
**nicht bewussten, sehr tief**
**liegenden Eindrücke bleiben noch übrig.**

### *Samadhi*

Samadhi ist das vollkommene Eintauchen in ein Objekt durch Konzentration, eine mit Worten nicht zu beschreibende Erfahrung. Nicht einmal einfachste Erfahrungen lassen sich durch Worte wirklich nachvollziehen. Selbst wenn wir alle Bücher der Welt lesen würden, die jemals über Honig geschrieben wurden: Haben wir selbst noch keinen gegessen, so werden wir auch dann nicht wissen, wie er schmeckt. Da Honig unserer »ganz normalen« Welt angehört, ist es trotzdem ungleich einfacher, seinen Geschmack zu beschreiben als einen Samadhi. Wir müssen dennoch ein paar Worte zum Unaussprechbaren sagen. Es ist das Ziel von Yoga. Und Patanjali hat das erste Kapitel danach benannt. Außerdem: Wollen wir die Worte hinter uns lassen, müssen wir sie zunächst gebrauchen.

Samadhi ist ein stufenweises Einswerden, Zusammengehen oder mentales Verschmelzen mit dem Objekt der Meditation, das vom Äußeren zum Inneren, vom Groben zum Subtilen verläuft. Das Objekt kann beliebig sein: Ein Klang, eine Form, eine Vorstellung, eine Visualisierung, der eigene Atem – Patanjali macht in den folgenden Versen eine ganze Reihe von Vorschlägen.

In den Sutras 1.17 und 1.18 findet der Begriff Samadhi zum ersten Mal Erwähnung und wird gegen Ende dieses Kapitels noch weiter entfaltet. Damit ein grober Überblick gegeben ist, möge der Leser bitte im Hinterkopf behalten, dass es – allen unterschiedlichen Deutungs- und Abstufungsweisen in der Kommentarliteratur zum Trotz – im

Wesentlichen drei Hauptstufen sind, in die das komplexe Phänomen des Samadhi unterteilt werden kann:

1. In *samprajnata* ist der Meditierende immer in ein Objekt (*pratyaya*) eingetaucht – wie feinstofflich es auch sein mag.
2. In *asamprajnata* lässt der Meditierende das Objekt ganz los. Dennoch ist der Zustand nicht frei von *samskaras*, das sind »mentale Beimischungen« in Form sehr tief liegender Eindrücke in Chitta. Als »mentale Rückstände« färben sie das Bewusstsein – immer noch nicht ist völlige Reinheit erreicht. Weil dies so ist, nennt man *samprajnata* und *asamprajnata* auch zusammenfassend *sabija* oder: Samadhi »mit Same«.
3. Erst in *nirbija* – samadhi »ohne Same« – ist der endgültige Zustand der Befreiung erreicht.

In *samprajnata* ist das Bewusstsein allein vom Objekt der Meditation erfüllt, doch dies in einer Weise, dass noch verschiedene, mit dem Objekt verbundene mentale Inhalte auf die Meditation einwirken (die Bezeichnung des Objektes, darauf bezogenes Wissen, Assoziationen usw.). Daher der Name *samprajnata*, was in etwa bedeutet: »mit Wissen« oder »von Gedanken begleitet«. Patanjali benennt in Sutra 1.17 vier Aspekte zu dieser Art von Samadhi: *vitarka*, *vichara*, *ananda* und *asmita*.

## *Vitarka und vichara*

*Vitarka* ist das meditative Eintauchen in die grobstofflichen Aspekte des Meditationsobjektes. Anhand eines Beispiels soll versucht werden, diesen Vorgang genauer darzustellen, um ihn »technisch« begreifbarer zu machen (1.42 ff.).

*Vichara* geht tiefer als *vitarka* und meint das Eindringen in die feinstofflichen oder energetischen Aspekte des Meditationsobjektes. Dieser Vorgang entzieht sich unserem Vorstellungsvermögen ungleich mehr, als schon *vitarka* das tut, wie wir noch sehen werden. Es ist ein mentales Hineingehen in die äußersten Grenzen der Natur. Die Rede ist hier nicht von der Natur, wie wir sie mit Mikroskopen und Teleskopen erforschen, sondern die Durchdringung und das Einswerden mit den äußersten Grenzen des Seins im Sinne der Sankhya-Philosophie: Ein Zurückgehen zum Ursprung von Prakriti.

*Samprajnata* führt den Yogi über *vitarka* und *vichara* bis an den Rand des feinstofflichen Seins – und zugleich in sein tiefstes Inneres: Ist er über *vitarka* bis an die äußerste Grenze von *vichara* gegangen, so erlangt er wirkliches Wissen, das sich grundlegend von Wissen unterscheidet, das man auf »normalem« Wege (zum Beispiel durch das Studium von Schriften) erlangt. Patanjali nennt dieses Wissen *ritambhara prajna* und kommt in Sutra 1.47 darauf zu sprechen. An dieser Grenze lässt der Meditierende das Meditationsobjekt los und erreicht *asamprajnata,* die objektlose Meditation, die ihn schließlich zu *nirbija* führen wird. Doch dazu später mehr.

### *Asmita und ananda*

Das paradoxe Erleben eines Samadhi ist begleitet von *ananda*, das heißt Glückseligkeit, die der Meditierende erfährt: Es ist also ein »Jemand«, ein »Ich« oder *asmita* gegenwärtig, obgleich der Übende sich nicht mehr als gesondertes, von der Ganzheit des Seins getrenntes Individuum wahrnehmen mag. Dieses Glückserleben findet in den mystischen Schriften aller Zeiten und Kulturen bewegenden Ausdruck.

Einige *Yogasutra*-Kommentatoren verstehen *ananda* und *asmita* als weitere, höhere Stufen von *samprajnata*. Diese Deutung stößt allerdings auf größte logische Probleme vor dem Hintergrund der Sutras 1.42 ff. Dort kommt klar zum Ausdruck, dass die Vervollkommnung von *vichara* zu wirklichem Wissen führt und von dort aus zur Befreiung – also nicht erst über die »Zwischenstufen« *ananda* und *asmita*. So sind *ananda* und *asmita*, Glückserleben und Ich-Gewahrsein, wohl eher Begleiterscheinungen von *samprajnata*, als dass sie eigenständige Entwicklungsstufen des Bewusstseins wären. Patanjali verliert auch kein weiteres Wort mehr darüber. Gegen Ende des ersten Kapitels spricht er nochmals detaillierter über die verschiedenen Samadhi-Stufen und differenziert sie weiter.

Wir sollten uns auf unserem Weg des Yoga nicht dadurch verunsichern lassen, dass wir das Phänomen Samadhi intellektuell nicht verstehen können. Was letztlich zählt, ist nur eines: die eigene Erfahrung. Und sollten wir in diesem Leben trotz unseres Sehnens (1.21–1.22) kein Samadhi erfahren, so ist eben genau das unsere Erfahrung – es ist die einzige, die wir haben. Der Zen-Mönch Shunryu Suzuki (1904–1971) sagte dazu einmal: »Wenn ihr versucht, Erleuchtung zu erlangen, erzeugt ihr Karma und werdet von Karma getrieben, und ihr vergeudet eure Zeit auf eurem Sitzkissen.«[11] Wir dürfen das Höchste wollen. Und doch kommen wir nicht umhin anzunehmen, was ist. Auch das ist Loslassen. Es darf so sein.

# Wege zu Samadhi (19–20)

**19**
**Manche erreichen *asamprajnata samadhi* ganz spontan, ohne üben zu müssen.**

**20**
**Andere erfahren *asamprajnata* durch Vertrauen, Willensstärke, Achtsamkeit und das Üben von Konzentration, um Weisheit zu erlangen.**

Manche Menschen erfahren den Zustand des Yoga ohne jegliche Anstrengung als karmische Folge ihrer Bemühungen um spirituelles Wachstum in früheren Leben. Ein sehr bekanntes Beispiel ist Ramana Maharshi (1879–1950), der »Weise vom Berge Arunachala«, der als Jugendlicher eine Ohnmacht erlebte, aus der er vollkommen transformiert hervorging. Er wurde bereits zu Lebzeiten als Heiliger verehrt und inspirierte eine Vielzahl von Suchern mit seinem Weg der Selbst-Erforschung: »Wer bin ich?« lautete seine wichtigste Frage.

Der Weg des Yoga ist nicht auf eine kurzfristige Perspektive aus. Er versteht sich nicht als Schnellstraße zur Erleuchtung, wenngleich das nächste Sutra (1.21) sagt, dass bei intensivem inneren Drang der Zustand des Yoga schnell eintritt. Doch was heißt »schnell« aus der Perspektive Patanjalis? Der Weg des Yoga ist für die meisten einer der langfristigen Bemühung. Sie erreichen den Zustand von *asamprajnata samadhi,* indem sie tiefes Vertrauen in den beschrittenen Weg aufbauen. Dieses Vertrauen ist kein blinder Glaube, sondern wächst durch das Üben und die Erfahrungen auf dem Weg. So werden Willensstärke und Entschlossenheit gewonnen, die notwendig sind, um kontinuierlich voranzugehen.

# Innerer Drang (21–22)

**21**

**Wer ein intensives Drängen in sich verspürt, erreicht *asamprajnata* schnell.**

**22**

**Dieser innere Drang kann verschieden stark ausgeprägt sein – mild, mittel oder intensiv – und so unterscheiden sich die Menschen im Hinblick auf ihre Nähe zum Zustand von *asamprajnata samadhi*.**

Ist ein starker innerer Drang da, auf dem Weg des Yoga voranzukommen, so ist die Praxis entsprechend intensiv und von Enthusiasmus getragen, was zu schnellen Fortschritten führt. Solche Menschen finden bald zu Purusha, ihrem inneren Licht – sie sind der Selbstverwirklichung sehr nah. Menschen fühlen dieses innere Drängen in verschieden starker Ausprägung: Es kann milde sein, mäßig oder sogar extrem stark. In den Schriften christlicher Mystiker liest man immer wieder von einem geradezu qualvollen Sehnen nach Gott. Die spanische Nonne Teresa von Avila (1515–1582) schreibt: »Ach, wie bitter ist das Leben, wenn die Seele sich nicht an ihrem Gott erfreuen kann! Liebe ist süß, aber nicht das lange Warten. Gott, nimm diese Last von mir, die schwerer wiegt als Stahl.«[12]

Entsprechend der Intensität dieses Sehnens und Drängens also unterscheiden sich die Menschen auch in ihrer Nähe zur Selbst-Verwirklichung: Ist das Drängen intensiv, finden sie ihr inneres Licht schneller. Ein starkes Sehnen, den Zustand des Yoga zu erlangen, bedeutet jedoch nicht unbedingt, einer schwierigeren Praxis zu folgen. Entscheidend ist vielmehr die Ernsthaftigkeit der inneren Haltung. Weil die Menschen stark von Emotionalität geprägt sind, lässt sich diese Gefühlsenergie im Sinne des Yoga kanalisieren: Dies ist der Weg der Hingabe oder Bhakti Yoga, um den es in den folgenden Sutras gehen wird.

## Hingabe an die Quelle des Seins (23–29)

23
Oder man erreicht *asamprajnata samadhi,*
indem man sich Ishvarah,
der schöpferischen Quelle allen Seins, hingibt.

24
Ishvarah ist eine besondere Art Purusha,
frei von Leid, jenseits von Ursache
und Wirkung und unberührt von latenten
Eindrücken vergangenen Tuns.

25
Dort liegt die Quelle aller Erkenntnis.

26
Schon die Weisen der Vorzeit wurden
von Ishvarah, der ohne Zeit ist, gelehrt.

27
Ishvarahs Klang ist OM.

28
Diesen Klang soll man sich immer wieder in
Erinnerung rufen, wissend wofür er steht.

## 29
## Durch diese Übung richtet sich das Bewusstsein nach innen, und die Hindernisse auf dem Weg werden überwunden.

Wenn wir uns ganz dem Höchsten Sein, dem schöpferischen Ursprung, Ishvarah, der Quelle, Gott – oder wie immer man das Höchste Bewusstsein auch nennen mag – hingeben, wenn wir alles Denken und Fühlen darauf richten, erreichen wir, so sagen uns Patanjali und die Mystiker aller Zeiten, unser inneres Licht. Wir werden eins mit Ishvarah, »unserem« Gott, und erfahren so die wahre Natur unseres Geistes. »Sich Gott hinzugeben ist einer der schnellsten Wege zur Selbst-Verwirklichung.«[13] Weil es einer der schnellsten Wege ist, zugleich einer, den jeder unabhängig von seinen geistigen oder sonstigen Fähigkeiten gehen kann, wenn er nur ein entsprechendes Temperament mitbringt, gibt es eine so große Fülle von spiritueller Literatur, die sich Bhakti Yoga widmet. Vivekananda (1863–1902) sagt: »Bhakti Yoga ist eine wirkliche, eigenständige Suche nach Gott, eine Suche, deren Anfang, Weg und Ziel die Liebe ist. Ein einzelner Augenblick der Verrücktheit äußerster Liebe zu Gott bringt uns ewigen Frieden.«[14]

### *Ishvarah*

Ishvarah ist Erstes Prinzip, Schöpfer, Gott – das, was uns atmen lässt und transformiert. Ishvarah ist die Quelle, der wir entspringen und in die zurück wir einst gehen. Er ist eine »besondere Art Purusha«, sagt Patanjali, Ishvarah ist reines Bewusstsein und vollkommen frei von allem Leid. Er steht ewig jenseits von Ursache und Wirkung (Karma). Anders als bei uns, die wir unser in unzähligen Leben angesammeltes Karma erfüllen müssen, existieren in Ishvarah keine latenten Eindrücke vergangener Handlungen *(samskaras)*. Er ist vollkommen rein. Ishvarah ist die Quelle des Allwissens.

Im sogenannten klassischen Sankhya wird das »Gottprinzip« übrigens nicht ausdrücklich erwähnt, was uns nicht zu der Annahme verleiten sollte, diese Philosophie sei atheistisch oder »gottlos«.[15] Sankhya kommt aus den Veden. Und *brahma* – wörtlich: »das, was sich ausdehnt«, also das Höchste, die Quelle oder Gott – markiert deren Grundstein. Ishvarah ist der personalisierte Aspekt dieses Höchsten. Und Yoga ist völlig frei davon, einen bestimmten Gottesbegriff damit zu verbinden (Yoga kann ebenso für jene ein Weg sein, die sich Gott gar nicht verbunden fühlen). Gott ist, was er für den Praktizierenden ist. Für den Hindu ist es Brahman. Für den Moslem Allah. Christen nennen ihn Vater. Es ist Ishvaras Licht, das in Purusha leuchtet – der Funke des Einen in den Herzen der Vielen. Und das Bild oder der Name, den wir Ishvarah geben, ist ohne Bedeutung.

Schon die spirituellen Lehrer der ältesten Zeit empfingen

die Wahrheit als Offenbarung in stiller Kommunikation mit Ishvarah, dem »ersten Guru«, der vollkommen frei ist von allen Begrenzungen der Zeit. Das Bild vom »ersten Lehrer« begegnet uns auch im *Tao Te King*, wenn Laotse fragt (und antwortet): »Wie habe ich all dies erkannt? Das Tao hat es mir gezeigt.« (Vers 54)

## *Ishvarahs Klang: OM*

Der heilige Klang der kreativen Quelle allen Seins, Ishvarah, ist A-U-M (OM). Es ist der Anfang und das Ende und das Werden zwischen beiden. OM ist Beginn, Entwicklung und Kulmination. Im ersten Vers der *Mandukya Upanishad* heißt es: »OM steht für das, was war, was ist und was sein wird. Und OM steht auch für das, was jenseits von Vergangenheit, Gegenwart und Zukunft liegt.« Johannes sagt im Neuen Testament das Gleiche: »Ich bin das Alpha und das Omega, spricht der Herr, Gott, der ist und der war und der kommt.« (Joh. 1.8) OM, der Klang des Alls, schwingt seit Anfang aller Zeit. Es ist die Silbe aus dem Mund des nichtmanifesten Bewusstseins, die Energie der höchsten Wirklichkeit. Ishvarah ist wie das Licht des Feuers und OM, sein Klang, ist wie die Hitze. OM holt die Schöpfung ins Sein, deshalb heißt es auch *pranava:* Träger von Prana, der alles durchfließenden Lebensenergie. OM schwingt in jedem Partikel des Kosmos. OM ist Gottes Stimme – sein Ruf.

Es heißt in der Bibel: »Im Anfang war das Wort und das Wort war bei Gott. Und Gott war das Wort.« (Joh. 1.1) So beginnt die Schöpfung mit der Energie des Klanges:

»Und Gott sprach, es werde Licht.« (Genesis 1.3) Das All ist Gottes Lied. »OM ist Brahman«, sagt die *Mandukya Upanishad*. OM ist das Amen der Christen und OM ist das Amin der Muslime. OM ist Gott Amon der alten Ägypter. OM ist das lateinische *omnis* – alles: all-gegenwärtig (*om*nipräsent), all-mächtig (*om*nipotent) und all-wissend (engl.: *om*niscient). AUM schläft in jedem Wort. Die Alphabete der Welt beginnen mit A. Die Yogasutras beginnen mit A. A ist der Anfang. Alles Hören beginnt mit A, denn alles Sprechen beginnt mit A, ganz unten im Rachen, ohne Bewegung geht es über in U und endet in M. M ist ein Schwingen, das jede Zelle erfasst.

Was folgt auf A-U-M? *Anagata* – das Unsagbare, oder *turiya,* der vierte Zustand des Bewusstseins. Stille. A ist Wachen, erster Zustand – das Eintreten in die Schöpfung. U ist Träumen, zweiter Zustand – alle Manifestation ist Traum und Wandel. M ist der traumlose Schlaf, dritter Zustand – Gottes Nachklang in allem, was ist, sein Echo, der Ton, der uns über OM hinausführen wird. Das Ende des Traumes ist Aufwachen in der inneren Stille Ishvarahs. Es ist der Zustand des Yoga. Es ist *chitta vritti nirodhah* (1.2).

Wenn wir OM immer in Erinnerung behalten, so schließt Patanjali diesen Abschnitt, wenn wir uns seines Klanges immer gegenwärtig sind, dann sind wir nach innen gerichtet, zentriert, dann sind wir bei uns. Dies wird uns helfen, die Hindernisse zu überwinden, denen wir auf dem Weg des Yoga begegnen werden.

# Hindernisse (30–31)

**30**

**Die Hindernisse, die unseren Geist unruhig machen, sind: physische Krankheit, Mattigkeit, Zweifel, Nachlässigkeit, Trägheit, Mangel an Selbstkontrolle, gestörte Wahrnehmung, die Unfähigkeit, höhere Stufen des Yoga zu erreichen und die Unfähigkeit, das bereits erreichte Niveau zu halten.**

**31**

**Diese Hindernisse werden begleitet von Schmerz, Niedergeschlagenheit, Unruhe und unregelmäßiger Atmung.**

Die neun Hindernisse, die uns auf dem Yoga-Weg begegnen, folgen logisch und ganz natürlich aufeinander: Ist unser Körper krank, so denken wir nicht klar, wir sind desinteressiert, apathisch. Ein so matter Geist ist nicht zielgerichtet, sondern schwankend, zweifelnd und unentschlossen, sodass sich Nachlässigkeit im Hinblick auf das Ziel des Weges einschleicht, die sich zu Trägheit und Faulheit steigern kann. Der instabile mentale Zustand führt dazu, dass wir uns in äußerlichen und oberflächlichen Dingen verstricken, was die Wahrnehmung weiter verzerrt und das Urteilsvermögen einschränkt. So können weitere Stufen auf dem Yoga-Weg nicht erreicht oder aber das bereits erreichte Niveau nicht gehalten werden. Jeder Yogi wird diesen Hindernissen begegnen. Sie gehören zum natürlichen Entwicklungsweg. Diese Symptome helfen uns zu erkennen, wo unsere Grenzen liegen und erinnern uns immer wieder daran, sorgsam und achtsam mit uns selbst umzugehen. »Denke daran, die Yoga-Praxis ist wie ein Hindernisrennen. (...) Die Hindernisse sind da, damit wir uns selbst begreifen und unsere Möglichkeiten zum Ausdruck bringen.«[16]

# Methoden zur Überwindung der Hindernisse (32–39)

## 32

**Sich in der kontinuierlichen Ausrichtung auf nur ein Objekt zu üben, ist das Gegenmittel zur Überwindung der Hindernisse.**

Wenn wir das Objekt unserer Meditation fortwährend ändern, können wir keine Fortschritte auf dem Yoga-Weg erzielen. Wenn wir uns zum Beispiel auf ein Mantra konzentrieren, dann sollte es nur ein einziges sein. Ändern wir immer wieder die Methode, so ist das, als ob wir dauernd an anderen Orten graben: Wir kommen auf diese Weise nie in die Tiefe. Patanjali erinnert uns hier wieder an *abhyasa*, das stetige Üben und Sich-Ausrichten auf eine Praxis (1.13).

## 33

**Das Bewusstsein wird ruhig, wenn wir eine innere Haltung kultivieren, die sich dem Glück anderer freundlich zugewandt zeigt und von Mitgefühl für leidende Wesen geprägt ist, eine Haltung, die ehrliche Freude über Gutes zum Ausdruck bringt und von Gelassenheit gegenüber dem Negativen zeugt.**

Zeigen wir eine freundliche und wohlgesonnene Haltung gegenüber dem Glück der anderen? Oder fühlen wir Neid?

Empfinden wir ehrliches Mitgefühl angesichts des Leides anderer Wesen? Oder freuen wir uns gar, wenn andere, die wir nicht mögen, leiden? Freuen wir uns wirklich über hervorragende Leistungen anderer Menschen? Oder missgönnen wir ihnen ihre Fähigkeiten und Erfolge? Können wir gelassen bleiben und sogar Verständnis und Empathie aufbringen, wenn wir Negatives oder Böses sehen? Oder geraten wir in Wut? Es geht um unseren inneren Frieden. Neid, Schadenfreude und Zorn versperren uns den Weg zur Stille. Patanjali rät uns, das Gegenteil zu kultivieren. Dies erfordert viel Achtsamkeit und Selbstbeobachtung. Es ist echte Erziehungsarbeit an unserem Geist, um ihn zu einem Instrument werden zu lassen, das wir benutzen, anstatt selbst von ihm benutzt zu werden.

### 34

**Chitta kommt auch zur Ruhe, indem wir die Atmung kontrollieren, vor allem, wenn wir den Fokus auf die Ausatmung legen und auf die Stille, die ihr folgt.**

Der Atem und unser Bewusstsein sind enge Freunde. Ist einer beunruhigt, so folgt ihm der andere. Durch achtsames Atmen kann ein aufgeregter Geist still werden. Aus der Erkenntnis des engen Zusammenhangs zwischen Atmung und Bewusstsein ist die hoch entwickelte yogische Wissenschaft und Praxis des Pranayama entstanden, der allein man sich das ganze Leben lang widmen könnte. Es geht dabei um sehr viel mehr als nur um Luft, Sauerstoff und Atemtechnik: Die Luft ist der wichtigste Träger von Prana, jener universellen Energie, die alles Sein im All durchströmt. Von einer solchen Kraft wussten auch die christlichen Mystiker. Das lateinische Wort *spiritus*, der Atem, der zum Heiligen Geist der Christen wurde, erinnert daran. Es ist das »In-spiriert-sein«, der Hauch Gottes, der uns leben und Künstler ihre größten Werke erschaffen lässt. Im *Evangelium der Essener* heißt es: »Denn siehe, der ewige und höchste lichthafte Raum, wo die unzähligen Sterne ruhen, ist die Luft, die wir ein- und ausatmen. Und im Moment zwischen Ein- und Ausatmung liegt das Geheimnis des unendlichen Gartens verborgen.«[17]

Sich in achtsamem Atmen zu üben, eine der grundlegenden Methoden auch des Buddhismus, hat profunde Auswirkungen auf unseren Geist. Über Pranayama, die Arbeit mit dem Atem zur Ausdehnung und Kontrolle von Prana, werden wir im zweiten Kapitel noch einiges zu sagen haben.

## 35

## Auch die Fokussierung auf feine Sinneswahrnehmungen führt einen stabilen Zustand des Geistes herbei.

Unsere Sinne, die normalerweise immer nach außen gerichtet sind, können selbst zum Tor nach innen genutzt werden. Wir können deren Wahrnehmungen zum Fixpunkt unserer Konzentration machen, indem wir uns zum Beispiel auf den Klang eines Mantra ausrichten oder indem wir unsere Achtsamkeit durch den Körper führen und viel feinere Sinneswahrnehmungen erleben, als dies sonst der Fall ist. Yogis berichten beispielsweise von besonderen Düften, die man wahrnehmen kann, wenn man sich auf die Nasenspitze konzentriert. Sie berichten von ungewöhnlichen Geschmackserfahrungen durch die Fokussierung auf die Zungenspitze. Diese und andere feine Wahrnehmungen sind nicht Zweck in sich, sondern subtile Fixpunkte für unsere Konzentration.

**36**

**Auch die Konzentration auf das Strahlen in unserem inneren Raum, das frei ist von allem Leid, wirkt beruhigend auf Chitta.**

**37**

**Man kann sich ebenso auf das Licht eines Menschen ausrichten, der über alles Habenwollen hinausgegangen ist.**

Wenn wir unsere Aufmerksamkeit auf das Licht unseres Herzens richten, auf jenen lichthaften inneren Raum, der frei ist von allen Sorgen, Leid und Schmerz, dann kommt unser Geist zur Ruhe. Anfangs müssen wir uns dieses Licht noch vorstellen. Diese Vorstellung wird jedoch, so sagen die Yogis, mit Übung zur tatsächlichen Erfahrung werden. Vyasa, wohl der erste Kommentator des *Yogasutra* (5. Jh.), rät uns: »Stelle dir ein grenzenloses, himmelsgleiches oder transparentes Strahlen in deinem Herzen vor und dann denke dir, dass du selbst es bist, der darin ausgebreitet liegt.«[18] Dieses Licht kann auch erfahren werden, indem wir uns auf *bhrumadhya* konzentrieren. Das ist der Punkt zwischen unseren Augenbrauen, der unser drittes Auge *(trikuti)* aktiviert.[19] Wenn es uns schwerfällt, ein Licht in unserem inneren Raum zu visualisieren, können wir uns das Strahlen im Herzen eines anderen vorstellen, einer Person, die alles Anhaften, alles Habenwollen losgelassen hat – ein Wesen, das *paravairagya,* das große Losgelöst-Sein, verkörpert (1.16). So kann unser Bewusstsein sich auf etwas Erhebendes ausrichten.

### 38
### Auch die Konzentration auf die Erfahrung des Träumens oder des Tiefschlafs bringt den Geist zur Ruhe.

AUM (OM) steht für die drei uns bekannten Bewusstseinszustände. A ist der Wachzustand, U der Traumzustand, und M steht für den traumlosen Schlaf. Gehen wir über diese drei hinaus, gelangen wir zu *turiya,* dem vierten Zustand: Yoga. Der Übende kann nicht nur den Wachzustand nutzen, um zu Samadhi zu gelangen, sondern auch den Traum- und Tiefschlaf: Er kann sich in Techniken üben, die ihn befähigen, auch während des Träumens und im Tiefschlaf voll bewusst zu bleiben, zum Beispiel in luzidem Träumen (Klartraum) und Yoga Nidra (»yogischer Schlaf«).

### 39
### Ebenso kann jede andere Meditationsform Chitta zur Stille führen.

Jedes Objekt kann dazu dienen, uns in den Zustand der Meditation zu führen. Manche mögen Buddha wählen, andere ein Kreuz oder Jesus. Wieder andere wählen ein Mantra, ein Gebet, den Atem oder irgendeine andere der vielen überlieferten Meditationstechniken der spirituellen Traditionen. Das Meditationsobjekt kann auch etwas ganz und gar »Weltliches« sein – entscheidend ist allein, dass es hilft, unseren Geist einsgerichtet *(ekagrata)* werden zu lassen. Eine alte Zen-Geschichte erzählt von einem Bauern, der immer auf seine über alles geliebte Kuh meditierte. So erreichte er *satori* (das Zen-Wort für Samadhi). Patanjalis Darlegungen sind nicht an Zeit, Kultur, Ort oder Glaube gebunden. Darin zeigt sich ihre universelle Kraft, Sanftheit und liebenswürdige Offenheit. Unsere Selbst-Verwirklichung hängt nicht von unserer Religionszugehörigkeit ab. Unser inneres Licht bedarf keiner autoritativen Vermittlung, um zu leuchten. Letztlich führen alle spirituellen Wege auf den Gipfel des Berges. In der *Bhagavad Gita* sagt Krishna zu seinem Schüler: »Alle Wege, Arjuna, führen zu mir.« (Kap. 4, Vers 11)

# Die Früchte der Meditation (40–51)

**40**

**Durch diese Übungen [1.33–1.39] entwickelt der Geist die Fähigkeit, auf allerkleinste oder allergrößte Objekte gleichermaßen vollkommen fokussiert zu bleiben, und kommt so unter Kontrolle.**

**41**

**So wie ein reiner Kristall die Farben und Formen des Objektes annimmt, das neben ihn gelegt wird, nimmt das Bewusstsein, dessen Regungen fast ganz zur Ruhe gekommen sind, die Qualitäten jedes beobachteten Objektes an, sodass der Beobachter, das beobachtete Objekt und der Prozess des Beobachtens eins werden: Dieser Zustand der Verschmelzung heißt *samapatti*, das Zusammenfallen.**

Wenn wir fähig sind, uns auf irgendein Objekt intensiv zu konzentrieren, erreichen wir den Zustand der Meditation. Haben wir gelernt, durch Konzentration (Dharana) auf ein Objekt in Meditation (Dhyana) zu gelangen, so wird uns dies mit jedem konkreten oder abstrakten Objekt gelingen, selbst dann, wenn es unserem gewöhnlichen Vorstellungsvermögen nicht zugänglich ist. Unser Bewusstsein kann dann beliebige Objekte fokussieren, seien sie so unvorstellbar klein wie subatomare Partikel oder unsagbar groß wie der Kosmos, sagt Patanjali.

Der Geist des Yogi, dessen mentale Muster schwach geworden sind, wird klar wie ein Kristall: Er ist durchflutet nur noch von dem einen Objekt, auf das er gerichtet ist. Das Bild vom kristallenen Gemüt begegnet uns auch in der christlichen Mystik: Thomas Scheffler (1624–1677), der den Dichternamen Angelus Silesius trug, eröffnet mit diesem Bild sogar sein wichtigstes Werk, *Cherubinischer Wandersmann*, aus dem Jahr 1675: »Ganz lauter wie Kristall soll dein Gemüte sein.«[20] Seine Schrift ist durchdrungen von »yogischen« Ideen. In diesem Zustand gibt es keine mentalen Vorgänge mehr, wie sie im normalen Wachzustand existieren, nämlich die Unterscheidung zwischen uns, Welt und Wahrnehmung.

Konzentriert sich der Yogi auf eine Rose, so ist da nur noch Rose, nur noch Erfahrung. Geist und Rose werden eins, als würden zwei Flüssigkeiten ineinanderfließen. Chitta nimmt die Gestalt der Rose an. Dieser erweiterte Bewusstseinszustand meditativen Verschmelzens wird *samapatti* (wörtlich: das Zusammenfallen) genannt. Es ist ein anderes Wort für Samadhi und weist ein ganzes Spektrum variierender Zustände auf, von denen Patanjali uns in den folgenden Sutras berichten wird.

### 42

**_Savitarka samapatti_ ist ein Zustand, in dem das Bewusstsein in einer Weise in das Objekt der Meditation eingetaucht ist,**

dass der Name des Objektes, seine Gestalt
und die mit ihm verbundenen mentalen Inhalte
noch miteinander vermengt sind.

43

Wenn Chitta von allen mit dem Objekt
der Meditation verbundenen mentalen Inhalten
gereinigt ist, dann scheint allein noch
die wahre Natur des Objektes klar in ihm auf.
Dies ist *nirvitarka samapatti*.

44

So wie der Yogi auf zweierlei Weise mit
dem grobstofflichen Objekt verschmelzen kann
(in *savitarka* und *nirvitarka*), so kann er auch
in die feinstoffliche, energetische Ebene
des Objektes auf zweierlei Weise eintauchen:
Dies sind die Zustände von *savichara* und
*nirvichara samapatti*.

45

Das Eindringen in die feinstoffliche
Natur der Objekte findet sein Ende erst in
der Formlosigkeit selbst.

46

All diese Stufen von Samadhi sind *sabija* –
mit Same.

### *Die vier Stufen von samprajnata samadhi*

Hat der Yogi *savitarka* erreicht, die erste Stufe von *samprajnata samadhi*, dann ist er auf bestimmte Weise ganz eingeflossen in das Objekt der Meditation. Fokussiert er eine Blume, so existiert allein sie in seinem Bewusstsein, dies aber auf drei Ebenen:

- als rein physisches, grobstoffliches Objekt *(artha)*: Die Blume als wirkliches, lebendiges Wesen
- als Wort-Klang oder Name *(shabda)*, hier also: »Blume«.
- als Idee, als Vorstellung, unser (richtiges oder falsches) Wissen über sie, unsere Erinnerungen und Assoziationen *(jnana)*.

Alle drei Phänomene – tatsächliches Geschöpf, Name und die daran gebundenen mentalen Inhalte – sind in *savitarka* miteinander vermengt und der Fokus oszilliert zwischen diesen dreien. In dieser Hinsicht ähnelt *savitarka* unserem gewöhnlichen Wachzustand, in dem unser Geist bei der Wahrnehmung ebenfalls zwischen *artha, shabda* und *jnana* oszilliert. Und dies geschieht so schnell, dass wir dessen nicht gewahr werden. In *savitarka* sind jedoch außer diesen keine anderen *vrittis* mehr vorhanden – der Yogi denkt nicht nach, er analysiert nicht. Es gibt nur ein *vritti*: eine Blume, in die er auf drei Ebenen eingetaucht ist. In *savitarka* herrscht völliger Friede und Stille. Der Yogi erkennt dabei das Arbeiten seines oszillierenden Geistes und lernt zunehmend, allein das Objekt *(artha)* zu fokussieren. So bereitet er sich auf den nächsten Schritt, *nirvitarka samapatti,* vor.

In *nirvitarka* intensiviert sich das Eintauchen in das Objekt, die Konzentration ist noch spitzer. Wo in *savitarka* noch die drei Dimensionen *artha, shabda* und *jnana* vermengt waren – der Geist sich also zwischen physischem Objekt, dessen Bezeichnung und den damit verbundenen mentalen Inhalten hin und her bewegte –, da werden nun *shabda* und *jnana* losgelassen: Allein das Objekt erscheint, völlig befreit von mentalen Beimischungen, frei auch von den nicht bewussten, sehr tief liegenden Erinnerungen *(smriti)*, in leuchtender Klarheit. Zum ersten Mal sieht der Yogi mit reinem Blick die Blume als physisches Objekt und einfach so, wie sie ist. In der Sprache des Zen: Eine Rose ist eine Rose.

*Savichara* und *nirvichara,* die dritte und vierte Stufe von *samprajnata samadhi,* bezeichnen einen Zustand, der durch die Fokussierung nicht auf die grobstoffliche Erscheinung des Objektes erreicht wird, sondern – darüber hinausgehend – auf die feinstofflichen, energetischen Aspekte. Es ist ein Eindringen in die Grundbausteine des Objektes selbst. Was die *vitarka samadhis* (*savitarka* und *nirvitarka*) im Hinblick auf die grobstofflichen Objekte besagen, gilt für die *vichara samadhis* (*savichara* und *nirvichara*) im Hinblick auf die feinstoffliche Ebene der Objekte.

## *Die Stufen von Samadhi – ein Beispiel*

Jeder Zustand von Samadhi, selbst die allererste Stufe, übersteigt unser begriffliches Denken. Am Beispiel eines Samadhi, das die Sonne als Meditationsobjekt zur Grundlage hat, lässt sich dennoch eine äußere Beschreibung der vier Stufen von *samprajnata* geben:

1. Im Zustand von *savitarka* fokussiert der Yogi sich auf die Sonne vor seinem inneren Auge. Er nimmt sie als spezifische Form, als physikalisches Objekt *(artha)* wahr, dem eine sprachliche Bezeichnung (ein Name, *shabda*) zugeschrieben ist, und mit dem er verschiedene mentale Inhalte *(jnana)* verknüpft (Konzepte wie »Die Sonne ist rund«; Wertungen; Kenntnisse über Zusammensetzung, Entfernung u.a.; Erinnerungen, Assoziationen usw.). Zwischen diesen drei Ebenen oszilliert das Gewahrsein. Alle anderen mentalen Inhalte – das Abschweifen während der Konzentration oder das Aufsteigen beliebiger Gedanken – hat der Yogi bereits hinter sich gelassen.
2. In *nirvitarka* vertieft sich der Fokus. Die visualisierte Sonne existiert im Bewusstsein nur noch als leuchtendes, körperliches – sonst jedoch nicht weiter spezifiziertes – Objekt *(artha)* am inneren Himmel. Es gibt kein Gewahrsein mehr im Hinblick auf eine namentliche Bezeichnung oder sonstige mentale Inhalte, *shabda* und *jnana* sind weggefallen, ein weiterer kognitiver Filter beseitigt. Die Wahrnehmung ist noch reiner.
3. Vertieft sich der Fokus dann zum Zustand von

*savichara*, gelangt das Bewusstsein zur Wahrnehmung des *tanmatra*, der subtilen Grundnatur der visualisierten Sonne also: des Lichtes an sich, das formlos und namenlos ist. Doch selbst das formlose, namenlose Licht ist noch ein spezifisches Etwas, eine in Zeit und Raum lokalisierte Entität oder Wesenheit.

4. In *nirvichara* schließlich geht auch das Gewahrsein dieser raum-zeitlichen Verortung verloren. Das Bewusstsein ist durchflutet von Licht allein, ohne Form, Name oder Gedanken. Licht an sich, kein Raum und keine Zeit.

Das Eintauchen in die Feinstofflichkeit der Objekte endet erst in der nicht differenzierten, formlosen Ursubstanz: In Prakriti – dem materiellen Ursprung des Kosmos. Das Bewusstsein hat die Macht, bis zur Wurzel der Schöpfung vorzudringen, bis zur formlosen Natur selbst also.

Doch der Kosmos des Bewusstseins ist unvorstellbar groß: Selbst wenn der Yogi in die Formlosigkeit von Prakriti eintauchen kann, ist der Entwicklungsprozess nicht zu Ende. Immer noch ist da ein Etwas, in welches das Bewusstsein eingetaucht, mit dem es zusammengefallen ist *(samapatti)* – und sei es noch so subtil. In unserem Beispiel erfährt das Gewahrsein Licht an sich ohne Zeit und Raum, aber noch nicht sich selbst allein. Mit anderen Worten: Der Seher ruht noch nicht in sich selbst. Purusha blickt immer noch auf die Leinwand von Chitta und nimmt etwas anderes als sich selbst wahr. Und so ist das Bewusstsein nicht von allen *vrittis* frei. Der Zustand des Yoga ist noch nicht erreicht.

47

Wenn *nirvichara samadhi* vervollkommnet ist, beginnt das innere Licht zu leuchten.

48

Dort liegt wirkliches Wissen.

49

Wirkliches Wissen unterscheidet sich völlig von Wissen, das aus Schriften oder durch logisches Schließen gewonnen wird.

50

Die mentalen Eindrücke, die durch diese Art Samadhi hervorgerufen werden, löschen alle anderen Eindrücke aus.

51

Vergehen schließlich auch diese Eindrücke noch, dann wird das Samadhi ohne Same erreicht: *nirbija samadhi.*

## *Nirvichara und wirkliches Wissen*

*Nirvichara* ist der Horizont, hinter dem erstmals die Sonne unseres wirklichen Selbst aufscheint. Es ist dies die Morgendämmerung unseres inneren Lichtes, wenn auch nicht das Ende der Entwicklung, weil der Seher nicht in sich selbst ruht, sondern noch in ein Objekt getaucht ist.

Obgleich der Yogi noch nicht wirklich in Yoga ist und diesen Zustand wieder loslassen muss, der transformierend wirkt und den Blick auf die Welt verändert: »Wie ein Mensch, der auf einem Hügel steht, einen Menschen auf der Ebene sieht, so wird einer, der in den Palast der Erkenntnis aufgestiegen und von allen Nöten befreit ist, das Leid der anderen sehen.«[21]

Die transformative Wirkung kommt aus der völlig neuen Weise, wie Wissen erlangt wird – einer völlig neuen Art von Wissen. Es ist wirkliches Wissen oder *ritambhara prajna*. An der äußersten Grenzlinie von *nirvichara* kann der Yogi dieses Wissen erlangen. Es unterscheidet sich grundlegend von sprachlich vermitteltem oder durch logische Denkarbeit erworbenem Wissen. Auch andere Traditionen betonen die besondere Bedeutung solch echten, spirituellen Wissens, das nicht durch Studium erworben werden kann. So sagt Thomas von Kempen: »Wenn du die ganze Bibel auswendig wüsstest und kenntest dich in allen Lehren der Weltweisen aus, was hättest du davon ohne die Gottesliebe und die Gnade?«[22] Wirkliches Wissen ist erstens authentisch, also nicht vermittelt oder intellektuell erworben. Es ist zweitens existenziell, weil es mittels eigener Erfahrung gewonnen wurde. Es ist drittens wahr, denn es kommt aus höherer, intuitiver Weisheit, und es ist viertens nicht gefärbt oder gefiltert durch die beschränkten Sinne, weil die Sinnesorgane in Samadhi nicht beteiligt sind. Dieses Wissen ist fünftens absolut im Sinne des lateinischen Wortes *absolutus:* losgelöst, gilt also unabhängig von Voraussetzungen. Demzufolge ist es sechstens auch unwandelbar, da es seiner Natur nach nicht nur unter Vorbehalt gilt, wie zum

Beispiel Erkenntnisse der Naturwissenschaften, die Gültigkeit nur so lange für sich beanspruchen können, bis sie widerlegt werden. So kann man sagen: *Ritambhara prajna* ist ewiges Wissen, Weisheit im äußersten Sinne.

## *Von ritambhara prajna über asamprajnata zu nirbija*

Das wirkliche Wissen, das in *nirvichara* gewonnen wird, erzeugt neue Eindrücke *(samskaras)* in Chitta und löscht damit die alten, letztlich »unwirklichen«, Eindrücke aus. Der Übende erreicht den Zustand von *asamprajnata samadhi*. Es ist das Wegfallen auch des subtilsten Objektes, das Chitta gefärbt hat. Wir könnten sagen: ein Samadhi ohne Objekt. In *asamprajnata* ruht das Bewusstsein zwar schon in sich selbst, doch birgt es noch Samen *(samskaras)*, verborgene mentale Eindrücke, die bei Gelegenheit reifen und wachsen: Es ist *sabija* (wörtlich: mit Same), die endgültige Befreiung ist deshalb noch nicht erreicht. Erst wenn auch jene Spuren, die das *ritambhara prajna* in das Bewusstsein gesetzt hat, verweht sind, erreicht der Yogi den höchsten Zustand, das ist *nirbija samadhi:* Chitta ist nun objektlos und dazu gereinigt von allen *samskaras*. Reines Gewahrsein ruht in sich selbst: *chitta vritti nirodhah* (1.2). Es ist, als ob Gott sich im Spiegel erblickte, der er zugleich selbst ist. Durch Yoga hat der Yogi Yoga erlangt. Dies ist *kaivalya:* Befreiung. Ein Jivanmukti ist geboren, eine befreite Seele noch zu Lebzeiten.

Paramahansa Yogananda (1893–1952), der Autor der

*Autobiographie eines Yogi*, nennt diesen Zustand »Christusbewusstsein« *(kutastha chaitanya)*. Dies ist die esoterische Bedeutung der Auferstehung, die im Englischen *second coming*, »zweites Erscheinen«, genannt wird. Ein Jivanmukti lebt in der Welt, ohne von ihr zu sein. Es gibt einen Tamil-Vers, der den so unbegreiflich anmutenden Bewusstseinszustand eines befreiten Menschen humorvoll zum Ausdruck bringt: »Ob er am hell erleuchteten Tage die kühlen Strahlen des Mondes oder eine vor drei Tagen bestattete Leiche aus ihrem Sarg steigen sieht – er wird sich nicht wundern.«[23]

## *Kabir sagt: Ströme von Licht*

Obgleich die wunderbare Erfahrung eines Samadhi nicht adäquat in Worten wiedergegeben werden kann, gab es unter den Mystikern immer wieder begnadete Dichter, die uns mit großer Authentizität einen feinen Hauch von Ahnung vermitteln und ein Gefühl der Erhabenheit empfinden lassen, das sie erlebten. Der Weber, Mystiker, Dichter und Musiker Kabir wurde im Jahr 1440 in Benares geboren und lebte und wirkte an der Schnittstelle zweier Traditionen – Hinduismus und Islam. Er fand wunderbare Worte, um seine Erlebnisse von Samadhi mit uns zu teilen. Seine Gedichte sind gleichzeitig eine leidenschaftliche Aufforderung, uns auf den inneren Weg zu machen. Er steht hier stellvertretend für die Mystiker aller Zeiten, Traditionen und Orte, stellvertretend für alle, die – wie er – aufgewacht sind, sich auf den Weg gemacht haben und schließlich auf die andere Seite des Flusses gelangt sind, stellvertretend für alle Yogis der Welt, ob sie nun Christen, Hindus, Muslime, Buddhisten oder was auch immer sind. Und er steht stellvertretend für all jene, die auf dem Weg in diese größte aller inneren Freiheiten ihr körperliches Leben aufs Spiel setzten, weil die Gesellschaften so viel innere Freiheit nie ertragen konnten – eine Freiheit, die doch unser aller Geburtsrecht und Lebenszweck ist. Kabir also sagt:

Gott ist in mir, Gott ist in dir,
das Leben ist in jedem Saatkorn.
Lege den falschen Stolz ab
und suche nach Ihm in dir.
Eine Million Sonnen stehen in Flammen vor Licht,
ein Meer von Blau breitet sich am Himmel aus.
Das Fieber des Lebens ist gestillt,
und alle Makel sind fortgespült,
wenn ich inmitten dieser Welt sitze.
Höre die ungespielten Glocken und Trommeln!
Erfreue dich an der Liebe!
Regen strömt herab ohne Wasser,
und die Flüsse sind Ströme von Licht. (...)
Wie gesegnet ist Kabir,
dass er inmitten dieser Freude
in seinem eigenen Gefäß singt.
Es ist die Musik der Begegnung von Seele mit Seele.
Es ist die Musik, die alle Sorgen vergessen macht.
Es ist die Musik, die alles Kommen und Gehen
transzendiert.[24]

# 2
# Praxis:
# Sadhana Pada

Die Menschen ziehen eines dem andern vor,
doch für Himmel und Erde ist alles eins.
Das Hohe, das Tiefe, das Große, das Kleine –
alles empfängt Licht,
alles bekommt einen Platz zum Ruhen.

*Tao Te King*

# Kriya Yoga (1–2)

**1**

**Kriya Yoga ist der praktische Weg des Yoga. Zu ihm gehören: Reinigung, Selbsterforschung und Hingabe an die Quelle, aus der wir kommen.**

## *Tapas – reine Seide und scharfer Stahl*

Übung verlangt Selbstdisziplin, *tapas,* nicht aber Selbstkasteiung. Es gibt Menschen, die sich geißeln oder gar ans Kreuz nageln lassen, die bis zur Selbstzerstörung fasten, die so lange auf nur einem Bein stehen oder den Arm hoch halten, bis ihre Gliedmaßen absterben. Das Ziel von Yoga ist *chitta vritti nirodhah.* Wie könnten solche Praktiken den Geist stillen? In der *Bhagavad Gita* sagt Krishna deshalb zu Arjuna: »Dummköpfe sind die, welche in schrecklicher Entschlossenheit ihre unschuldigen Körper foltern und damit auch mich quälen, der ich in ihnen wohne.« (Kap. 17, Vers 2)

Krishna gibt uns das Bild vom Körper als Tempel Gottes. Tempel sollte man achten, nicht zerstören. Yoga ist deshalb der kluge Weg der Mitte. Er verändert uns ganz allmählich und verhilft uns langsam, aber umso nachhaltiger, zu Klarheit und Stabilität. Wer zu viel in zu kurzer Zeit verändern will, wird keinen Erfolg haben. Wer Hatha Yoga beginnt, kann nicht am ersten Tag frei im Handstand stehen. Wer unliebsame Gewohnheiten aufgeben will, muss dies Schritt für Schritt angehen, sonst entsteht zu viel Widerstand. Doch auch wenn wir uns nur sanft verändern: Veränderung bedeutet Widerstand, Reibung. Reibung erzeugt Hitze. Und *tapas* heißt ganz wörtlich: Hitze, erhitzen. Hitze transformiert. Durch sie wird Gold gereinigt und Eisen gehärtet. Hitze kann auch wehtun, und manchmal fallen uns die körperlichen und geistigen Bemühungen auf dem Yoga-Weg schwer. Dies anzunehmen, ist *tapas*. Das Leben selbst, das viele schmerzhafte Erfahrungen bereithält, ist *tapas:* Wenn wir diese Erfahrungen annehmen lernen, gewinnen wir an Reife, Klarheit und Kraft.

*Tapas* ist Reinigung und Stärkung auf allen Ebenen. Dieser Prozess beginnt bei unserem Körper – und dies nicht nur äußerlich. Yogis praktizieren seit frühester Zeit ausgeklügelte Techniken zur Reinigung der inneren Körperbereiche, die sie *shatkarmas* oder auch *shatkriyas* nennen. Die Körperübungen, Asanas, haben ebenfalls reinigenden Charakter: Sie massieren alle Gewebe und durchfluten sie mit Sauerstoff, sie schwemmen Gifte aus und machen den Körper beweglich und stark. Auch Pranayama wirkt entgiftend und belebend gleichermaßen. Yogische Ernährung ist nahrhaft und entschlackend. So auch die Ethik: Sie nimmt das Gift aus unseren Beziehungen und ermöglicht uns, positiv gestaltend in der Gemeinschaft zu wirken. Reinigung auf der feinsten Ebene schließlich geschieht in der Meditation. Sie befreit uns vom mentalen Sperrmüll, bis Chitta kristallene Klarheit erlangt (1.41).

*Tapas* ist also die sanfte, aber kontinuierliche Bemühung um Reinheit und Stärke auf allen Ebenen unseres Daseins als ganz konkrete tägliche Übungspraxis. »Seid wie reine Seide und scharfer Stahl!«, sagte der Zen-Mönch Shunryu Suzuki.[25] Dies bringt *tapas* auf den Punkt.

## *Svadhyaya – wer bin ich?*

Die Selbsterforschung, *svadhyaya*, ist das zweite Instrument des Kriya Yoga. *Svadhyaya* heißt wörtlich »in uns selbst hineingehen«, es ist Selbstbeobachtung und Selbstanalyse: Wer ist das eigentlich, den wir da »Ich« nennen? Was macht mich zur Person, die ich (scheinbar) bin? Welche Rollen spiele ich? Welche Meinungen vertrete ich? Was denke und fühle ich? Was und wie viel von dem, was ich denke, das mich ausmacht, kann ich weglassen, bis ich nicht mehr »Ich« bin? Und da sind noch mehr Fragen: Wie reagiere ich auf andere und warum? Wie gehe ich mit Worten um? Ist es wahr, was ich sage? Ist es freundlich? Fördern meine Worte harmonische Beziehungen oder führen sie zu Konflikten? Sind meine Gedanken förderlich für mein Wohlsein und Wachstum oder sind sie ein Hindernis? Warum empfinde ich Ärger, Angst oder gar Hass? Wenn wir uns selbst erforschen, kann das schmerzhaft sein, und so sind *svadhyaya* und *tapas* untrennbar. Der Prozess des Übens lässt uns viel über uns selbst in Erfahrung bringen. Umgekehrt präzisieren und inspirieren Selbst-Erkenntnisse unsere Übung. Es ist ein positiver Rückkopplungsprozess: *Tapas* unterstützt *svadhyaya*, und *svadhyaya* lenkt *tapas*.

Zum Selbst-Studium (im doppelten Sinn des Wortes)

gehört auch das Studium der Schriften, zu welcher Tradition auch immer man sich hingezogen fühlt. Yoga ist nicht der Weg einer bestimmten Religion, sondern er ist ein spirituell-wissenschaftlicher und als solcher ein Weg, der allen offen steht. Vernünftige Ernährung und Bewegung sind immer heilsam, woran man auch glauben mag. Den Geist zur Ruhe zu bringen stiftet immer Klarheit, egal, welcher Tradition man sich verpflichtet fühlt.

## *Ishvarah-pranidhana – Hingabe*

Schließlich gehört zu Kriya Yoga *Ishvarah-pranidhana*, die Hingabe an den »Ersten Lehrer«, der in unserem Herzen wohnt. Patanjali hat Ishvarah im ersten Kapitel sieben Verse gewidmet (1.23–1.29), wohl wissend, dass die Hingabe ein schneller Weg zur Selbst-Verwirklichung sein kann. In der *Gita* sagt Krishna zu Arjuna: »Was du auch tust, (…) tu es für mich.« (Kap. 9, Vers 27) Können wir einer Kraft, die so unendlich viel mächtiger ist als wir, unsere Demut bezeugen und uns ihr anvertrauen? Denn dann »wird sich der Lotus deines Herzens öffnen, und die Kraft der Liebe wird deine Suche unterstützen.«[26] Es ist ohne Bedeutung, welchen Namen, welche Form oder welches Symbol wir wählen, um uns der Quelle zu nähern, aus der wir kommen und in die wir einst eingehen werden. Ohnehin kann keine Form und kein Wort sie je zum Ausdruck bringen. Der erste Vers des *Tao Te King* lautet deshalb: »Der Name, den man sagen kann, ist nicht der ewige Name.«

### *Integraler Weg*

Kriya Yoga stellt einen vollständigen praktischen Übungsweg dar, der alle Facetten des Yoga einbeziehen kann: Selbstpflege, Beziehungspflege, Asanas, Pranayama und Meditation – all jene Übungen also, die unseren sprichwörtlichen Affengeist zähmen. Er umfasst damit alles, was unter den »Acht Elementen des Yoga« später noch genauer ausgeführt werden wird (2.28 ff.). Der ganze Weg des Hatha Yoga kann darin beschlossen sein. *Svadhyaya,* die Selbsterforschung, ist der Weg des Jnana Yoga: Selbstanalyse und Schriftenstudium, dem es um die berühmte Frage des Advaita-Vedanta geht: Wer bin ich? *Ishvarah-pranidhana* schließlich ist der Weg von Bhakti und Karma Yoga. *Tapas, svadhyaya* und *Ishvarah-pranidhana* sind ein gegenseitig sich unterstützendes und selbstverstärkendes System, das offen ist für alle Traditionen und menschlichen Temperamente. Daher ist Kriya Yoga integrales Yoga.

**2**

**Kriya Yoga wird geübt, um Samadhi zu erreichen und die Hauptursachen des Leidens zu minimieren.**

Kriya Yoga geht es um das ganz große Ziel: Samadhi. Das erste Kapitel handelte davon und das zweite wird nun damit eröffnet. Die vielen Methoden des Yoga sind nur das Boot, das uns zum Ufer der Selbst-Verwirklichung bringen soll. Der Ausgangspunkt der Reise ist das mit dem Leben verbundene Leiden – warum auch sonst sollten wir überhaupt

»abreisen« wollen? Warum uns bemühen? Warum sollten wir uns selbst erforschen? Leiden ist der Ausgangspunkt aller spirituellen Lehren. Kapila, der Vater der Sankhya-Philosophie, des geistigen Fundaments des Yoga, stellt an den Anfang seines Grundlagenwerkes diese Worte: »Das Ende des Leidens ist das höchste Ziel des Menschen.«[27] Auch Buddha beginnt mit der schlichten Erkenntnis, dass Leiden existiert. Er sagt dies mit einem Lächeln und lässt uns gleichzeitig wissen: Leiden kann überwunden werden, indem man erkennt, was die Ursachen sind, und indem man umkehrt und sich auf den Weg nach innen macht, um sie zu beseitigen. Mit den Hauptursachen des Leidens beschäftigen sich die nächsten Verse Patanjalis.

## Fünf Kleshas – die Hauptursachen des Leidens (3–9)

3

Es gibt fünf Hauptursachen, die zu Leid führen:
das Nicht-Verstehen der wahren Natur
unseres Seins, die Ich-Zentriertheit, das Haben-
wollen, das Nicht-Habenwollen und das Hängen
an der Kontinuität unseres körperlichen
Daseins, verbunden mit der Angst vor dem Tod.

4

Das Nicht-Verstehen der wahren Natur unseres
Seins ist der fruchtbare Boden,
auf dem die anderen Leidensursachen gedeihen.
Sie können inaktiv, schwach, nur gelegentlich
auftretend oder dauernd und voll aktiv sein.

5

Die wahre Natur unseres Seins nicht
zu verstehen meint: das Nicht-Selbst für das Selbst zu
halten. Es bedeutet, das Unreine mit
dem Reinen, das Vergängliche mit dem Ewigen und
das Glück mit dem Schmerz zu verwechseln.

6

Die Ich-Zentriertheit entsteht, weil der Seher,
der reines Gewahrsein ist, fälschlicherweise mit dem
Instrument der Wahrnehmung identifiziert wird.

7

**Habenwollen tritt in Verbindung mit angenehmen Erfahrungen auf.**

8

**Nicht-Habenwollen tritt in Verbindung mit unangenehmen Erfahrungen auf.**

9

**Die Angst vor dem Tod ist eine intrinsische, sich selbst erhaltende Kraft, die auch in weisen Menschen wirksam ist.**

## *Von der Angst vor dem Tod zum grundlegenden Irrtum über unser Sein*

Patanjali fängt immer mit dem Grundsätzlichsten und Wichtigsten an. Deshalb beginnt er mit *avidya*. *Avidya*, das grundlegende Nicht-Erkennen der wahren Natur unseres Seins, steht am Anfang einer Kette von Leidensursachen, Kleshas, an deren Ende das steht, was uns »Nicht-Erwachte« besonders plagt: Die Vergänglichkeit allen Seins: Alter, Krankheit und schließlich der Tod.

Fangen wir bei der Betrachtung dieses Sutras also am Ende an, da wo wir stehen, und fragen: Bist du dir wirklich bewusst, dass du sterben wirst – vielleicht schon bald, vielleicht erst in einigen Jahren? Von Alter, Krankheit und Tod sind wir nicht befreit, allen medizinischen und wissenschaftlichen Fortschritten zum Trotz. Nicht einmal Yoga kann uns vor unserem physischen Ende bewahren. Da hören wir jemanden schnell sagen: »Vor dem Tod fürchte ich mich nicht, bloß vor dem Sterben.« Doch ist das wirklich wahr? Die meisten haben nie ernsthaft darüber nachgedacht und verdrängen *abhiniveshah*, die Angst vor dem Tod.

Bist du dir wirklich bewusst, dass du sterben wirst? Und wenn ja, was bedeutet das für dein Leben im Hier und Jetzt? So viel Spaß zu suchen wie möglich, um abgelenkt zu sein von der unerfreulichen Tatsache des wartenden Todes? Allem, was unangenehm ist, auszuweichen? Ist doch das Leben in seiner bloßen Endlichkeit an sich schon eine Unannehmlichkeit. Dem Leben also ausweichen?

So teilen wir das Leben in *raga* und *dvesha*, in Habenwollen und Nicht-Habenwollen ein. Wie weise doch die Sprache ist: *Raga* heißt Leidenschaft, *ra* ist das Feuer. Natürlich sind hier Verbrennen und Leiden schon immer mit gesagt. Und *dvesha* kommt von *dva*, teilen und *sha*, Leben: das Leben also zerteilen, oder: nicht zur Gänze annehmen. Wir zerteilen die Welt in Gut und Schlecht, Schön und Hässlich und eine unendliche Vielzahl weiterer Zweischneidigkeiten (Dualitäten), ohne uns bewusst zu sein, dass doch das eine schon rein logisch ohne das andere nicht sein kann. Das *Tao Te King* sagt: »Jedermann erkennt die Schönheit nur wegen des Hässlichen. Jedermann erkennt das Gute nur wegen des Bösen.« (Vers 2) Wie ironisch, dass genau jenes, was wir am meisten eben nicht haben wollen, zugleich das Einzige ist, das wir mit absoluter Sicherheit bekommen werden. Und dabei wissen wir noch nicht einmal wann, wie und wo: den physischen Tod.

Und so gehen wir weiter zurück in Patanjalis Kette der Kleshas und begegnen dem, was wir »Ich« – *asmita,* nennen: Ich bin es: Ein Körper aus Fleisch und Blut, ein Bündel aus Erinnerungen, Gedanken, Geschichten, Meinungen, Emotionen, Rollen, Freuden, Ängsten, Ärger und noch vielem mehr: Ich will, ich will nicht, vor allem nicht leiden. Wenn es schon sein muss, dann ist es mir lieber, dass es die anderen Geschöpfe trifft, von denen ich – scheinbar – losgelöst existiere.

Die Annahme, wir seien von der Ganzheit des Seins und von der Quelle, der dieses Sein entspringt, abgeschnitten, ist falsch, sagt Patanjali – und mit ihm die Weisen aller Zeiten. Einen Irrtum nannte es Jesus. Nicht-Verstehen, *avidya,* sagen die Yogis. Ja, es ist überhaupt alles falsch, was wir denken, das wir seien. Yoga sagt: Du bist nicht Körper, nicht Verstand oder Gefühle, du bist nicht die *vrittis* in Chitta. Du bist kein Patchwork aus unendlich vielen Versatzstücken, die du in der Summe »Person« nennst. All das bist du nicht. Denn all das ist Prakriti. Und alles, was Prakriti ist, ist nicht »Ich«. Es ist ein interessantes Gedankenexperiment, zu fragen, was »Ich« denn bin, was letztlich auf die Frage hinausläuft, woraus ich denn zusammengesetzt bin. Jede Facette, die man findet, sollte man daraufhin prüfen, ob sie beständig ist oder nicht. Gibt es irgendetwas, das wir benennen können, das sich nicht verändert? Wenn nicht – und wir können sicher sein, dass wir bei sorgfältiger Prüfung zu dieser Schlussfolgerung gelangen müssen –, dann definieren wir im normalen Leben als »Ich« eine dauernd sich verändernde, befristet und leidlich zusammengehaltene, organische und mit Denkfähigkeit ausgestattete Masse.

Yoga sagt: All das bist du nicht. Du bist nicht Prakriti. Vielmehr bist du das, was sich in Prakriti selbst erfährt: Purusha, reines Gewahrsein, das innere Licht. Und du bist eins mit dem Tao, Nirvana oder Himmelreich – nenne es, wie du magst. Und so ist Raja Yoga, wie man den Weg des *Yogasutra* auch nennt, tatsächlich *viyoga:* Ein Prozess existenzieller Trennung dessen, was wir nicht sind (aber gegenwärtig zu sein glauben, nämlich: Prakriti), von dem, was wir tatsächlich sind (aber gegenwärtig nicht fühlen, nämlich: Purusha). Wenn diese Erkenntnis gewonnen (oder genauer: erfahren) ist – und in der Vervollkommnung von *nirvichara samapatti* erlangen wir dieses wirkliche Wissen (1.47) – dann erreichen wir Yoga, das Einswerden mit dem, von dem wir in Wirklichkeit ohnehin nie getrennt waren.

## *Von schlafenden und wachen Kleshas*

*Avidya,* die Verwechslung dessen, was wir nicht sind, mit dem, was wir sind, ist also die Grundursache allen Leidens. Die anderen Kleshas (Ich-Zentriertheit, Habenwollen, Nicht-Habenwollen und das Hängen am körperlichen Dasein) leiten sich davon ab. Sie sind immer da, sagt uns der Psychologe Patanjali, mögen sie auch nicht dauernd spürbar sein. Sie können vielleicht verdrängt werden und »einschlafen«. Das beseitigt sie aber noch nicht, sondern verlagert sie nur auf eine tiefere mentale Ebene. So werden sie für uns zugleich schwerer zugänglich.

Es kann passieren, dass Leid auslösende mentale Inhalte, die wir glaubten, losgelassen zu haben, sich durch den richtigen Auslöser wieder übermächtig zu Wort melden: Begegnen wir nach langer Zeit einem Menschen wieder, dem gegenüber wir großen Groll verspürt haben, so sehen wir ihn nicht neu, weise und mit den Augen eines Kindes, sondern »erwachsen«, mental gefiltert und konditioniert mit dann wieder voll aktivierten Kleshas: Das alte Nicht-Habenwollen meldet sich kraftvoll zurück. Die Erinnerungen *(smriti)* sind leidhaft *(klishta)*: Sie lassen die schmerzhaften Gefühle wieder aufleben, die alten Reaktionsmuster kehren zurück. Das Klesha hat sich nur eine Zeit lang nicht gemeldet. Es wurde nicht losgelassen, wir haben nicht vergeben. »Vergeben und vergessen«, sagt ein kluges Sprichwort. Nur das, was vergessen ist – so vergessen, als wäre es nicht geschehen – ist wirklich vergeben.

## *Die Angst vor dem Tod und das Vermeiden von Schmerz*

Der Wille zu leben ist das Spiegelgesicht der Angst vor dem Tod. Es ist eine mächtige Kraft in Prakriti, die allen Wesen inhärent ist: Von der Fliege bis zum Intellektuellen, von der Mücke bis zum Weisen: In allen wirkt *abhiniveshah*. Auch in Yogis, auch in Swamis. Sogar Jesus durchlebte eine Nacht in Angst vor Leid und Tod, bevor er den Gang zum Kreuz antrat. Albert Schweitzer, der weise Arzt, sagte: »Ich bin Leben, das Leben will inmitten von Leben, das Leben will.« Wie einfach und nachvollziehbar in dieser Hinsicht doch alle Natur ist. Umso unbegreiflicher, dass der Mensch trotz dieser existenziellen Gemeinsamkeit und Gleichheit aller fühlenden Wesen in scheinbar grenzenloser Zerstörungskraft und -bereitschaft dennoch so vielen so viel Angst und Leid zufügt.

*Abhiniveshah*, das andere Ende der Kette der Leidensursachen, die bei *avidya* beginnen, spricht Jesus im ersten überlieferten Ausspruch (Logion) im *Thomas-Evangelium* an, wenn er sagt: »Wer die Auslegung dieser Worte versteht, wird den Tod nicht schmecken.« Die bekannte Anrufung der *Upanishaden* bittet direkt um die Überwindung der Kleshas:

Vom Unwirklichen führe mich zum Wirklichen.
Aus der Dunkelheit führe mich ins Licht.
Vom Tod führe mich zur Unsterblichkeit.[28]

# Die Überwindung der Kleshas (10–11)

**10**
**Die Hauptursachen des Leidens liegen sehr tief. Sie werden überwunden, indem der Geist zu der Quelle zurückkehrt, der er entspringt.**

**11**
**Dies geschieht durch Meditation. Sie überwindet die Identifikation mit den mentalen Mustern.**

Die beiden Sutras fassen zusammen, was Patanjali ausführlicher im ersten Kapitel dargestellt hat (1.42–1.51). Es ist die Meditation, die den Weg nach innen bahnt: Von »groben« mentalen Inhalten bis zu den subtilsten Aspekten, die jenseits des uns Vorstellbaren liegen. Sie macht uns die leidhaften mentalen Muster bewusst und ermöglicht uns, diese aufzulösen. Meditation verläuft von außen nach innen – so wie alle Aspekte der Yoga-Praxis.

*Vrittis,* so viel wissen wir, haben unterschiedliche Qualitäten: Sie sind leidhaft *(klishta)* oder auch nicht *(aklishta).* Wir sollten deshalb *viveka,* unsere Intelligenz und Unterscheidungsfähigkeit, einsetzen, um die Ursachen der Leid erzeugenden *vrittis* zu erkennen und »aufzulösen«. Dies ist auch der Ansatz, den die Psychotherapie verfolgt: Auflösung durch Bewusstmachung und Verstehen. Aus der grundlegenden Sicht Patanjalis ist dies aber eine bloß symptomatische Ebene der Bearbeitung unserer inneren

Nöte: Es ist die Tablette gegen den Schmerz, die noch nicht die Ursache des Schmerzes selbst behebt. Wer »unnormal« ist, mag vielleicht ein wenig »normaler« werden, indem er sich mentale Muster bewusst macht, was bloß sagen will: Er ist zurückgekehrt in den Korridor des Normalen, wie ihn das gesellschaftliche Umfeld definiert, eine Normalität, die aus spiritueller Sicht eben nur »der ganz normale Wahnsinn« ist. Das ist gut, wenn es Leiden reduziert. Die Grundursachen des Leidens jedoch, die fünf Kleshas, liegen sehr viel tiefer. Wir können uns ihnen nur auf dem Wege der Meditation annähern: Kein noch so feiner intellektueller Prozess, keine noch so fortgeschrittene Psychotherapie kann (oder will) uns die tief eingegrabene Angst vor dem Tod nehmen oder uns von jeder Anziehung und Abneigung befreien. Keine Philosophie bewirkt, dass wir uns nicht mehr als vom Ganzen abgetrenntes, isoliertes »Ich« wahrnehmen. Keine Lektüre lässt uns Purusha sehen. Patanjali sagt, dass wir hierzu wirkliches Wissen, *ritambhara prajna* (1.48), erlangen müssen, ein Erfahrungswissen, das uns nur in Samadhi zugänglich wird: Erst dort kommen wir in Kontakt mit unserem inneren Licht, das wir in Wirklichkeit sind. Und erst an diesem Punkt beginnt sich auch der Wurzelgrund allen Leidens aufzulösen: *avidya*. Wir lösen uns von der falschen Identifikation mit dem, was wir nicht sind – das ist *vairagya*.

## *Die Yogasutras als Hologramm*

So steht Kriya Yoga in untrennbarer Verbindung mit Praxis *(abhyasa)* und Loslassen *(vairagya)*, von denen Patanjali im ersten Kapitel berichtet (1.12–1.16). Und er konkretisiert diese nun: *Abhyasa* ist die kontinuierliche Bemühung in unserer konkreten Übungspraxis (Sadhana), der wir uns beharrlich, ohne Unterbrechung und über lange Zeit hin widmen müssen, um Erfolg zu haben und die *chitta vrittis*, die mentalen Muster, zur Ruhe *(nirodhah)* zu bringen. Und Üben heißt: Selbstdisziplin *(tapas)*, Selbst-Erforschung *(svadhyaya)* und Hingabe *(Ishvarah-pranidhana)*. Alles zusammen bringt uns *vairagya*, dem Loslassen, Schritt für Schritt näher. Erst wenn wir alles losgelassen haben, erreichen wir *nirbija* Samadhi. Oder Yoga. Oder *kaivalya*.

So sieht man: Wo immer man in Patanjalis Text auch liest, jedes Sutra steht in einem inneren Zusammenhang mit jedem anderen, eines enthält immer schon das Ganze. Es ist wie ein Hologramm, bei dem jedes Teilstück schon immer das ganze Bild enthält.

# Kleshas und Karma
# (12–17)

Wessen Geburt ist gesegnet?
Dessen, der nicht mehr wiedergeboren
werden muss.
Und wer ist unsterblich?
Derjenige, der nicht durch einen weiteren
Tod gehen muss.

*Shankara*[29]

12

**Die Kleshas sind die Wurzel des angesammelten
Karma, das in diesem oder
einem künftigen Leben erfahren wird.**

13

**Solange diese Wurzel existiert, wird sie
Früchte hervorbringen, nämlich:
Geburt, Lebenszeit und Lebenserfahrungen.**

14

**Es hängt von Verdiensten und Fehlern ab,
inwieweit diese als freudvoll
oder schmerzhaft erfahren werden.**

Karma und Reinkarnation sind Grundpfeiler der indischen spirituellen Philosophie. Daran lässt auch das *Yogasutra* nicht den geringsten Zweifel. Karma kommt von *kr*, was handeln meint. Jede Handlung hat Gründe und ist selbst wieder Ursache, die neue Folgen zeitigt. Dieser Zusammenhang ist mit dem Wort Karma ebenfalls gesagt. Es ist das eherne Gesetz von Ursache und Wirkung, dem nichts und niemand im Kosmos entrinnen kann – außer Ishvarah, Gott, die Quelle, der wir entspringen und in die zurück wir einst gehen (1.24).

Alles Denken, Sprechen und Tun hat Folgen – früher oder später, angenehme oder unangenehme. Es gibt einen »Ort«, ein »Feld«, in dem unsere vergangenen Handlungen gespeichert werden, Samen gleich, die darauf warten, Frucht zu tragen: *karmashaya*. Es ist dieses »eingesäte Feld«, das wiedergeboren wird – nicht unser Körper, unser Verstand oder unsere Gefühle. Dem Karma, das wir in der Vergangenheit erzeugt haben, können wir nicht ausweichen. Dessen Früchte werden wir also ernten müssen, so sagt dieses Gesetz, noch in diesem Leben *(prarabda karma)* oder in einem künftigen *(sanjita karma)* – je nachdem, wann die geeigneten Umstände zur Reife gelangen. Und jeder Gedanke, jedes Wort, jede Handlung lässt wieder neues Karma *(agami karma)* entstehen. Und so laufen wir im Rad von Samsara, im Kreislauf von Tod und Wiedergeburt, bis wir ihn durch spirituelle Praxis auflösen und Yoga, Befreiung, Erlösung, das Himmelreich erlangen. Heute säen wir die Samen dessen, was wir einst ernten werden: nicht nur die Erfahrungen, denen wir uns werden stellen müssen, sondern – noch viel grundlegender –

auch die Umstände der Geburt, also in welcher Form wir wiedergeboren werden (als Mensch oder anderes Wesen), und wie lange diese Form existieren wird.

Karma, so heißt es, ist eine Art kosmischer Mechanismus, eingerichtet, um uns zu lehren. »Sein letztes Ziel ist es, uns zur Verwirklichung zu führen.«[30] In einfachen Lebenszusammenhängen können wir die Idee des Erntens und Säens und die Selbstverantwortung, die daraus erwächst, noch sehr gut nachvollziehen: Wenn wir uns falsch ernähren, werden wir die Folgen zu tragen haben – und keiner kann sie uns abnehmen. Wenn wir Konflikte verursachen, wird unser Leben zum Kampf. Wenn wir uns nicht bewegen, werden unsere Glieder steif. Wenn wir die Umwelt weiter ausplündern und verschmutzen, werden wir bald im Ödland leben. Das alles ist einfach.

Doch »Karma« meint viel mehr. Und da beginnen die Schwierigkeiten. Es fordert uns nicht nur auf, uns in diesem Leben für dieses Leben zum eigenen Glücksschmied zu machen, sondern konfrontiert uns mit Erfahrungen, deren Ursachen in früheren Leben gesetzt worden sind. Weiter wird es uns in künftigen Leben mit Erfahrungen konfrontieren, deren Samen wir in diesem Leben gesät haben und noch säen werden. Und die Sache wird immer komplizierter: Wir sind nicht allein auf der Welt. Alle anderen Wesen, mit denen wir interagieren, säen und ernten ebenfalls dauernd. Es ist ein unendlich komplexes Gesamtfeld, eine Art interaktives Kollektiv-Karma.

Warum dieses große Spiel Gottes, oder *lila*, wie die Inder es nennen? Gottes Wege sind unergründlich, sagen die Christen. Die Frage nach dem letzten Grund wird nicht beantwortet. Nicht im Yoga. Und auch in keiner anderen spirituellen Tradition. Yoga will uns ohnehin keine metaphysische Deutung des Kosmos geben. Er ist ein praktischer Weg, Leiden hinter sich zu lassen. Und das *Yogasutra* ist eine Anleitung zur Selbst-Verwirklichung, eine psychologische Landkarte, entworfen vor dem Hintergrund östlicher Philosophie. Patanjali will uns zum reinen Gewahrsein führen, an jenen Berggipfel, an den uns alle spirituellen Wege führen. In gewisser Weise ist er Buddha gleich, der Fragen nach dem Warum nie beantwortet hat. Leiden existiert. Punkt. Und: Es gibt einen Ausweg. Darum geht es.

## 15

**Wer Unterscheidungskraft besitzt, erkennt:
Letztlich sind alle Erfahrungen
(angenehme wie unangenehme) mit Leid
verbunden. Entweder sind sie aus
sich heraus akut frustrierend oder schmerzhaft,
oder sie bereiten den Boden,
auf dem spätere Frustration und Schmerz wachsen, oder die mentalen Muster unterliegen wegen
der *gunas* dauernden Schwankungen
(und wir empfinden deshalb heute als angenehm,
was uns morgen vielleicht schon unangenehm ist).**

## *Viveka – sieh hin und schneide die Illusionen ab!*

Letztlich birgt jede Erfahrung in der Welt Schmerz. Am Anfang des ersten Kapitels haben wir den griechischen Begriff *metanoia* aus der Bibel erwähnt – das Umdenken und Umkehren, von dem Jesus sprach: Patanjali fordert es nun radikal von uns ein. »Sieh dir deine Erfahrungen genau an!«, will er uns sagen, und: »Trenne Richtig von Falsch, Wirklich von Unwirklich! Benutze dazu *viveka*, die scharfe Klinge der Unterscheidungskraft, und schneide alle Illusionen ab!« Das Bild vom Abschneiden, vom Loslassen falscher Vorstellungen, begegnet uns immer wieder bei den Mystikern, vor allem im Zen. Das *Hekigan Roku*, die Niederschrift vom blauen Fels, eine bekannte Sammlung von *Koans* (mit dem Verstand nicht lösbarer »Rätsel«, die als Meditationsobjekt dienen), ist voll von Bildern, die *viveka* ausdrücken wollen: »Darum sage ich: Es ist wie bei einer Garnrolle. Mit einem Hieb ist alles zerschnitten. (…) Wenn ihr alles Wirre abschneidet und den Familienschatz hebt, (…) gibt es keinen Unterschied zwischen vorn und hinten.«

Und was geschieht, nachdem alle Illusionen abgeschnitten wurden? Der Zen-Mönch Yamada Koun Roshi (1907–1989) sagt: »Dann kommt der Schatz, der in eurem Inneren verborgen ist, eure Buddha-Natur, ans Licht und ihr seid vollkommen frei. Alles ist dann in Ordnung.«[31] »Familienschatz« und »Buddha-Natur« sind nur andere Worte für Purusha, unser inneres Licht reinen Gewahrseins. Auch Jesus sprach in gleichem Sinne, als seine

Jünger wissen wollten, ob die körperliche Beschneidung denn nützlich sei oder nicht: »Würde sie nützen«, sagt er, »dann würde ihr Vater sie in ihrer Mutter beschnitten entstehen lassen. Die wahre Beschneidung im Geiste aber, sie erwies sich als durchaus nützlich« (*Thomas-Evangelium*, Logion 53). Jesus, der Zen-Lehrer.

## *Alles tut weh*

Wird *viveka* nun recht angewandt, so erkennen wir, dass letztlich jede Erfahrung in der Welt Frustration oder Schmerz in sich birgt: So gibt es Erfahrungen, die aus sich heraus unbefriedigend oder schmerzhaft sind, und wir begegnen im Leben vielen davon: Wir bekommen nicht, was wir wollen, oder wir bekommen, was wir nicht wollen. Doch Patanjali geht weiter: Auch die schönen und angenehmen Erfahrungen sind inhärent schmerzhaft: Angenehme Erfahrungen verlangen nach Wiederholung, sie graben tiefe Rinnen in unser Bewusstsein *(vasanas)* und sie erzeugen Abhängigkeiten, die selbst zur Ursache neuer Frustration werden, weil der befriedigende Effekt nachlässt oder weil einfach irgendwann die Dinge enden (und ganz am Ende verlieren wir alles – ob wir wollen oder nicht). Doch selbst wenn die angenehmen Erfahrungen lang anhaltend wären: Der Zustand unseres Bewusstseins (Chitta) ändert sich fortwährend, unsere Stimmungen schwanken. Was wir heute mögen, dessen sind wir morgen vielleicht schon überdrüssig. Welch besseres Beispiel gäbe es als das Scheitern einer »großen Liebe«: Einst fast kopflos vor Zuneigung, dann nur noch Schmerz und Überdruss. Wie viele Menschen machen diese Erfahrung? Die christliche Mystikerin Mechthild von Magdeburg (um 1207–1282) meinte genau das, als sie schrieb: »Herr, ich wohne in einem Land, das heißt Verbannung, das ist die Welt. Denn alles, was in ihr ist, kann mich nicht trösten und erfreuen, ohne mir Pein zu bereiten.«[32] In Prakriti finden wir keine Erlösung.

**16**
**Schmerz, der noch nicht eingetreten ist, sollte vermieden werden.**

**17**
**Die Ursache (des Schmerzes), den es zu beseitigen gilt, liegt in der (nur scheinbaren) Verbindung von Seher und Gesehenem.**

Ein gedachter Gedanke ist gedacht. Ein gesagtes Wort ist gesagt. Wir haben die Vergangenheit nicht in der Hand. So einfach. So banal. Wer hat nicht schon einmal jemanden mit Worten oder Taten verletzt? Jedem passiert das im Leben. Wir können uns entschuldigen. Doch wir können nicht ungeschehen machen, was geschehen ist. In der Hand haben wir nur die Gegenwart, das Jetzt. Hier und heute setzen wir die Ursachen für künftige Erfahrungen. Wir sollten vermeiden, weitere Samen zu legen, die zu Leid führen. Deshalb liegt alle Bedeutung in diesem Augenblick beschlossen. Alle Vergangenheit des Kosmos fließt immer in den einen Augenblick ein, der zugleich der Startpunkt aller Zukunft ist.

Wir werden bei dieser Gelegenheit nochmals an die Hauptursache aller leidhaften Erfahrungen erinnert. Es wurde schon ausführlich darüber gesprochen. Aber Patanjali will uns immer wieder an den Grundirrtum, *avidya,* erinnern, die Wurzel der Misere: dass wir glauben, wir seien Prakriti, dass wir glauben, wir seien, was wir wahrnehmen: Name, Körper, Gedanken, Emotionen. Jesus erklärt es uns so: »Wenn ihr einen seht, der nicht aus der Frau geboren ist, dann werft euch auf euer Gesicht und verehrt ihn. Das ist euer Vater.« (*Thomas-Evangelium,* Logion 15) »Aus der Frau geboren« sind der Körper und die dazugehörenden mentalen Muster. Das sind wir nicht, sagt auch Jesus. Aber etwas in uns ist nicht »aus der Frau geboren«. Dem soll unsere Hingabe gelten. Das Licht ist in uns und harrt der Entdeckung durch uns – noch in diesem Leben, am besten gleich jetzt. Jesus nennt es Vater. Patanjali nennt es Purusha. Doch das sind nur Namen. Purusha ist losgelöst von Prakriti. Aber noch verwechseln wir das, was wirklich, unveränderlich und unsterblich ist, mit dem, was unwirklich, veränderlich, sterblich ist. Noch ist die Klinge von *viveka,* unsere Unterscheidungskraft, nicht scharf genug, um die Illusionen abzuschneiden.

# Prakriti und Purusha (18–27)

**18**
**Die Objekte unserer Wahrnehmung sind ihrer Natur nach entweder lichthaft, aktiv oder unbeweglich. Sie setzen sich zusammen aus Elementen und den Instrumenten unserer Wahrnehmung. Ihr Zweck ist es, sowohl Erfahrungen zu ermöglichen als auch Befreiung.**

Alles, was wir mit den Instrumenten unserer Wahrnehmung – mit Körper, Sinnen und Geist – erfahren können, verändert sich und stirbt: Alle Dinge sind eine wandelbare Mischung verschiedener Grundqualitäten. Gemeint sind hier natürlich die *gunas*, das »Baumaterial« von Prakriti: das lichthafte *sattva guna*, das aktive *raja guna* und das träge *tama guna*. Körper kommen und gehen. Gedanken kommen und gehen. Der Atem kommt und geht. Alles, was gedacht, benannt, gesehen, berührt werden kann, kommt und geht. Das All trat einst ins Sein und wird vergehen – dies ist der Atem Brahmas. Natürlich sind auch unsere Sinne *(indriyas)* diesem Wandel unterworfen. Sie treffen auf Objekte und so entsteht Wahrnehmung. Mit anderen Worten: *Gunas* treffen auf *gunas*. Die Welt kreist um sich selbst.

Deshalb, so haben wir in Sutra 2.15 gelesen, ist allen Erfahrungen, auch den angenehmen, letztlich der Schmerz gemeinsam. Dies zu erkennen, ist *viveka* – die erste

Schwinge. Und sich aus der Verstrickung in die Welt zu lösen ist *vairagya* – die zweite Schwinge. Also sagt Patanjali uns hier, dass Prakriti den Zweck hat, Erfahrungen zu ermöglichen und uns von der (scheinbaren) Verbundenheit mit ihr zu befreien. Uns begegnet, ein wenig anders gewendet, wieder die Idee des Lebens als Lerneinrichtung, die im Zusammenhang mit Karma und Reinkarnation angesprochen wurde: das »Klassenzimmer Gottes«. Kurz gesagt: Wir kommen auf die Welt, um Probleme zu haben.

Wahr ist: Der Schmerz scheint oft die einzige Möglichkeit, uns zur Veränderung zu bewegen. Erst wenn wir erkennen, dass unser Verhalten anderen Schmerz zufügt und in der Folge auch uns selbst, korrigieren wir uns. Je weniger wir diesen Zusammenhang erkennen, umso länger wird die Korrektur auf sich warten lassen – und desto größer und schmerzhafter werden die Folgen sein. Dies gilt für uns als Individuen genauso wie für uns als Weltgesellschaft. Leid zwingt uns zur Umkehr, zur Einkehr. Die *Passion Christi* lässt sich in diesem Sinne auch metaphorisch lesen: Jesus ging durch den äußersten Schmerz. Seine Peiniger, verstrickt in die Welt der Dinge, wussten nicht, was sie tun: Ihnen fehlte *viveka*. Jesus vergab ihnen – er ließ los: Das ist *vairagya*. In den Worten von Meister Eckhart: »Das schnellste Tier, das euch zur Vollkommenheit trägt, das ist das Leid.«[33]

## 19

**Die Grundbausteine der Natur existieren in vier Zuständen: spezifisch, unspezifisch, differenziert oder undifferenziert.**

Patanjali kommt auf den Prozess der Evolution, wie die Sankhya-Philosophie ihn beschreibt, zurück. Das »Ausgangsmaterial« von Prakriti ist latent, nicht-manifest und undifferenziert. Alle *gunas* sind in völligem Gleichgewicht, ohne Bewegung. Es ist die Potenzialität der Schöpfung. Das Bild aus der Genesis scheint auf: Gottes Geist, Purusha, »schwebt über den Wassern« (der noch nicht manifesten Prakriti). Es ist die Energie dieses Geistes – Gottes Wort: »Es werde!« oder OM –, welche die *gunas* in Bewegung bringt und so den Schöpfungsakt initiiert: Aus Prakriti formt sich *mahat,* kosmische Intelligenz als Ausgangspunkt der weiteren Verdichtung und Differenzierung, die im Menschen zu den Bausteinen von Chitta wird: *buddhi, ahamkara, manas.* Die feinstofflichen Elemente und zugehörigen Sinne formen sich. Das Rad der Evolution dreht sich weiter und die grobstoffliche Ebene tritt ins Sein: die Dinge, die wir sehen, hören, schmecken, riechen und berühren können. Der Prozess der Meditation folgt der Spur der Schöpfung auf umgekehrtem Weg: vom Grobstofflichen zum Feinstofflichen, zurück bis zum Ausgangspunkt von Prakriti.

**20**

**Der Seher ist die bloße Kraft des Sehens.**
**Obgleich er die mentalen**
**Inhalte sieht, bleibt er selbst ganz unberührt.**

**21**

**Die Objekte unserer Wahrnehmung existieren**
**allein um Purusha willen.**

Wahrnehmung ist das Zusammentreffen von Objekten mit den Instrumenten der Wahrnehmung *(indriyas)*. Beide gehören zur Welt von Prakriti. Beide sind »gemacht« aus *gunas* und unterliegen den Gesetzmäßigkeiten von Zeit, Raum und Kausalität. Beide sind unbewusst. *Gunas* interagieren mit *gunas*. Purusha dagegen ist reines Bewusstsein. Er ist die Kraft, die Wahrnehmung erst ermöglicht, und bleibt doch selbst unberührt.

Patanjali hat in Sutra 2.18 bereits gesagt, dass Prakriti, die Welt der Objekte (»das Gesehene«, *drishyam*), existiert, um Purusha Erfahrungen zu ermöglichen und zu befreien. »Prakriti ist nur ein Vehikel. Purusha erkennt und Prakriti ist das Medium dieses Erkennens.«[34] Doch eigentlich wird Purusha nicht berührt und liegt auch nicht in Ketten. Er ist reines Gewahrsein: die unberührte Stille, vor deren Hintergrund Erfahrung geschieht. Er ist wie das Licht des Filmprojektors, das Illusion *(maya)* und (Licht-)Spiel *(lila)* erzeugt, doch selbst nicht verändert wird. Die Kraft der Schöpfung erfährt sich so selbst. In der *Kena-Upanishad* lesen wir:

Das, was den Geist denken lässt,
vom Geist aber nicht gedacht werden kann –
dies ist gewiss das Selbst.
Dieses Selbst ist niemand anderes als du.

Das, was das Auge sehen lässt,
doch vom Auge nicht gesehen werden kann –
dies ist gewiss das Selbst.
Dieses Selbst ist niemand anderes als du.[35]

22

Für einen, der sein Ziel erreicht hat,
hört die Welt auf zu sein. Für alle anderen
existiert sie fort.

23

Die (scheinbare) Verbindung von Purusha
und Prakriti hat den Zweck,
die wahre Natur von beiden zu erkennen.

24

Das Nicht-Verstehen der wahren Natur
unseres Seins ist die Ursache
für diese (scheinbare) Verbindung.

25

Wird *avidya* beseitigt, so verschwindet
die (scheinbare) Verbindung.

26

Das Mittel hierzu
(zur Beseitigung von *avidya*) ist,
ununterbrochenes unterscheidendes
Gewahrsein anzuwenden.

27

Diese Weisheit entfaltet
sich in sieben Schritten.

Jesus hat es so gesagt: »Wer die Welt erkannt hatte, fand einen Leichnam vor. Und wer einen Leichnam vorfand, dessen ist die Welt nicht würdig.« (*Thomas-Evangelium*, Logion 56) Wer Kriya Yoga praktiziert und so durch den Prozess von *viyoga* geht, wird erkennen, dass er reines Gewahrsein ist, das innere Licht, und er löst sich aus der Gefangenschaft der vergänglichen »toten« Welt.

Das »Ziel erreicht haben« meint, die fünf Kleshas überwunden zu haben. Es meint: erkannt zu haben, dass der Kern unseres Seins unsterblich ist. Diese existenzielle Erkenntnis bedeutet die Überwindung des Irrtums aller Irrtümer. Es ist die Befreiung aus einer illusorischen Gefangenschaft, die ihre Wurzel in der falschen Identifikation mit der äußeren Welt hat: *samyoga*. Geht *avidya*, so geht *samyoga*. Erkenntnis führt zu Befreiung.

Doch was ist eigentlich Befreiung? Das *Yoga-Vasishta* sagt: »Befreiung gibt es nicht – weder im Himmel noch auf Erden oder in der Unterwelt. Befreiung ist nur ein anderes Wort für einen reinen Geist, richtige Selbsterkenntnis und einen wirklich erwachten Zustand. Die völlige Abwesenheit von Wollen und Hoffen ist Befreiung.«[36] Es ist das große Losgelöst-Sein: *paravairagya*. Himmel. Nirvana. *Kaivalya*. Hier. Jetzt.

Und wie erreichen wir es, die illusionäre Verbindung von Purusha und Prakriti aufzulösen? Wie kappen wir die Seile, mit denen unser Boot am Ufer von Prakriti angelegt hat? Patanjali sagt, durch *viveka*, das scharfe Messer unterscheidender Intelligenz: Sei dir immer bewusst, was vergänglich ist, was nicht, was Welt ist, was Gewahrsein. Unterscheide zwischen Ewigem und Sterblichem, zwischen Leichnam und Leben. Kriya Yoga – der praktische Weg des Yoga – ist die Methode, den Patanjali uns ans Herz legen will, um zu diesem Bewusstsein zu gelangen.

Es sind sieben Schritte, die der Yogi gehen muss, um schließlich die letzte und achte Stufe zu erreichen: Samadhi, Yoga, Stille. In den folgenden Versen wird Patanjali uns die nötigen Hinweise dazu geben. Sie konkretisieren den praktischen Weg des Kriya Yoga.

# Die acht Elemente des Yoga (28–29)

**28**
**Wenn wir die verschiedenen Elemente des Yoga üben, werden Unreinheiten beseitigt. Spirituelle Erkenntnis scheint auf und entwickelt sich schließlich zum unterscheidenden Gewahrsein.**

**29**
**Die acht Elemente des Yoga sind: Regeln für das Verhalten in unserem persönlichen Umfeld, Regeln für den Umgang mit uns selbst, die Meditationshaltung, Ausweitung und Kontrolle der Lebensenergie durch Atemübungen, das Zurückziehen der Sinne, Konzentration, Meditation und Samadhi.**

## *Ashtanga Yoga*

Nun beginnt die Entfaltung der acht praktischen Glieder oder Elemente des Yoga: Ashtanga Yoga. Es ist die Konkretisierung des dreigliedrigen Kriya Yoga, mit dem das zweite Kapitel eröffnet wurde. Wir erinnern uns: Zu Kriya Yoga gehört eine reinigende und stärkende Übungspraxis (*tapas*), die Selbsterforschung (*svadhyaya*) und die Hingabe an die Quelle unseres Seins (*Ishvarah-pranidhana*).

Was Patanjali in Sutra 2.29 in dürren Worten aufgelistet hat, erweist sich als umfassend: Es ist ein Arbeiten an uns selbst auf allen Ebenen. Jedes Element kann eine Herausforderung für das Leben werden. Weil ein innerer Zusammenhang zwischen den einzelnen Elementen besteht und weil oft das eine nicht ohne das andere geht, müssen wir auch nicht warten, erst einen Schritt perfektioniert zu haben, bevor wir den nächsten gehen. Vielmehr ist Ashtanga Yoga eine Art »konzertierter« Bemühung, in allen wichtigen Bereichen des Lebens die richtigen Weichen zu stellen, um sich dem Ziel des Yoga zu nähern und schließlich den achten und letzten Schritt zu gehen. Er führt uns zu *chitta vritti nirodhah*, dem Zur-Ruhe-Kommen aller mentalen Muster.

# Yama: Fünf Regeln für das Verhalten im persönlichen Umfeld (30–31)

## 30

**Die Regeln für das Verhalten in unserem persönlichen Umfeld sind: Nicht-Schaden, Aufrichtigkeit, Nicht-Stehlen, leben im Bewusstsein um die Quelle, aus der wir kommen, und Nicht-Greifen.**

Man mag schnell über die Yamas, den »yogischen Moralkodex«, hinweglesen. Und oft wird das getan. Doch mit ihm beginnt alles. Er ist die Landkarte, an der wir uns orientieren müssen, wenn wir in unseren Beziehungen und im Umgang mit der Schöpfung Harmonie anstreben. Andernfalls hindern uns äußere Konflikte, emotionale Probleme und Schuldgefühle, die Reise ins Innere antreten zu können. Die Yamas helfen uns, mehr Klarheit, Konzentration und Objektivität in allen Lebenssituationen zu bewahren. Wir wissen bereits, dass Patanjali immer mit dem Wichtigsten beginnt. Daran können wir die Bedeutung der Yamas ablesen.

## *Ahimsa: Nicht-Schaden*

> Seid gut zu den Menschen, zu den Pflanzen
> und zu den Tieren!
>
> Laotse

Auf *ahimsa* gründet sich der Weg des Yoga. Ohne *ahimsa* ist alles nichts. Und würde die Mehrheit der Menschen nur diesen ersten Schritt des Yoga-Weges beherzigen, wären wir dem Paradies auf Erden schon sehr nah. Wo wir sorglos gegen *ahimsa* verstoßen, machen wir uns die Welt zur Hölle.

*Ahimsa* heißt wörtlich: nicht verletzen. Nicht in Gedanken, Worten und nicht in Taten. Nicht andere. Nicht uns selbst. Das klingt so einfach und ist doch so schwer, erst recht in der Welt von heute, in der unser Leben so unübersichtlich vernetzt ist mit dem Leben vieler anderer. Auch wenn wir uns bemühen, keinem Wesen Leid zuzufügen: Wir sind eingebunden in ein verwirrendes Netz aus Wirtschaft und Politik und erkennen nicht, ob und inwieweit unser persönliches Handeln zum Leid in der Welt beiträgt. Patanjali dachte bei der Abfassung seiner Schrift wohl an Menschen, die völlig zurückgezogen lebten. Vielleicht konnte er sogar noch berücksichtigen, was Mahavir im 6. Jahrhundert v. Chr. auf poetisch-radikale Weise so ausdrückte: »Wahrlich, ich sage: Die ehrwürdigen Heiligen, welche waren, welche sind und welche sein werden, alle sagen sie, sprechen sie, tun sie kund, erklären sie Folgendes: Kein niederes Tier, kein Gewächs, kein höheres Wesen, kein sonstiges Lebendes darf geschlagen, in Befehl genommen, bemeistert, angestrengt oder vernichtet werden. Das ist die reine, beständige, ewige Lehre, von den Wissenden, da sie die Welt begreifen, verkündet.«[37]

Manche Jainas hungern sich zu Tode, um nichts Lebendiges zu essen. Doch kann das zur Befreiung führen? Wir sind aufgerufen zu benutzen, was wir auch auf dem spirituellen Weg niemals aufgeben dürfen: unseren gesunden Menschenverstand. Den brauchen wir, wenn wir ausloten wollen, wo *ahimsa* beginnen muss und wie weit es reichen kann. Die Frage stößt ins Herz unserer persönlichen Lebensgestaltung. Und die Antwort muss letztlich jeder für sich selbst finden. Aber eines ist sicher: *Ahimsa* muss weiter reichen, sehr viel weiter, als die Menschen in der Vergangenheit zu gehen willens waren und als sie es gegenwärtig sind. Der traurige Zustand der Welt zeugt davon. Mahavirs Botschaft ist radikal und deshalb kaum lebbar, doch wahrlich liebevoller als das biblische »Macht euch die Erde untertan«. Das haben die Menschen immer getan. Und tun sie es weiter, werden wir bald auf tote Landschaften blicken.

Der Umgang des Menschen mit der leidensfähigen Kreatur ist bedrückend. Dabei ist doch so einfach zu verstehen, dass jedes lebende Wesen Glück sucht und Leid vermeiden will. Ist nicht das eingeborene Interesse der Kuh, ohne Schmerz und Angst zu sein, genauso legitim wie unser eigenes? Können wir tatsächlich hoffen, einst in Frieden miteinander zu leben, wenn wir ohne Achtung für unsere schwächeren Mitgeschöpfe und die Natur sind, in der wir doch gemeinsam leben? »Töte mich, um zu essen«, sagte Cicero, »aber morde mich nicht, um besser zu essen!«

Wenn uns schon das bloße Mehr-Wollen von Genuss dazu bringen kann, den Planeten, auf dem wir leben, zu zerstören, wie viel mehr an Gewaltbereitschaft wird wohl zu erwarten sein, wenn in der Folge dieser Ausbeutung menschliche Überlebensinteressen auf dem Spiel stehen? Die Geschichte von Krieg und Ausbeutung ist noch lange nicht zu Ende geschrieben.

Es ist an jedem Einzelnen, im Rahmen seiner Möglichkeiten *ahimsa* zu verwirklichen. Im Falle des inneren Konflikts könnte unsere leitende Frage sein: Rechtfertigen unser Habenwollen *(raga)* oder Nicht-Habenwollen *(dvesha)* den möglicherweise mit ihrer Befriedigung einhergehenden Schmerz *(duhkha)* anderer Wesen oder meiner selbst? So liegen also auf der Waage: *raga* und *dvesha* gegen *duhkha*.

### *Satya: Aufrichtigkeit*

*Satya* meint Aufrichtigkeit, Wahrhaftigkeit. Unaufrichtigkeit kostet viel mentale Energie. Sie verursacht Konflikte und erzeugt Schuldgefühle. Mit anderen Worten: große mentale Unruhe. Und das steht dem Ziel von Yoga diametral entgegen. *Satya* meint auch: Sich selbst gegenüber ehrlich sein. Mit anderen Worten: echt sein, authentisch sein. *Satya* heißt: sagen, was wir denken und tun, was wir sagen, also: sein, wer wir sind.

*Satya* kann in einem Spannungsverhältnis zu *ahimsa*, dem Gebot, nicht zu verletzen, stehen. Das zwingt uns abzuwägen. Was tun, wenn ein ehrliches Wort Schmerz verursacht? Soll ich die Unwahrheit sagen, um mögliches Leiden – mein eigenes oder fremdes – zu vermeiden? Muss ich jederzeit selbst meine belanglose ehrliche Meinung sagen, auch wenn ich damit meinen Nächsten verletze? Darf oder muss ich sogar lügen, um andere zu schützen? Wann schweige ich besser?

Die leitende Frage könnte sein: Rechtfertigt die Bedeutung einer Angelegenheit die möglichen Folgen, die uns oder anderen aus Ehrlichkeit oder Unehrlichkeit erwachsen könnten? Im tamilischen *Thirukkural* steht geschrieben: »Auch eine Lüge ist als Wahrheit anzusehen, wenn sie niemandem Schaden zufügt und jemandem Gutes tut.«[38] Auf der Waage liegen also: *satya* gegen *duhkha.*

## *Asteya: Nicht-Stehlen*

*Asteya* bedeutet: Nicht-Stehlen. An der Oberfläche ist das schnell abgehandelt, jeder weiß, dass Diebstahl falsch ist. *Asteya* meint aber mehr, nämlich: nicht haben wollen, was andere haben, niemandem missgönnen, was er hat, kann oder ist, das wir nicht haben, können oder sind. Denn das macht uns wirklich arm. Uns zu nehmen, was uns nicht gehört – körperlich oder im Geiste –, macht uns zu »Mängelwesen«. Wir verweigern uns unsere eigene Ganzheit: Wir bestehlen uns selbst.

*Asteya* bedeutet auch: Leben im Bewusstsein darum, dass letztlich nichts uns gehört – alles ist bloß geborgt und einst müssen wir es wieder loslassen. Wir kommen mit nacktem Körper und nacktem Geist in die Welt.

Und so gehen wir wieder. *Asteya* ist, wie alle Yamas, eine Geisteshaltung, ohne die wir keinen inneren Frieden finden können. So hat *asteya* viel zu tun mit *vairagya*, dem Loslassen. Keiner hat es schöner gesagt als Jesus im *Thomas-Evangelium:* »Gesegnet sind die Armen, denn ihrer ist das Himmelreich.« (Logion 54) Das Himmelreich meint: *chitta vritti nirodhah* – Stille, Friede, Ohne-Mangel-Sein.

### *Brahmacarya: Leben im Bewusstsein um die Quelle, aus der wir kommen*

*Brahmacharya* heißt wörtlich »der Weg zu Brahma«. Und *brahma* bedeutet »größer als das Größte«, was meint: absolute Wirklichkeit oder Gott. Im Kontext von Patanjali passt auch: Weg zu Purusha. Und so bringt das Wort eine Lebensführung zum Ausdruck, die dem großen Ziel dient. Eine solche erfordert vernünftige Selbstbeschränkung. Rechtes Maß. Es verlangt, dass wir uns nicht forttragen lassen vom Wollen *(raga)* unserer Sinne. Das Zuviel verursacht Schmerz, genauso wie das Zuwenig: Essen, Schlafen, Sex. *Brahmacharya* wurde oft als sexuelle Enthaltsamkeit gedeutet, was aber viel zu kurz greift. Auch Yogis müssen nicht im Zölibat leben. Und Unterdrückung ist schädlicher noch als Übertreibung. Jedoch ist die Sexualenergie eine besonders starke Kraft. Wie stark, zeigt sich in dem Drang, sie zu entladen, wenn sie sich aufgestaut hat. Manche Menschen sind dafür sogar bereit, Verbrechen zu begehen. Diese Energie achtlos zu behandeln erschien schon den Rishis, den Sehern aus der Vorzeit und »Autoren« der Veden, als bloße Verschwendung. Und im Yoga wurden Techniken entwickelt, sie zu kontrollieren und im Sinne spirituellen Wachstums zu nutzen. Als besondere Energie verlangt sie einen verantwortungsvollen Umgang – für das Heilsein unserer Beziehungen genauso wie für das seelische Wachstum.

Maßlosigkeit beutet unsere eigenen Ressourcen aus, unsere Beziehungen und die Welt. Sie schwächt uns, verletzt uns. Sie verstößt damit gegen *ahimsa*. Und an *ahimsa* muss sich alles messen.

## *Aparigraha: Nicht-Greifen*

In *aparigraha* steckt die Wurzel *grah*, das meint: greifen. Greifen und nicht loslassen, das ist Raffen. *Aparigraha* heißt also Nicht-Greifen, Nicht-Raffen. Wir greifen nur zu gerne und halten alles fest. Am besten immer mehr davon: Aufmerksamkeit, Titel, Positionen, Beziehungen, Dinge, Geld. »Ich habe dies, ich habe das.« Es ist nie genug. Nicht-Greifen und Nicht-Stehlen *(asteya)* sind enge Freunde – schon rein logisch: Was ich greife, kann ein anderer nicht haben. Beide machen sie uns geistig arm und klein. Im *Tao Te King* heißt es deshalb: »Das Aufhäufen von Schätzen macht uns zu Dieben.« (Vers 3) Schon wieder begegnet uns: *vairagya*.

## 31
## Diese Regeln sind universell gültig, unabhängig von Status, Ort, Zeit und Umständen. Sie sind das Große Bekenntnis.

Bei den Geboten *ahimsa* (Nicht-Verletzen) und *satya* (Aufrichtigkeit) haben wir schon über die Frage der Reichweite gesprochen und gesehen, dass wir im Leben immer wieder abwägen müssen. Das *Yogasutra* sagt uns nun: Die Yamas haben universelle Gültigkeit. Und es meint damit, dass wir diese wichtigen Prinzipien nicht zur Disposition stellen dürfen, sonst werden sie zur Farce. Das heißt nicht, dass wir uns nicht wehren dürften, wenn man uns Schaden zufügen will. Es bedeutet nicht, wir müssten verhungern, um keiner Pflanze ihr Leben zu nehmen. Es meint auch nicht, dass wir tatenlos bleiben sollen, wenn wir sehen, dass einem Wesen Leid zugefügt wird. Doch es heißt sehr wohl, dass nicht ein Wesen einen generell legitimeren Anspruch hätte, gewaltlos behandelt zu werden als ein anderes (Gültigkeit unabhängig von Status). Es meint sehr wohl, dass Ehrlichkeit morgen nicht weniger bedeutsam sein darf als heute (Gültigkeit unabhängig von Zeit) und dass das Gebot des Nicht-Stehlens hier wie dort die gleiche Geltung beansprucht (Gültigkeit unabhängig vom Ort). Und natürlich bedeutet es, dass schwierige Situationen diese Prinzipien nicht einfach außer Kraft setzen können (Gültigkeit unabhängig von Umständen). Das Gebot der Universalität fordert also rechtes Abwägen, ohne die Yamas der Relativität zu opfern.

# Niyama – fünf Regeln für den Umgang mit uns selbst (32)

32

**Die Regeln für den Umgang mit uns selbst lauten: Reinheit von Körper und Geist, die Kultivierung einer Haltung der Zufriedenheit, reinigende und stärkende Übungen, Studium und Selbsterforschung und Hingabe an die Quelle, aus der wir kommen.**

Die Yamas und Niyamas erinnern uns nicht von ungefähr an die Zehn Gebote der Bibel. Im Jainismus kennt man sie. In der *Gita* finden wir sie. Und auch die Buddhisten kennen einen ganz ähnlichen Verhaltenskodex. Er ist von universeller Gültigkeit. Ohne Yamas ist ein Zusammenleben nicht möglich. Ohne Niyamas hält man es schwerlich mit sich selbst aus. Und halten wir es nicht mit uns selbst aus, halten wir es auch nicht mit den anderen aus. So sind die Yamas und Niyamas wie zwei Hände eines Körpers: Sie gehören zusammen.

Drei Niyamas sind wir schon zu Anfang des zweiten Kapitels begegnet: *tapas, svadhyaya* und *Ishvarah-pranidhana*. Dies sind die drei Säulen, auf denen Kriya Yoga ruht (2.1–2.2). Als solche umfassen sie eigentlich schon den ganzen Weg des Yoga. Im Kontext dieses Sutras sind sie daher ein wenig enger in ihrer Bedeutung.

## *Shaucha: Reinheit innen und außen*

Für einen äußerlich reinen Körper brauchen wir nur Wasser und Seife. Es sei daran erinnert, dass selbst diese grundlegenden Dinge einer Unzahl von Menschen auf der Welt nicht zugänglich sind: Eine Milliarde haben nicht ausreichend sauberes Wasser zu trinken. Wie sollten sie welches zum Waschen haben?

Innerliche körperliche Reinheit betrifft vor allem unsere Ernährung. Unsere ganze Physis ist primär aus Nahrung aufgebaut. Wir sind, was wir essen – ganz buchstäblich. Deshalb nennt man im Yoga den physischen Körper auch *annamaya kosha,* Nahrungskörper. Im Allgemeinen empfiehlt man im Yoga leichte, sattvische, überwiegend vegetarische Kost. Sie ist auch viel besser mit dem Gebot von *ahimsa* vereinbar, dies gilt heute noch viel mehr als früher: Massentierhaltung, Transport und Schlachtung lassen fühlende Wesen unsagbar leiden. Die Fleischindustrie richtet weltweit riesige ökologische Schäden an, und das Essen von Tieren befördert sogar Hunger und Durst in der Welt, zum Beispiel, weil die Viehaufzucht so viel Wasser verbraucht.

Im Yoga wurden äußerst raffinierte Techniken entwickelt, um das Innere unseres Körpers aktiv mechanisch zu reinigen: die *shatkarmas.* Die *Hatha Yoga Pradipika,* die wichtigste Schrift des Hatha Yoga, lehrt sechs *shatkarmas* (Kap. 2, Verse 21 ff.):

- die Reinigung der Nasenwege *(neti)*
- Techniken für den oberen und unteren Verdauungstrakt *(dhauti, basti)*
- die Massage der abdominalen Organe *(nauli)*
- die Reinigung der Augen und Tränenkanäle *(trataka)*
- eine Atemtechnik zur Reinigung der Frontalregion des Hirns *(kapalbhati)*.

Das *Evangelium der Essener* beginnt kurioserweise mit einem *shatkarma:* Als die Kranken und »Aussätzigen« Jesus begegnen und ihn um Heilung bitten, stellt er eine schonungslose Diagnose, um dann die reinigende Therapie darzulegen. Der Text zeigt uns Jesus als Therapeuten, Arzt und Yogi, der Pranayama, Waschungen, Einläufe *(basti)* und Fasten verordnet. Hier ein kurzer Auszug aus dem bemerkenswerten Text des frühen Christentums, der mit einer Diagnose der Folgen einer falschen Lebensführung beginnt: »Der Atem der Menschen wird kurz und flach, schmerzhaft und übel riechend (…). Sein Blut wird dick und stinkend wie Sumpfwasser, es klumpt und wird schwarz, wie die Nacht des Todes. Seine Knochen werden hart und knotig; sie schmelzen innerlich und brechen auseinander (…). Sein Fleisch wird fett und wässerig (…). Seine Eingeweide füllen sich mit abscheulichem Dreck und sickernden Strömen des Verfalls, eine Vielzahl widerlicher Würmer wohnt darin. (…) Sucht die frische Luft des Waldes und der Felder (…) und findet den Engel der Luft. Dann atmet langsam und tief, damit der Engel der Luft in euch dringt (…) Dann sucht den Engel des Wassers. (…) Werft euch ganz in seine Arme (…) Denkt nicht, dass es genügt, wenn euch der Engel des Wassers nur äußerlich umarmt, (…) die innerliche Unreinheit ist größer als die äußere. (…) Sucht deshalb einen großen Flaschenkürbis mit einem Stängel von der Länge eines Mannes. Höhlt den Kürbis aus und füllt ihn mit Flusswasser, das von der Sonne erwärmt wurde. Hängt ihn an den Ast eines Baumes, kniet euch auf den Boden (…) und führt das Ende des Stängels in euer Hinterteil, dass das Wasser durch eure ganzen Eingeweide fließen kann.«[39] Jesus, der Yogi.

Zu den inneren Reinigungstechniken zählen auch die komplexen Pranayama-Übungen und Asanas des Hatha Yoga: Sie bezwecken nicht nur, den Körper flexibel und kräftig zu machen, sondern auch, seine Gewebe und inneren Organe zu massieren. Wie aus einem Schwamm werden Toxine gepresst und die »inneren Leitungen« im wahrsten Sinne des Wortes durchgängig gemacht: die grobstofflichen Gefäße genauso wie die feinstofflichen *nadis*, jene Wege, in denen unsere Lebensenergie, Prana, fließt.

Doch nicht nur auf die physische Nahrung müssen wir achten, sondern ebenso auf die geistige. Wir leben in einer Welt der Reizüberflutung und leiden unter dem dauernden Bombardement der Medienwelt. Sie stiftet Unruhe, Ärger und Unzufriedenheit. »Unser Verstand«, sagt der indische Philosoph und spirituelle Lehrer Krishnamurti (1895–1986), »ist wie ein kleiner, morastig gewordener Tümpel.«[40] Durch einen solchen Geist können wir nicht klaren Blickes in die Welt und unser Inneres sehen. Konzentrationstechniken und Meditation oder auch die in

Sutra 2.33 erwähnte Technik, positive Gedanken zu kultivieren, sind daher essenzielle Bestandteile des reinigenden Yoga-Weges.

## *Santosha – Kultivierung einer Haltung der Zufriedenheit*

*Santosha* ist dem Nicht-Greifen *(aparigraha)* sehr ähnlich, nur anders gewendet: Um *aparigraha* mit Leben zu erfüllen, brauchen wir eine innere Haltung der Zufriedenheit. Hariharananda Aranya (1869–1947), wichtiger Kommentator des *Yogasutra*, empfiehlt, über Folgendes nachzudenken: »Was ich habe, ist genug. (…) Um Dornen zu entgehen, ist es lediglich nötig, Schuhe zu tragen, nicht jedoch, die ganze Erde mit Leder zu überziehen.«[41]

Es ist interessant, über das Gefühl von Zufriedenheit nachzudenken, das sich einstellt, wenn ein Wunsch in Erfüllung geht. Vor dem Aufsteigen des Wunsches war da Zufriedenheit. Dann kam der Wunsch. Dann seine Erfüllung. Schließlich wieder Zufriedenheit. So ist *santosha* eigentlich nur der ausgeglichene Normalzustand, der immer schon gegeben ist, bevor Wünsche entstehen. Anders gesagt: Zufriedenheit ist der Ruhezustand zwischen zwei Wünschen. Wünsche machen unzufrieden und verlangen nach Auflösung, Befriedigung. Deshalb sagt Ramana Maharshi (1879–1950) – einer der einflussreichsten Vertreter des Advaita-Vedanta, der je gelebt hat – über den Geist des Menschen: »Wenn seine Wünsche erfüllt werden, kehrt er in Wirklichkeit zu seinem Ursprung zurück und erfreut sich an dem Glück, das das Selbst ist.«[42]

## *Tapas – reinigende und stärkende Übungen*

Mit *tapas* (von *tap*, erhitzen), ist die konkrete Übungspraxis gemeint, die zu *shaucha*, äußerer und innerer Reinheit führt. Wir haben darüber schon einiges gesagt: Es meint, Anstrengungen zu unternehmen und auch schmerzhafte Erfahrungen zu tolerieren, um daran zu wachsen und durch sie gereinigt zu werden. Das Üben von Asanas kann sehr fordernd sein. Es mag immer wieder Überwindung kosten, sehr früh aufzustehen, um sich der Meditation zu widmen. Der Verzicht auf bestimmte Nahrungsmittel oder Alkohol mag uns schwerfallen – immer wieder müssen wir innere Widerstände überwinden.

Wenn wir *tapas* in einen größeren Zusammenhang stellen, dann gehören auch die schmerzhaften Lebenserfahrungen dazu. Wir verlieren geliebte Menschen oder Dinge, werden ungerecht behandelt oder krank. Wenn es uns gelingt, dies anzunehmen, kann es uns näher zu unserem inneren Licht bringen: Das Annehmen verlangt, uns anzusehen, was ist: Wir gewinnen Abstand zu unseren Emotionen und fangen an, sie als Beobachter zuzulassen – um sie dann gehen zu lassen. Es ist »angewandtes *viyoga*« – ein Trennen dessen, was wir nicht sind, von dem, was wir in Wahrheit sind. So wird das Leben *tapas*, eine Art von Lern-Spiel-Feld, auf dem wir bei jeder Gelegenheit *raga* und *dvesha* begegnen. Und unser schärfstes Werkzeug ist *viveka,* das Messer des unterscheidenden Gewahrseins. »In eine Ecke zu gehen und ein Mantra zu sprechen, ist eine leichte Praxis. Doch wenn wir beleidigt werden und dennoch einen stillen Geist bewahren, ist dies mehr, als tausend Rosenkränze *japa* zu machen. Das ist *tapas.*«[43]

## *Svadhyaya: Studium und Selbsterforschung*

In engerer Auslegung meint *svadhyaya* das Studium von Schriften, um die Übungspraxis philosophisch zu fundieren. Die regelmäßige Lektüre von inspirierenden Texten ist nicht eigentlich Theorie, nicht eigentlich intellektuelles Unterfangen, sondern selbst Praxis: Jeden Tag ein paar Zeilen in den Schätzen der spirituellen Weltliteratur zu lesen, ist bereichernd und kann sehr motivierend sein. Es kanalisiert mentale Energien in eine positive Richtung, einfach deshalb, weil wir dem Geist heilsame Nahrung geben. Es kultiviert zudem eine Haltung, die sich zunehmend der inneren Dimension unseres Seins bewusst ist. Es ist dauernde Anregung zur Kontemplation und Meditation. Und so weitet sich *svadhyaya* zu Selbsterforschung aus und führt uns in die Tiefe. *Svadhyaya* lässt uns so mehr über uns selbst erfahren – und dabei über die anderen. Wir beginnen, Fragen zu stellen, die wir uns im Alltag eher nicht erlauben, die uns aber eigentlich auf den Nägeln brennen: Wo komme ich her? Was mache ich hier? Wohin werde ich gehen, wenn ich sterbe? Warum existiert Leiden? Letztlich: Wer bin ich?

## *Ishvarah-pranidhana: Hingabe an die Quelle, aus der wir kommen*

Die Hingabe, das haben wir schon gesagt, kann eine Art Schnellstraße zum inneren Licht sein. In enger Auslegung meint *Ishvarah-pranidhana* eine Praxis, welche die Entwicklung von Hingabe fördert: Das kann zum Beispiel das Sprechen von Mantras oder Gebeten sein, es können achtsam durchgeführte rituelle Handlungen sein. Oder es kann Karma Yoga sein: konkretes Tun für andere, vom dem wir nichts für uns selbst erwarten.

Die Tiefendimension von Hingabe ist freilich unermesslich. Und sie kann zu einem Zustand inneren Reichtums und Glücks führen, der unbeschreiblich ist. Sie meint die totale Selbstaufgabe, das »Sterben« des Ego-Ichs durch bedingungslose Liebe zum Höchsten Sein. Von Angelus Silesius stammt der Vers: »Ich sage, weil der Tod allein mich machet frei, dass er das beste Ding aus allen Dingen sei.«[44] Er spricht nicht vom körperlichen Tod. Er meint einen inneren Zustand, in dem er sich so leer gemacht hat, dass die Quelle, der er entstammt (Angelus nennt sie Gott) in ihn fließen kann. »Er wurde zum Tal«, wie man im Zen sagt. Meister Eckhart sagte über dieses Sich-leer-Machen: »Wenn die Seele der Zeit und des Raumes ledig ist, so sendet der Vater seinen Sohn in sie.«[45] Man fühlt sich unwillkürlich an *nirvichara samapatti* erinnert, jene Stufe in Samadhi, in der Zeit und Raum sich auflösen und das innere Licht aufzuscheinen beginnt: »Wenn *nirvichara samadhi* vervollkommnet ist«, sagt Patanjali, »beginnt das innere Licht zu leuchten. Dort liegt *ritambhara prajna* –

wirkliche Erkenntnis«. (1.47–1.48) Es ist dies der Moment, in dem Gott seinen Sohn in uns schicken kann, mit anderen Worten: Wir erkennen uns selbst, oder: Der Seher ruht in sich selbst.

Der spanische Mystiker Johannes vom Kreuz (1542–1591), ein guter Freund von Teresa von Avila und Autor der berühmten Schrift *Die dunkle Nacht der Seele*, erlebte in den schlimmsten Momenten seines Lebens – in Gefangenschaft und unter der Folter der Inquisition: Samadhi. Er schrieb auf Papier, das ihm ein Wärter heimlich in seine Gefängniszelle schmuggelte, die dunkel und so eng war, dass er kaum darin stehen konnte: »Auf den höchsten Stufen der Liebe ist die geheime Leiter nicht mehr so geheim. Die Liebe erzeugt wundersame Effekte. Alles wird der Seele offenbar! Bei diesem letzten Schritt klaren Sehens, wo die Seele Gott auf der letzten Stufe der Leiter sitzend findet, verschmilzt sie vollständig mit ihm, und nichts bleibt ihr verborgen.«[46] Hätten Teresa und Johannes in Indien gelebt, man hätte sie nicht verfolgt, sondern als verwirklichte Bhakti-Yogis verehrt.

Die schönsten und bewegendsten Texte der spirituellen Weltliteratur sind jene, die versuchen, *Ishvarah-pranidhana*, Hingabe, bedingungslose Liebe, zum Ausdruck zu bringen. Allein deshalb schon ist *svadhyaya*, die Beschäftigung mit ihnen, ein so lohnenswertes Unterfangen.

## Der Umgang mit negativen Gedanken und Emotionen (33–34)

**33**
**Wenn uns negative Gedanken oder**
**Gefühle umtreiben,**
**sollten wir gegenteilige Gedanken kultivieren.**

**34**
**Zu den negativen Gedanken und Gefühlen**
**gehört zum Beispiel, jemanden verletzen**
**zu wollen, ob wir dies nun selbst tun, veranlassen**
**oder autorisieren wollen, ob aus Gier, Ärger**
**oder Verwirrung, ob mild, mäßig oder stark.**
**Solchen Gedanken und Gefühlen begegnen wir,**
**indem wir uns bewusst machen, dass sie**
**nur zu endlosem Leid und Verblendung führen:**
**Das ist die Praxis von *pratipaksha bhavanam*,**
**das Kultivieren gegenteiliger Gedanken.**

Da ist er wieder: Patanjali, der Psychologe und Mentaltechniker. *Pratipaksha bhavanam* ist ein kluges, intensives Sich-Auseinandersetzen mit problematischen, leidhaften Gedanken und Emotionen, um diese dann loslassen zu können.

»Negativ« oder »störend« in diesem Sinne sind mentale Muster, die den Yamas und Niyamas zuwiderlaufen. Sie sind negativ nicht etwa deshalb, weil sie gegen ein moralisches Regelwerk verstoßen, sondern weil sie dem Ziel von Yoga entgegengesetzt sind: dem stillen Geist. Ein besonders störender Gedanke wäre zum Beispiel der Wunsch, jemandem den sprichwörtlichen Hals umzudrehen – das ist definitiv nicht vereinbar mit *ahimsa*. Mit diesem Gedanken geht eine starke emotionale Energie einher: Zorn oder Hass. Das verursacht Schmerz.

Die Praxis von *pratipaksha bhavanam* erfordert ein hohes Maß an Achtsamkeit. Sie verlangt, zum Beispiel im Falle von Wut oder Ärger, sich nicht davon forttragen zu lassen, sondern Abstand zu gewinnen, zum Beobachter zu werden: Ich erkenne, dass ich wütend bin. Wie fühlt sich die Wut an? Sie lässt mich leiden und sie ändert nichts an der Ursache, die sie heraufbeschworen hat. Ich weiß, Wut hilft mir nicht weiter. Was kann ich gegen meine Wut tun? Kann ich die Situation anders betrachten? Ist meine Wahrnehmung verzerrt? Täusche ich mich vielleicht? Sollte ich vielleicht die Situation verändern? Kann ich das überhaupt? Wenn nicht, sollte ich die Situation vielleicht besser verlassen? Was kann ich sonst tun, um wieder zu einem ausgeglichenen Zustand zurückzufinden? Allein dieses Nachdenken schon wird unseren mentalen Zustand etwas entspannen – noch bevor eine Lösung gefunden ist. Denn wir haben uns schon ein Stück aus dem Netz der *vrittis* gelöst: Wir rutschen in die Rolle des Zuschauers. *Pratipaksha bhavanam* ist fortgeschrittenes, kontinuierliches Arbeiten an und mit Chitta. Es ist gewissermaßen konkret angewandtes *viveka* (2.15). Und *viveka*, das wissen wir, führt zu *vairagya*.

# Die Früchte der Yamas (35–39)

Die Früchte, die erntet, wer fest in den Yamas und Niyamas gegründet ist, sind wundersam. Was das *Yogasutra* darlegt, ist so ungewöhnlich, dass wir eingeladen sind, uns auf verschiedenen Deutungsebenen zu bewegen: Wir finden ganz Geerdetes und für die Allgemeinheit Bestimmtes, Exoterisches, darin – das »ganz normale« Leben. Wir finden vollkommen Wunderbares, Unerklärliches, Mysteriöses, und wir können höchst Esoterisches darin entdecken: Immer wieder neue Anspielungen auf den Kern unseres Seins, Purusha. Wen können da Wunder noch verwundern?

**35**

**Ist einer fest in Gewaltlosigkeit verankert, so versiegt in seiner Gegenwart jegliche Feindseligkeit.**

In Gegenwart eines vollkommen friedlichen Menschen, so sagt das Sutra, werden alle Wesen friedlich: Tiger und Lamm spielen miteinander. Ist das mehr als eine bloße Metapher? Friedliche Wesen verbreiten eine friedliche Atmosphäre. Alle Wesen können Bedrohung spüren. Sie fühlen, was »in der Luft liegt«.

Aber, so mögen wir einwenden, was ist mit den großen Botschaftern des Friedens und der Wahrheit? Sokrates gab man den Giftbecher, Jesus wurde gekreuzigt, Mohammed gesteinigt, der Sufi-Heilige Mansur gehäutet, Giordano Bruno endete auf dem Scheiterhaufen, Meister Eckhart erging es beinahe wie ihm und Gandhi wurde erschossen. Die Liste ließe sich verlängern.

Patanjali sagt nicht, dass die Verkündigung des Friedens zur Ernte des Friedens führt. Sokrates, Jesus und Gandhi waren Sozialrevolutionäre, Bruno und Eckhart stellten Dogmen in Frage. Die Machthaber fühlten sich angegriffen. Ein vollkommen in *ahimsa* verankerter Yogi würde nicht als Sozialreformer auftreten. Er würde keinen Kampf zur Veränderung der Gesellschaft führen. Er wäre dennoch kein Angepasster, sondern freier, als wir uns das vorzustellen vermögen. Sein Zustand ist ein innerer Friede, der durch äußere Umstände nicht gebrochen werden kann. Sein Leben und seine Botschaft bedrohen niemanden. Auch nicht den Bösen. Er ist Purusha gewahr, der unendlichen Stille.

## 36

**Ist jemand fest in Wahrhaftigkeit gegründet, so wird Wirklichkeit, was er sagt.**

Wenn wir aufrichtig sind mit uns selbst und der Welt, wird alles, was daraus folgt, den Duft und die Reinheit dieser Aufrichtigkeit in sich tragen. Doch Patanjali geht es um noch mehr – um ein Wunder: Wahrhaftigkeit schafft Wirklichkeit. Der Wahrhaftige »muss keinen Fakten mehr gehorchen, die Fakten gehorchen ihm«.[47] Wahrhaftigkeit dieser Tiefe ist, wenn Jesus zum Lahmen sagt: »Steh auf!«, und der Lahme steht auf. Sein Wort wird Wirklichkeit.

Wir fühlen uns erinnert an das erste Wort der Schöpfung, als Gott sprach: »Es werde!«, und es wurde.

Wir haben schon einiges gesagt über Illusion und Wirklichkeit, über Dunkelheit und Licht, Tod und Leben – oder: Prakriti und Purusha. Wahrhaftigkeit im äußersten Sinne ist: Am Ufer von Purusha vor Anker gegangen sein und leben im Bewusstsein des inneren Lichtes. Alles ist möglich.

## 37
## Wer fest im Nicht-Stehlen verwurzelt ist, dem offenbaren sich alle Schätze.

Sind wir dankbar für das, was wir haben? Geben wir ab von dem, was wir bekommen? Horten wir mehr, als wir gebrauchen können? Machen wir anderen zugänglich, was wir nicht benötigen?

Sehen wir in die Welt, dann sehen wir Angst: Der andere könnte mehr haben oder sein als ich oder ich könnte verlieren, was ich habe. Wir sehen Stolz: Ich habe und bin mehr oder besser als der andere. Und wir sehen Wettbewerb: Ich muss alles tun, um mehr zu bekommen oder zu werden, als der andere hat oder ist. Die ganze Weltökonomie basiert auf dieser Idee: Die Verfolgung von Ego-Interessen unter dem Druck, dass »der andere« uns »überholen« könnte (mehr hat und besser ist), soll zum allgemeinen Glück führen. So hat es sich Adam Smith, der Philosoph des Kapitalismus, gedacht. Allein: Die Welt blieb den Beweis bis heute schuldig. Wie auch soll Angst (vor Verlust von Reichtum, Status und Macht) zu Glück führen? Die Angst ist das Problem – nicht die Lösung.

Dieses Denken führt zur Zerstörung der Welt. Es beutet Land, Meere und Wesen aus, und es verschmutzt alle Lebensräume, die physischen ebenso wie die psychischen. Der Zustand der Welt ist der Spiegel der wahnsinnigen Verfassung des menschlichen Geistes.

Eine noch tiefere Idee steckt hinter *asteya:* Wer erkennt, dass ein Mehr an Äußerem kein Mehr an Glück bringt, beginnt, sich in *asteya* zu verwurzeln. Er kehrt um. Und wer könnte mehr haben als jener, der angekommen ist und sein inneres Licht erfahren hat? Wer alles hat, braucht nicht zu stehlen.

## 38

**Wer fest verankert ist im Bewusstsein um die Quelle, aus der wir kommen, der erfährt Vitalität.**

Wer achtsam mit seiner Energie umgeht, gewinnt an Kraft und Vitalität. Vom Sanskrit-Wort *virya* kommt das lateinische *vir.* »Virilität« bedeutet »Männlichkeit«. Wir können auch sagen: »strotzen vor Leben«. Patanjali spricht natürlich nicht nur Männer an, wenn er vor zügellos ausgelebter Sexualität warnt, doch sind es vor allem sie, die dabei starke energetische Verluste erfahren. Und um die Sexualenergie geht es hier. Sie ist unsere stärkste Energie. Yogis haben bereits vor Jahrtausenden erkannt, dass das Verschleudern dieser Energie Körper- und Willenskraft schwächt, dass es Anhaftungen erzeugt und Beziehungen schädigen kann. Selbstbeschränkung geschieht also im Blick auf das große Ziel, den Zustand von Yoga.

Energie in jeder Form muss verantwortungsvoll und vernünftig genutzt werden, unsere eigene genauso wie die unseres Planeten. Was zu stark beansprucht wird, was sich nicht regenerieren kann, geht früh zugrunde – es brennt aus. Sich selbst zu beschränken heißt, weniger anzuhaften. Es ist gelebte innere Freiheit.

### 39
### Wer in Nicht-Greifen gefestigt ist, erkennt den Grund seiner Existenz.

In *aparigraha* gefestigt sein bedeutet, im Zustand von *vairagya*, des losgelösten Lebens, zu sein. Es sind unsere Wünsche, es ist unser Begehren, unser ganzes noch nicht zur Reife gelangtes Karma, das uns in diese Welt bringt (2.12–2.17). Über Buddha wird berichtet: »Er erinnerte sich an Tausende vergangener Leben, als würde er sie nochmals leben: Ich war diese und jene Person zu jener Zeit. Dann verließ ich jenes Leben und musste in dieses kommen.«[48] Wir hängen fest im Lebensrad von Tod und Wiedergeburt, sagt Patanjali. Wollen wir zu dessen stiller Nabe vordringen, müssen wir die Speichen loslassen. Wenn wir *aparigraha* praktizieren, erkennen wir: Zu Purusha gelangen wir nur, indem wir Prakriti loslassen. Im Taoismus nennt man Prakriti die »Welt der zehntausend Dinge«. Brauchen wir wirklich zehntausend Dinge? Oder verstellen sie uns nur den Weg der Umkehr? Die *Ashtavakra Gita* sagt: »Das Habenwollen bindet dich, nichts sonst. Zerstöre es, und du bist frei.« (Kap. 10, Vers 4)

# Die Früchte der Niyamas (40–45)

**40**
**Durch die Reinigung von Körper und Geist entwickelt sich innerer Abstand zu unserem Körper und dem anderer Menschen.**

**41**
**Der Yogi erlangt sattvische Klarheit, ist fröhlich und einsgerichtet und entwickelt die Fähigkeit, sein Selbst zu erkennen.**

Es scheint paradox: Unser Körper ist das Medium, mit dem wir im Yoga intensiv arbeiten. Gleichzeitig entwickelt sich aber durch diese Arbeit eine gelassene Haltung im Hinblick auf den eigenen Körper – und den der anderen. Je besser wir ihn kennen und verstehen lernen, desto weniger werden wir von ihm beherrscht. Und je weniger er uns beherrscht, desto mehr können wir mit und an Chitta arbeiten, an der tieferen Dimension unseres Seins. Das zunehmende Gewahrsein unserer Tiefendimension verändert unseren Blick in die Welt, und das Interesse an der Oberfläche lässt nach. Wir gewinnen einen beobachtenden Abstand zu unserem Körper und dem der anderen.

Alle Schichten unseres Wesens werden auf dem Yoga-Weg geklärt. Äußere, innere und mentale Praktiken bewirken eine Transformation auf allen Ebenen, bis jenes kristallene, lichthafte, sattvische Gemüt erlangt wird, von dem wir im ersten Kapitel gehört haben (1.41).

Hand in Hand mit diesem Reinigungsprozess geht eine zunehmende Fröhlichkeit, die von innen kommt und nicht äußerer Stimuli bedarf. Kraft, psychische Stabilität, Konzentrationsfähigkeit und Wachheit nehmen zu – dies alles sind Anzeichen, dass der Übende auf dem Weg vorankommt. Er erkennt: Yoga wirkt.

### 42
### Zufriedenheit bewirkt höchste Freude.

Was ist Zufriedenheit? Annehmen, was ist, Loslassen von Habenwollen und Nicht-Habenwollen. Annehmen und Loslassen sind dasselbe. Das ganze Elend der Welt kommt daher, dass wir nicht zufrieden sind: mit uns selbst, mit dem, was wir haben und nicht haben, mit unserer Familie, mit unserem Beruf, mit den anderen Menschen. Was bliebe, wenn das Un-Zufrieden-Sein nicht existierte? Zufrieden-Sein. In-Frieden-Sein. Nicht-Verletzen. Stille. Wirkliche Zufriedenheit ist der Himmel auf Erden. Was gibt es da noch zu sagen?

### 43
### Die disziplinierte Anwendung der reinigenden und stärkenden Übungen des Yoga beseitigt alle Unreinheiten und bewirkt die Vervollkommnung von Körper und Sinnesorganen.

Wer Yoga praktiziert, kennt die Hitze von *tapas*. Es ist der Schweiß der Asanas. Es ist die Hitze von Pranayama. Selbst die Meditation verursacht Hitze: Wenn die Gedanken und Emotionen *(vrittis)* in einem felsenfest ruhenden Körper agieren, strömt manchmal der Schweiß. Das konkrete Arbeiten mit Hitze nimmt im Yoga einen zentralen Stellenwert ein. Auf die Spitze getrieben wird das beim *sanchagni sadhana*, der »Übung der fünf Feuer«: Ein Jahr lang sitzt der Yogi zwölf Stunden täglich in Meditation, vier Feuer um sich herum und das fünfte Feuer der brennenden indischen Sonne über sich. Die Grenzen zwischen *tapas* und Selbstkasteiung sind sicher fließend.

Die Hitze der reinigenden Yoga-Techniken *(tapas)* soll den Körper stärker, weicher und gesünder machen, die Sinnesorgane klarer und schärfer. Das ist notwendig, denn längere Zeit bewegungslos in Meditation zu sitzen, verursacht Schmerzen, wenn der Körper geschwächt ist. Ein starker Rücken, gleichmäßiges, ruhiges und tiefes Atmen durch einen befreiten Atemtrakt, eine gute Durchblutung und Verdauung sind Voraussetzung dafür.

*Tapas* verfeinert auch unser Gewahrsein: Wir werden uns unseres Körpers, seiner Sinne und deren Möglichkeiten immer bewusster. Es ist eine Vervollkommnung und Schärfung unserer Möglichkeiten, die jenseits des normalerweise Vorstellbaren liegen. Yogis entwickeln ein Maß an Kontrolle und Beherrschung des Körpers, seiner Atmung, der inneren Organe und energetischen Abläufe, dazu einen Grad an Schärfe der Wahrnehmungsfähigkeit, die ans Wundersame grenzt. Sie kommen lange Zeit ohne Schlaf und Nahrung aus, verharren bewegungslos, erlangen Kontrolle über vegetative Funktionen, über ihr Schmerzempfinden und vieles mehr. Patanjali widmet diesen übernatürlichen Nebenerscheinungen *(siddhis)* auf dem Weg des Yoga das dritte Kapitel, nicht ohne zu vergessen, eine Warnung auszusprechen: Diese Fähigkeiten sind nicht das Ziel. Sie können sich entwickeln. Wenn man daran hängenbleibt, werden sie selbst zum Hindernis. Hellsichtigkeit bedeutet noch nicht Befreiung. Gedankenlesen ist nicht *kaivalya*. Stolz auf seine eigenen Fähigkeiten zu sein bedeutet, an ihnen festzuhalten, sie zum Selbstzweck zu machen und das eigene »Ich« aufzublähen. Festhalten führt uns aber weit fort von *vairagya*.

## 44
## Selbsterforschung führt zum inneren Licht.

Kontemplation, Verinnerlichung und Rezitation spiritueller Texte, konzentrierte Mantra-Praxis *(japa)*, ob verbal oder mental, inneres Gebet – all das zentriert uns und führt uns nach innen. Und Selbstbeobachtung auf allen Ebenen – Körper, Gedanken, Emotionen und Verhalten – stärkt unsere Achtsamkeit. Wir dürfen nicht vergessen: Im Yoga sind wir Forscher, Forschungsobjekt und Forschungslabor zugleich.

## 45
## Totale Hingabe an die Quelle, aus der wir kommen, führt zu Samadhi.

Wir haben die Hingabe an *Ishvarah*, die Quelle, aus der wir kommen, als schnellsten Weg zur Erleuchtung bezeichnet. Sie kanalisiert die starke Energie der Emotionen. Sie ist bedingungslos. Sich hingeben bedeutet: sich aufgeben, sich einem unendlich Größeren und Erhabeneren ergeben. Sich zum Tal machen, in welches das Licht des Berges einfließen kann. Totale Hingabe ist absolute, nicht konditionierte Liebe. Sie muss nichts wissen. Sie muss nichts leisten. Sie muss nichts können. Nur sein. Sie führt zu Samadhi. Ein solches Samadhi durch Hingabe, das vollkommen liebende »Der-Welt-entrückt-Sein«, brachte Mechthild von Magdeburg wunderschön zum Ausdruck:

Die Braut ward trunken beim Anblick des
edlen Antlitzes.
In der größten Stärke kommt sie sich selbst
abhanden.
Im schönsten Licht ist sie blind in sich selbst.
In der größten Blindheit sieht sie am allerklarsten.
In der größten Klarheit ist sie beides, tot und
lebendig.
Je länger sie tot ist, um so seliger lebt sie.
Je seliger sie lebt, um so mehr erfährt sie.
Je geringer sie wird, um so mehr fließt ihr zu.[49]

Das Bild von *Braut und Bräutigam* begegnet uns immer wieder in der mystischen Literatur. Es hat nichts mit Mann und Frau zu tun und scheint nur vordergründig erotisch. Die Braut ist der Sucher oder die Sucherin, und Gott ist der Bräutigam.

## *Von Saulus zu Paulus? Die Yamas und Niyamas heute*

Eigentlich genügt ein kurzer Blick in die geschundene Welt von heute, um zu erkennen, dass sie nichts nötiger hätte, als geachtet, geschützt und mit Wertschätzung bedacht zu werden. Die Spezies Mensch ist jeder Kreatur, einschließlich sich selbst, zum ärgsten Feind geworden. Die konsequente Nichtbeachtung der Yamas und Niyamas spiegelt sich im Zustand der Welt, die selbst ein Spiegel der menschlichen Geistesverfassung ist, geprägt vor allem von den Grundqualitäten *tamas* und *rajas:* Der Mensch ist ein von Wollen *(raga)* und Nicht-Wollen *(dvesha)* rastlos umhergetriebenes Wesen, das um seiner Befriedigung willen unfassbar destruktive Tendenzen *(tamas)* entwickelt hat. Sogar wo die Menschheit sich als Schützer versucht, tut sie das für sich selbst: zum Erhalt der eigenen Lebensgrundlagen. Das ist das Problem. Der Tag der Umkehr wird jener sein, an dem erkannt und anerkannt wird, dass jedes lebende Wesen das gleiche legitime Interesse hat, ohne Angst, Schmerz und Verstümmelung zu sein – so wie jeder von uns. Jeder Eingriff in die Integrität von Natur und Kreatur muss auf die Waage gelegt werden: *Raga* und *dvesha* hier, *duhkha* da.

Die meisten Kommentatoren des *Yogasutra* begreifen die acht Elemente oder Glieder des Yoga als eine stufenförmig zu entwickelnde Praxis. Diese Sichtweise führt aber zu einem großen Problem: Wie sollen Menschen den Weg des Yoga beginnen, wenn die größten Hürden gleich zu Anfang aufgestellt werden? Sollen wir zu Saulus sagen: »Werde erst zu Paulus, dann beginne mit Asanas!«? Wie soll Saulus das machen? Sollen wir dem Räuber empfehlen, erst ein guter Mensch zu werden, bevor er sein Selbst suchen darf? Er wird uns im besten Falle lächelnd um unsere Brieftasche bitten. Nein, auf dem Stufenweg kann diese Entwicklung gar nicht verlaufen. Es ist vielmehr ein gleichzeitiges, multidimensionales Arbeiten auf allen Ebenen. Jedes Element ist eine Gelegenheit zu Selbsterforschung und Selbsterkenntnis. Jedes einzelne Element stärkt jedes andere. Und alle Glieder zusammen bilden einen Körper.

Die wichtigen Schriften des Yoga kümmern sich recht wenig um die Yamas und Niyamas: Die *Hatha Yoga Pradipika* widmet ihnen gerade mal einen Vers (1.16 ii und iii), und die *Gheranda Samhita* hält sich erst gar nicht damit auf. Die Idee ist: Menschen, die so in die äußere Dimension des Lebens verstrickt sind, holt man am besten auch dort ab, als körperliche Wesen. Die *Gheranda Samhita* beginnt mit der Reinigung des Körpers *(shatkarmas)* und lässt die Asanas folgen. Die *Hatha Yoga Pradipika* fängt gleich mit den Asanas an. Das funktioniert sogar mit verrohten Menschen. Die Arbeit mit dem Körper kann der Beginn eines Weges sein, der grobe Klötze zu feinen Kristallen schleift. Jeder kann mit Yoga beginnen. Auch Saulus. Deshalb ist der Weg des Hatha Yoga so geeignet für die heutige Zeit. Nur: Am Körper zu arbeiten führt allein noch nicht zum Ziel. Die Tiefe muss entfaltet werden. Und dies geschieht über den Weg regelmäßiger Kontemplation und Meditation. Um meditieren zu können, müssen wir zunächst richtig sitzen. Die Meditationshaltung ist für Patanjali sogar das eigentlich einzige Asana, auf das es wirklich ankommt. Doch das hört sich einfacher an, als es ist.

# Asana – die Meditationshaltung (46–48)

## 46

**Die Meditationshaltung sollte stabil und angenehm sein.**

Die Meditationshaltung muss *sthira*, stabil sein. Und komfortabel. Wörtlich steht im Text: Sie muss *sukha* sein, das heißt »fröhlich«. Nur dann können wir den Körper hinter uns lassen und die Arbeit an Chitta beginnen. Ist die Haltung richtig, dann kann sie auch gar nicht anders als fröhlich sein, denn sie ist der äußere, körperliche Ausdruck der meditativen Reise in die innere Stille.

Doch es ist alles andere als leicht, ein solches Asana zu entwickeln. Die *Hatha Yoga Pradipika* beschreibt mehrere Sitzhaltungen, zum Beispiel *siddhasana, vajrasana* und *padmasana.* Meditation kann auch in *shavasana* – in der liegenden oder Totenhaltung – erfolgen. Der Kampf gegen den Schlaf wird dann allerdings zur Herausforderung. Schlaf mag geruhsam sein, Meditation ist er nicht. Es bedarf des Experimentierens mit den verschiedenen Formen unter vernünftiger Rücksichtnahme auf die eigenen körperlichen Bedürfnisse und Möglichkeiten. Manchmal schmerzt das auch ein wenig im ganz konkreten, körperlichen Sinne *(tapas).* Doch irgendwann stellt es sich ein, das stille Sitzen oder *zazen,* wie das japanische Wort für die Praxis der Sitzmeditation im Zen heißt.

## 47
## Und indem wir alle Anspannung loslassen, können wir uns auf das Unendliche ausrichten.

Sich auf das Unendliche ausrichten meint: Wir sollten wissen, warum wir uns hinsetzen. Wir sollten wissen, warum wir praktizieren. Unser Gewahrsein richtet sich auf das große Ziel aus: Befreiung. Selbst-Erkenntnis. Himmel. Licht. Purusha. Das sind alles nur Namen. Das Tao hat keinen Namen. Diese mentale Ausrichtung unterstützt uns. Sie gibt auch der einfachsten Praxis eine ungemeine Tiefe: Wenn wir *neti*, das Reinigen der Nasenwege, praktizieren, tun wir dies, um unseren Atemtrakt frei zu machen. Wir machen unseren Atemtrakt frei, um gesund zu bleiben und Pranayama üben zu können. Wir widmen uns Pranayama, um zu Konzentration (Dharana) und Meditation (Dhyana) zu gelangen. Wir wollen in die Meditation, um Samadhi zu erlangen. Das einfachste Tun wird so zum Tun für das Höchste.

## 48
## So verlieren die (physischen und mentalen) Gegensatzpaare (gegensätzliche Empfindungen) ihren Einfluss.

*Sthira* und *sukha*, das ist die Balance zwischen Festigkeit und Flexibilität. Hatha Yoga, der Weg komplexer Körperübungen, hat genau das zum Ziel: Jedes Asana ist perfekt erst in der Ausgeglichenheit dieser beiden Qualitäten.

Dazu bedarf es der Konzentration, Flexibilität und Kraft. Die Körperübungen bereiten den Weg der Meditation, Raja Yoga, vor: In Vers 1 der *Hatha Yoga Pradipika* lesen wir deshalb: »Wir grüßen den großartigen ersten Lehrer, Sri Adinath, der das Wissen des Hatha Yoga übermittelte – eine glänzende Treppe für jene, die zur höchsten Stufe des Yoga aufsteigen wollen: Raja Yoga.«

Dahinter steckt die einfache Erkenntnis, dass uns der Körper im Weg sein kann, wenn wir in die Stille wollen. In der reinigenden, gesund erhaltenden und Freude spendenden Qualität der Asanas und anderer Techniken liegt das Geschenk, das Hatha Yoga der Menschheit macht. Der kräftige, weiche und flexible – mit anderen Worten: der lebendige – Körper kann alle Anspannung loslassen und über sich hinausgehen. Das *Tao Te King* erinnert uns daran: »Das Weiche und Biegsame sind die Begleiter des Lebens, während das Steife und Unbewegliche die Begleiter des Todes sind.« (Vers 76) Dann kann der Geist den Körper loslassen. Darauf die Sinne. Dann beginnt der innere Weg. Und der führt uns jenseits von Zeit und Raum, jenseits der körperlich-mentalen Welt der Gegensätzlichkeit und Zweischneidigkeit von Heiß und Kalt, Angenehm und Unangenehm – hinein in die Unendlichkeit unseres wirklichen Seins, das ohne Mangel ist, ruhend in der eigenen Fülle.

# Pranayama (49–53)

### 49
**Dann beginnt Pranayama, eine Praxis, die den Fluss von Ein- und Ausatmung (kontrolliert) unterbricht.**

## *Prana*

Prana ist die Energie, die alles durchdringt, das Allergrößte genauso wie das Allerkleinste. Es ist die Hitze der Sonne, die Bewegung der Planeten und die Lebensenergie jedes Grashalms. Prana lässt den Wind wehen und die Flüsse fließen. Prana ist Herzschlag, Verdauung und Denken – jeder erdenkliche Vorgang. Das ganze All in seiner Schwingung, sagt die *Katha Upanishad,* ist Prana (2.3.2). Wenn wir unsere Achtsamkeit auf einen Körperteil lenken, fühlen wir Prana: als Wärme, als sanftes Kribbeln, als Pulsen – wir fühlen, dass wir leben. Wenn wir essen und trinken, ja selbst über den Kontakt zum Boden nehmen wir Prana auf. Doch am meisten davon erhalten wir über die Atmung: Luft, *vayu,* ist der wichtigste Träger von Prana für uns. Deshalb sterben wir binnen Minuten, wenn wir aufhören zu atmen. »Solange *vayu* im Körper verbleibt«, sagt die *Hatha Yoga Pradipika,* »nennt man das Leben. Der Tod tritt ein, wenn *vayu* den Körper verlässt. Erhalte deshalb *vayu.*« (Kap. 2, Vers 3)

Die Art und Weise, wie wir leben, hat einen starken

Einfluss auf unseren Prana-Haushalt. Ob Arbeits- oder Schlafgewohnheiten, Übungspraxis, Ernährung oder Sexualverhalten – alles nimmt Einfluss auf die Versorgung mit und die Verteilung von Prana. Negative emotionale und mentale Tendenzen, unregelmäßiger Lebensstil, falsche Ernährung, Stress und viele andere Belastungen zehren massiv am Prana-Körper *(pranamaya kosha)*. Sie lassen uns ausbrennen wie eine Kerze, deren Wachs verbraucht ist. Pranayama wirkt diesem Ausbrennen entgegen.

### *Die Physiologie des Yoga: Fünf Schichten des Menschen*

Die Yoga-Physiologie lehrt, dass der Körper aus fünf Schichten *(pancha kosha)* aufgebaut ist, alle durchdringen sich gegenseitig und mit allen »arbeiten« wir in der Praxis des Yoga:

- Der materielle, physische Körper wird Nahrungskörper *(annamaya kosha)* genannt, weil wir buchstäblich sind, was wir essen. Asanas wirken nicht nur, aber doch vorwiegend hier.
- Mit dem Energie- oder Pranakörper *(pranamaya kosha)* üben wir, wenn wir Pranayama machen. Auf ihn werden wir noch genauer eingehen.
- Der Mentalkörper *(manomaya kosha)* ist die Heimat von *manas* (Denken und Emotionen), das unruhige Feld, auf dem mentale Techniken geübt werden, um zu innerer Stille zu finden.

- Unser Weisheitskörper *(vijnanamaya kosha)* ist die mentale Ebene, die Zugang zu höherem Wissen hat. Intellekt und Intuition *(buddhi)* haben hier ihr Zuhause.
- Der Glückseligkeitskörper *(anandamaya kosha)* schließlich heißt wohl so, weil er unserem inneren Licht, Purusha, schon so nah ist. Es ist die Meditation, in der wir Zugang zu ihm bekommen.

Wir sollten uns die fünf Schichten nicht allzu konkret-räumlich denken. Yoga führt uns zwar ins Innere: Wir beginnen »außen«, beim Nahrungskörper, und wir wollen weit in uns »hinein«gehen, noch jenseits des Glückseligkeitskörpers. Doch sind die feineren Ebenen tatsächlich Ausweitungen der gröberen: Der Energiekörper geht über den Nahrungskörper hinaus und der Weisheitskörper ist viel ausgedehnter als der Mentalkörper, hat er doch Zugang zu höheren Bereichen des Wissens. Unser inneres Licht schließlich ist »ausgedehnter« als alle anderen Schichten zusammen – räumlich weder darstellbar noch eingrenzbar, ja nicht einmal sagbar.

Zugleich ist Purusha das, was uns mit allem Sein verbindet – der »Eine Geist«, wie es im Zen heißt. »Dieser Geist«, sagte Zen-Meister Huang Po im 9. Jahrhundert, »ist weder lang, noch kurz, groß oder klein, denn er überschreitet alle Grenzen, Maße, Bezeichnungen, Spuren und Vergleiche. Er ist das, was du vor deinen Augen siehst – fang nur an, darüber nachzudenken – du wirst sofort dem Irrtum erliegen.«[50] Die »innerste« Schicht ist also zugleich die »äußerste«. Das Ziel ist der Anfang – der (Zen-)Kreis, der sich schließt.

### *Der Prana-Körper*

In der Welt differenziert sich die kosmische Energie (*mahaprana*, großes Prana), in eine Vielzahl von Formen aus. Und auch in unserem Körper wirken unterschiedliche Arten von Prana, die verschiedene Funktionen erfüllen. Man nennt sie *vayus*. Alle *vayus* zusammen bilden den Prana-Körper, *pranamaya kosha*. Fünf davon (*pancha vayu*) sind besonders wichtig:

*Prana vayu* arbeitet im Bereich des Oberkörpers zwischen Kehlkopf und Zwerchfell. Es ist verbunden mit Herz, Atemorganen und den dazugehörenden Muskeln, Blutgefäßen, Nerven und Geweben. *Prana vayu* ist die Kraft, die die Luft – und damit die Lebensenergie – in den Körper hineinbringt (Absorbtion).

*Apana vayu* wirkt im Bereich des Bauches – vom Zwerchfell bis hin zum Damm (Perineum). Es versorgt und kontrolliert Darm, Nieren, Anus und Genitalien. *Apana* ist die Kraft, die für alle Ausscheidungsvorgänge verantwortlich ist (Exkretion), sie bringt auch den Atem wieder aus dem Körper.

*Samana vayu* liegt in der Mitte der »Herrschaftsbereiche« von *prana* und *apana*, also zwischen Herz und Nabel. Es ist zuständig für das Verdauungssystem und die zugehörigen inneren Organsysteme wie Leber, Bauchspeicheldrüse und Magen. *Samana* obliegt die Aufgabe, den Umbau und die Verteilung von Nährstoffen sicherzustellen (Assimilation).

*Udana vayu* wirkt in Kopf, Gesicht, Sinnesorganen, Armen und Beinen und den dazugehörigen Muskeln,

Bändern, Nerven und Gelenken. Es ist verantwortlich für Sinneswahrnehmungen, die aufrechte Haltung des Körpers und ein harmonisches Zusammenspiel der Gliedmaßen. Udana ist die Kraft, die es uns möglich macht, auf die äußere Welt anzusprechen.

*Vyana vayu* schließlich durchdringt den ganzen Körper. Es koordiniert die vier anderen Kräfte und reguliert so den energetischen Gesamtprozess. *Vyana* ist zugleich die Reservekraft für die anderen *vayus*.

**50**

**Die drei Vorgänge Ausatmen, Einatmen und Anhalten des Atems werden hinsichtlich der Dimensionen Ort, Zeit und Zahl reguliert mit dem Ziel, sie zu verlängern und zu verfeinern.**

## *Pranayama*

Wir atmen meist völlig unbewusst und automatisch – 15-mal in der Minute, 21 600-mal am Tag. Das sind mehr als 630 Millionen Atemzüge in 80 Lebensjahren. Wir verlassen uns dabei völlig auf unsere Körperintelligenz. Doch die meisten Menschen atmen zu schnell, zu unrhythmisch und flach, sie nutzen ihre Lungenkapazität nur unzureichend und das hat ungünstige Auswirkungen auf ihre Gesundheit. Die Yogis haben die Natur beobachtet und gesehen, dass Tiere, die lange leben, langsam atmen.

Die Atmung hat profunden Einfluss auf den mentalen Zustand, denn das Bewusstsein folgt Prana (und umgekehrt): »Wenn Prana sich bewegt, dann bewegt sich Chitta. Wenn Prana ohne Bewegung ist, ist auch Chitta ohne Bewegung.« (*Hatha Yoga Pradipika*, Kap. 2, Vers 2) Pranayama macht die Atmung bewusst, rhythmisch, langsam und tief und wirkt negativen Atemgewohnheiten entgegen. Es stärkt die Atemmuskulatur und sorgt dafür, dass dem Organismus mehr Sauerstoff und Lebensenergie zugeführt werden. Die Wege, auf denen Prana fließt, werden gereinigt. Es gibt angeblich 72 000 von diesen Wegen, die *nadis* (wörtlich: Fluss) genannt werden. Das *Shiva Samhita* berichtet sogar von 350 000. Wer hat sie wohl gezählt?

Zur Atmung gehören drei Vorgänge: Einatmung *(puraka)*, Ausatmung *(rechaka)* und die Phase zwischen beiden *(kumbhaka)*. Wenn wir Pranayama üben, wird die Atmung zum Fixpunkt unserer Konzentration, wir lenken sie bewusst: Dies betrifft die Geschwindigkeit der Atemzüge (Zeit), den Körperbereich, in den wir hineinatmen beziehungsweise auf dem die Konzentration ruht (Ort), und die Zahl der so praktizierten Atemzüge. Einatmen, Ausatmen und Anhalten des Atems werden sukzessive verlängert. Dem Anhalten des Atems, *kumbhaka*, gilt dabei besondere Aufmerksamkeit, mehr noch: Es ist das eigentliche Ziel, auf das uns die kontrollierte Ein- und Ausatmung nur vorbereiten soll.

Patanjali spricht in Sutra 2.49 vom Abschneiden der Atmung *(viccheda)*. Dieses Abschneiden kann innerlich sein, also nach der Einatmung erfolgen *(antar kumbhaka)*, oder äußerlich, nach der Ausatmung *(bahir kumbhaka)*. Es ermöglicht die bessere Assimilation von Prana und steigert den Gasaustausch. Vor allem: Es wirkt beruhigend auf den Geist. In dieser Phase der Stille verbinden sich die beiden wichtigsten vayus – Prana und *apana:* »Die Vereinigung von Prana und *apana*«, sagt Niranjanananda Saraswati, »ist eines der wichtigsten Ziele des Yoga. Bis der Übende in der Lage ist, diese beiden Kräfte zu kanalisieren, steht er weiter unter dem Einfluss der Dualität und der Geist bleibt zerstreut.«[51] In der *Yoga Chudamani Upanishad* ist zu lesen: »Wie ein Ball, der von der Hand geworfen wird, nach unten und oben springt, ebenso springt die Seele [jiva; Geist, Bewusstsein] durch das Auf und Ab von Prana und *apana,* und bleibt nicht still.« (Vers 29). »Es gibt keinen engeren Freund im All als Prana«, heißt es in der *Shiva Svarodaya* (Vers 219). Pranayama ist zweifellos eine der wichtigsten Praktiken auf dem Yoga-Weg.

**51**

**Es gibt noch einen vierten Vorgang,**
**der über die Ein-**
**und die Ausatmung hinausgeht.**

**52**

**Dann löst sich der Schleier auf,**
**der das Licht des Bewusstseins verdeckt.**

**53**

**Und unser Geist erlangt die Fähigkeit**
**zur Konzentration.**

### *Der »vierte Vorgang« und die Schwierigkeit seiner Deutung*

Sutra 2.51 gehört – neben einigen anderen – zu jenen kryptischen Sutras Patanjalis, an denen sich die Geister scheiden. Dieses Buch will keine akademische Diskussion über die Deutung einzelner Verse führen. Dennoch kann es lohnend sein, an dieser Stelle einmal einen kurzen und beispielhaften Blick auf unterschiedliche Interpretationen eines Sutras zu werfen. Die Beschäftigung mit unterschiedlichen Deutungen weitet unsere Perspektive aus. Sie zeigt uns, dass auch Swamis »nur mit Wasser kochen«, sie offenbart Unsicherheiten, lädt uns ein zu kontemplieren und unseren eigenen Weg durch das *Yogasutra* zu suchen.

Für manche ist der »vierte Vorgang« (*chaturthah*; wörtlich: der Vierte), von dem Sutra 2.51 spricht, schlicht Samadhi, das große Ziel: Der Schleier von *avidya* löst sich nun auf und wir erlangen Selbst-Verwirklichung.[52] Diese Deutung ist jedoch logisch problematisch. Sagt Vers 2.53 nicht, dass Pranayama uns auf den nächsten Schritt, die Übung in Konzentration, überhaupt erst vorbereiten soll? Nach Samadhi, dem Erreichen des endgültigen Zieles, ist aber keine weitere Vorbereitung mehr nötig.

Für andere meint »der Vierte« eine vierte Art von Pranayama: das spontane, unbewusste Anhalten des Atems, das auftreten kann, wenn vollständige Konzentration erreicht ist *(kevala kumbhaka)*.[53] Doch was hat das unbeabsichtigte Aussetzen der Atmung mit Pranayama, also bewusster Atemkontrolle, zu tun? Und auch hier wieder die Frage: Warum soll uns Pranayama auf die

Übung in Konzentration vorbereiten, wenn diese Deutung doch davon spricht, dass der Zustand vollkommener Konzentration bereits erreicht ist? Das widerspricht sich.

Wieder andere interpretieren das Sutra so, dass eine besondere Technik gemeint ist, der es nicht um das Anhalten des Atems *(kumbhaka)* geht, sondern um die Verbindung von Atmung, Mantra und dem konzentrierten Verfolgen des Atems durch bestimmte Körperregionen oder »psychische Wege«. So folgt zum Beispiel die Aufmerksamkeit dem Atem entlang der Wirbelsäule in Verbindung mit dem Mantra *soham*. Satyananda Saraswati sagt: »Das ist das vierte Pranayama. Man kann es üben, indem man in *ujjayi* einatmet, in *ujjayi* ausatmet und versucht, sich auf einen bestimmten psychischen Weg zu konzentrieren (...) genau genommen ist es *ajapa japa*.«[54] *Ajapa japa*, die Technik, die Mantra und Pranayama kombiniert, kann Samadhi herbeiführen.[55]

Diese letzte Deutung fügt sich am besten in den Gesamtkontext ein. Sie beschreibt erstens eine bewusste Form, mit der Atmung zu arbeiten und Prana zu lenken beziehungsweise dem Fluss von Prana mental zu folgen, also Pranayama zu üben. Sie harmoniert zweitens logisch mit Sutra 2.53, das Pranayama als Vorbereitung für die Praxis der Konzentration (Dharana) beschreibt. Und drittens stellt diese Form des Atmens eine Tiefe in Aussicht, die Samadhi herbeiführen kann, was sehr gut zum Bild von Sutra 2.52 passt, wo es heißt, dass der Schleier (des Nicht-Wissens, also *avidya*) sich auflöst.

Leider können wir Patanjali nicht selbst fragen. Vielleicht meinte er ja etwas ganz anderes?

# Pratyahara – der Rückzug der Sinne (54–55)

54

**Pratyahara ist, wenn sich die Sinnesorgane von den Objekten (der äußeren Welt) zurückziehen und gewissermaßen die Natur des Bewusstseins nachahmen.**

55

**Dies führt zur vollkommenen Kontrolle über die Sinnesorgane.**

Vier Elemente auf dem achtgliedrigen Yogaweg (Ashtanga Yoga) haben wir kennengelernt: Regeln für das Verhalten nach außen (Yama) und für den Umgang mit uns selbst (Niyama), die Meditationshaltung (Asana) und die Praxis der Atemkontrolle (Pranayama). Dies alles sind »äußere Glieder« des Weges, sie sind *bahiranga*. Das fünfte Element, Pratyahara, wird zwar auch noch diesen äußeren Gliedern zugerechnet, aber eigentlich ist es weder »äußerlich«, noch »innerlich« (wie die im dritten Kapitel zu besprechenden »inneren Glieder« – *antaranga*). Pratyahara ist vielmehr eine Brücke, ein Übergang, der vom Außen ins Innen führt. Im Yoga gibt es zahlreiche Methoden, um zu dieser Brücke zu gelangen: *trataka, japa,* Klänge, das Kreisen der Achtsamkeit durch den Körper und anderes.

Wenn das Bewusstsein sich nach innen wendet, folgen ihm die Sinne. Vyasa sagt: »So wie die Bienen dem Flug ihrer Königin folgen und ruhen, wenn sie ruht, so halten auch die Sinne ihre Aktivität an, wenn das Bewusstsein anhält.«[56] Das Ausblenden der Sinne, zumindest das partielle, kennen wir alle aus dem täglichen Leben: Wenn wir uns stark auf eine Sache konzentrieren, zum Beispiel, wenn wir in ein gutes Buch vertieft sind, kann es sein, dass die Welt um uns herum »versinkt«. Wir nehmen nichts anderes mehr wahr. Ohne Bewusstsein keine Wahrnehmung – deshalb spüren wir im Schlaf nicht den Stich der Mücke. Unsere Sinne sind »innen«: Und so nehmen wir im Traum wahr, was sich in Chitta abspielt: Wir hören, sehen, riechen und fühlen: Die Sinne nehmen die Form von Chitta an. Und ist Chitta still, so sind es auch die Sinne.

Es ist also der Geist, der die Sinne beherrscht – nicht umgekehrt. Und ohne die Loslösung der Sinne von äußeren Objekten können wir uns weder konzentrieren noch können wir meditieren. Patanjali will Pratyahara als Vorbedingung zur Meditation verstanden wissen. Aber natürlich stimmt das Bild auch im übertragenen Sinne: Wenn wir im täglichen Leben nicht sklavisch den Sinnen ausgeliefert sind, lebt es sich einfach losgelöster, leichter, freier. Die *Bhagavad Gita* sagt: »Wer seine Sinne von den Sinnesobjekten zurückziehen kann, so wie eine Schildkröte ihre Glieder zurückzieht, dessen Weisheit schwankt nicht.« (Kap. 2, Vers 58) Wir sollten uns nicht entmutigen lassen, wenn uns dies alles andere als leichtfällt, denn damit sind wir in bester Gesellschaft, wie die *Gita* gleich tröstend dazusagt: »Die unruhigen Sinne lenken sogar den Geist des Weisen ab.« (Kap. 2, Vers 60)

# 3
# Loslösung: Vibhuti Pada

Jesus sagte:
Ich werde euch geben,
was kein Auge je gesehen
und kein Ohr je gehört hat,
was keine Hand je berührt hat
und noch nie in eines Menschen Herz gedrungen ist.

*Thomas-Evangelium, Logion 17*

# Konzentration, Meditation und Samadhi (1–3)

Wie der Bauer Wasser auf seine Felder lenkt,
wie der Pfeilemacher seine Pfeile glättet,
wie der Zimmermann Holz behaut,
so formt der Weise seinen Geist.

Buddha, *Dhammapada*, Vers 80

1

**Konzentration ist die Ausrichtung
des Bewusstseins auf
einen Punkt (ein Objekt, eine Idee).**

2

**Meditation ist das ununterbrochene Fließen
des Bewusstseins in Richtung
des ihm präsentierten Objektes.**

3

**Samadhi ist, wenn das Objekt
allein noch in seiner Essenz erscheint,
so als wäre es ohne Form.**

*Konzentration und Meditation*

Jedes Objekt, konkret oder abstrakt, kann zum Fixpunkt unserer Konzentration (Dharana) werden: die Flamme einer Kerze, ein Bild, eine Rose oder eine weiße Wand, wie sie in der Zen-Meditation bevorzugt wird, eine Visualisierung, ein religiöses Symbol, ein Heiliger, ein Tier, eine Farbe, eine körperliche Wahrnehmung oder der Fluss unseres Atems. Es kann unser Bauchnabel sein, die Nasenspitze oder der Punkt zwischen den Augenbrauen. Es mag ein Gebet sein, ein Gedicht oder der Klang eines Mantras. Die Möglichkeiten sind grenzenlos. Patanjali macht im ersten Kapitel einige Vorschläge (1.34–1.38) und sagt gleich dazu, dass es jedes beliebige Objekt sein könne (1.39).

Sich konzentrieren heißt, das Gewahrsein fest auf das gewählte Objekt auszurichten. Das Prinzip ist einfach. Doch die Praxis ist schwierig. Immer wieder wird das Gespann aus Sinnen *(indriyas)* und Geist sich von der Bindung *(bandha)* an das Objekt lösen wollen. Und immer wieder bringen wir den Geist zurück, ganz sanft. Ein Kampf um Konzentration soll es aber nicht werden. Er wäre sinnlos, denn es kämpfen doch bloß *vrittis* gegen *vrittis*. »Man kann nicht mit seinem Geist *[mind]* kämpfen. Wer kämpft mit wem?«[57] Was wir aber können, das ist, Chitta immer und immer wieder einzufangen, um es ganz sanft zurück zum Objekt zu führen. Wir dressieren unseren Affengeist mit Liebe – nicht mit Bestrafung, auch beim Üben der Konzentration dürfen wir uns nicht verletzen. Erinnern wir uns: Das Gebot des Nicht-Verletzens, *ahimsa*, das erste Glied oder Element des Yoga-Weges überhaupt, hat universelle Gültigkeit (2.31).

Konzentration kann zu Meditation, Dhyana, werden, oder besser: Meditation kann geschehen. Wir können sie nicht »machen« oder »herstellen«, schon gar nicht gewaltsam, wir können nur in ihr sein. Von Dharana zu Dhyana und schließlich zu Samadhi ist es ein einziges Fließen, deshalb fasst Patanjali diese drei Prozesse auch mit einem Begriff zusammen: Samyama – »vollkommene Kontrolle« (3.4). Da gibt es nirgendwo einen Grenzposten, der sagte: »Ab hier Dhyana!« oder »Jetzt Erleuchtung!«. Im Yoga finden wir das Bild vom tropfenden Öl. Jeder Tropfen ist ein Moment der Konzentration. Die Konzentration wird immer wieder unterbrochen, und der Geist schweift ab, bis wir es bemerken und den nächsten Tropfen folgen lassen. Wenn aus diesem Tropfen einmal ein Fließen wird, das unseren Geist und das Objekt der Konzentration in kontinuierlicher Verbindung hält, wenn also unsere Aufmerksamkeit nicht mehr abgleitet, dann geschieht Meditation und wir verlieren das Bewusstsein für die Zeit – wie spielende Kinder.

## *Samadhi*

Samadhi, die achte und letzte Stufe des Yoga, heißt in der japanischen Sprache des Zen *satori*. Zen-Meister Daisetz Teitaro Suzuki (1870–1966) beschreibt diesen Zustand nur dann als erfahrbar, »wenn unsere tägliche Erfahrung des Sinnen-Denkens überschritten wird, das heißt durch einen existenziellen Sprung«. Es ist »das Erfassen des Ganzen an sich« und ist »keiner Unterscheidung und Bestimmtheit unterworfen«[58]. Das Objekt erscheint in seiner Essenz, es ist formlos, *shunya,* wie Patanjali hier sagt. Und er beschreibt dies ganz ähnlich auch im ersten Kapitel: »Das Eindringen in die feinstoffliche Natur der Objekte findet sein Ende erst in der Formlosigkeit selbst.« (1.45)

*Shunya,* die Formlosigkeit, wurde auch zur zentralen Idee des Buddhismus: *Shunyata* ist jene Leere (Nirvana oder Verlöschen), von der auch Buddha spricht, und die doch zugleich vollkommene Fülle und Ganzheit meint. Die Buddha-Natur. Der Eine Geist. Um Samadhi erlangen zu können, muss unser Bewusstsein kristallene Klarheit annehmen (1.41). Wir haben gesagt: Eine Rose ist eine Rose. Und natürlich ist sie nicht einmal das – kein Name kann die Wirklichkeit zum Ausdruck bringen. Die Rose ist einfach, was sie ist.

In Samadhi erkennen wir die Dinge in ihrer Reinheit, so wie sie sind, frei von den Verfärbungen unseres konditionierten Bewusstseins, bar aller mentalen Filter. Es ist ein Sehen, ohne zu urteilen. Es ist jener »unschuldige Blick des Kindes«, von dem das *Tao Te King* spricht (Vers 28). Und das Bild vom Kind passt nicht nur auf die nichtkonditionierte Wahrnehmung in der Gipfelerfahrung des Samadhi, sondern, im viel weiteren Sinne noch, auf den erleuchteten Menschen an sich – und so sagt Jesus: »Der Mensch, alt an Tagen, wird nicht zögern, ein kleines Kind von sieben Tagen nach dem Ort des Lebens zu fragen, und dieser Mensch wird leben.« (*Thomas-Evangelium,* Logion 4)

## Samyama (4–8)

**4**
**Zusammen heißen diese**
**drei Prozesse Samyama.**

**5**
**Wer Samyama meistert,**
**erlangt das Licht der Weisheit.**

**6**
**Samyama entwickelt**
**sich stufenweise.**

**7**
**Im Verhältnis zu den bereits**
**genannten Elementen**
**sind diese drei innere Elemente.**

**8**
**Doch im Verhältnis zu *nirbija samadhi***
**(dem Samadhi »ohne Same«)**
**sind sie äußere Elemente.**

Patanjali erinnert an das komplexe und stufenweise Sich-Entfalten von Samadhi (1.41–1.51). Der Prozess von Samyama führt zu *prajna-alokah,* zum Licht der Weisheit. In Sutra 1.48 wurde es Wirkliches Wissen genannt: das Aufscheinen unseres inneren Lichtes. Neue mentale

Eindrücke *(samskaras)* werden dabei erzeugt und alte ersetzt. Werden auch diese letzten *samskaras* losgelassen, so erreicht der Übende *nirbija samadhi,* das Samadhi »ohne Same«, den befreienden Zustand des Yoga (1.51).

Satyananda Saraswati (1923–2009), der geistige Vater der indischen *Bihar School of Yoga,* fasst den Prozess von Samyama so zusammen: »Samyama beginnt mit subjektivem und objektivem Gewahrsein. Dies ist ein zweifaches Gewahrsein. Du bist dir des Meditationsobjektes im Innern ebenso bewusst wie der äußeren Welt, doch nach und nach schließen sich die Außentüren, und du siehst nur noch die Sache in deinem Inneren. Dies ist Dhyana. Dann wird das, was du im Inneren siehst, immer klarer, und gleichzeitig verlierst du das Gewahrsein deiner selbst. Das wird Samadhi genannt.«[59]

Es ist ein Prozess zunehmender mentaler Ausrichtung auf eine Sache, der zu einem Eintauchen führt, bis dieser Sache allein alles Gewahrsein gehört (Samadhi). Schließlich wird auch diese eine Sache noch losgelassen und der Seher – oder reines Gewahrsein – ruht in sich selbst *(nirodha)*: Das Ziel des Yoga ist erreicht (1.2).

# Transformation des Bewusstseins (9–15)

## *Die drei parinamas (transformative Phasen)*

Mentales Training, das weiß man heute auch aus der Neurobiologie, verändert Chitta ganz konkret und messbar: Der unvorstellbar komplex verwobene Zellverbund, den wir Gehirn nennen, verändert seine physischen Strukturen – wir werden buchstäblich »neu verdrahtet«. Man spricht in diesem Zusammenhang auch von Neuroplastizität. (Patanjali bringt dieses Konzept auf seine ganz eigene Weise in Sutra 3.13 zum Ausdruck.) Die Möglichkeit dieser Veränderungen bleibt grundsätzlich unser ganzes Leben lang erhalten.

Schritt für Schritt verändert Yoga den Menschen. Es ist das Schleifen eines kristallenen Gemüts (1.41), das sein inneres Licht zum Vorschein bringt. Dieses Licht leuchtet natürlich immer. Doch ein ungeschliffenes Chitta verschleiert es: »Breitet man über einen Kristall, der in der Sonne liegt, ein tiefschwarzes Tuch, so wird freilich, auch wenn die Sonne auf ihn scheint, ihr Leuchten in dem Kristall keine Wirkung hervorbringen.«[60] Das sagte Teresa von Avila, eine »christliche Yogini«. Nur in diesem Sinne ist unser Bewusstsein »unrein«. Der reinigende Weg des Yoga im Allgemeinen und Samyama im Besonderen nehmen den Schleier von Chitta.

Patanjali betrachtet im Folgenden die Mechanik der Veränderung. Er unterscheidet drei Entwicklungs- oder

Transformationsphasen *(parinamas)*, durch die unser Bewusstsein geht, wenn es Konzentration, Meditation und Samadhi übt oder erfährt. Sie führen von der Einsgerichtetheit über die verschiedenen Stufen von Samadhi zur großen Stille von *nirbija samadhi* (1.41–1.51). Die folgenden Sutras beschreiben den Weg der Transformation unseres Bewusstseins vom Ziel her: Das Fließen der Stille wird vorbereitet durch Samadhi. Damit Samadhi geschehen kann, muss unser Geist sich zur Einsgerichtetheit hin entwickeln.

**9**

**Wird unser Bewusstsein ganz von**
**jener Stille durchdrungen,**
**die im Moment zwischen dem Auftauchen**
**und Vergehen mentaler Eindrücke**
**liegt, so nennt man das *nirodha-parinama:***
**den transformativen Zustand der Stille.**

**10**

**Geschieht dies immer wieder,**
**so wird daraus ein stilles Fließen.**

**11**

**Ist der Geist nicht mehr abgelenkt,**
**sondern bleibt einsgerichtet, so nennt**
**man das *samadhi-parinama:***
**den transformativen Zustand von Samadhi.**

**12**

**Sind wiederum vergangener und neu auftauchender Bewusstseinsinhalt identisch, so nennt man das *ekagrata-parinama:* der transformative Zustand der Einsgerichtetheit.**

## *Erste Transformation unseres Bewusstseins: Einsgerichtetheit entwickeln*

Einsgerichtetheit bezeichnet einen qualitativen Zustand des Bewusstseins. Er meint: Ausrichtung auf »eines« *(eka)*. In der Vervollkommnung dieser Bewusstseinsqualität entwickelt Chitta einen so hohen Grad an Ausrichtung auf das Objekt der Konzentration, dass es zum »Zusammenfallen« *(samapatti)* oder Verschmelzen (Samadhi) kommt. Die Methode zum Erreichen dieser Ausrichtung ist das regelmäßige Üben von Konzentration. Im *Dhammapada* sagt Buddha: »Wie ein Bogenschütze seinen Pfeil aufs Ziel richtet, so richten die Weisen ihre unruhigen Gedanken auf ein Ziel aus.« (Vers 33) Die Yoga-Wissenschaft beschreibt auch die anderen, weniger erstrebenswerten Qualitäten, die Chitta aufweisen kann. *Kshipta* ist der rastlose (von *raja-guna* dominierte) Affengeist, *mudha* ist der betäubte, dumpfe Geist (beherrscht von *tama-guna*), *vikshipta* ist der abgelenkte Geist, den die meisten Sucher kennen: Klare, sattvische Momente der Einkehr und Stille wechseln sich ab mit Momenten der Unruhe und des Abgelenktseins. Wenn die sattvischen Qualitäten durch das regelmäßige Üben von Konzentration nach und nach zunehmen, sind wir auf dem Weg zu *ekagrata*, dem eins-gerichteten Geist.

Beginnen wir, regelmäßige Phasen der Konzentration in unser Leben zu integrieren, dann mag dies noch nicht so sehr nach Konzentration aussehen. Buddha beschreibt es anschaulich: »Wie ein geangelter und am Strand liegen gelassener Fisch im Todeskampf zappelt, so zappelt der Geist ständig umher, während er in Meditation geschult wird.« (*Dhammapada*, Vers 34) Wir sind also in bester Gesellschaft mit unserem Affengeist, und Buddha erging es ebenso wie uns, als er sich das erste Mal hinsetzte, um zu meditieren. Aber die Mühe lohnt sich, denn, so ergänzt er, »ein geschulter Geist bringt Gesundheit und Glück« (Vers 35). Irgendwann wird Chitta schließlich *ekagrata*.

*Ekagrata* ist kein statischer Zustand, sondern ein dynamisches Geschehen. Vollkommene Ausrichtung auf ein einziges Objekt bedeutet: Ein mentaler Eindruck folgt auf den anderen. Die Besonderheit: Der eine ist identisch mit dem anderen (3.12). Diese Identität von vergangenem und neu entstehendem Eindruck ist vergleichbar mit dem Brennen einer Flamme: Es ist bloß eine Flamme, doch wird sie ständig neu gespeist. Es ist dieses flammengleiche Fließen auf das Objekt der Konzentration, das zu Samadhi führt.

### *Zweite Transformation unseres Bewusstseins: Samadhi erlangen*

Die Spitze des Pfeils wird spitzer und spitzer und dringt immer tiefer in das Objekt der Meditation ein (1.17–1.18; 1.41–1.51). Samadhi ist, so heißt es im *Kronjuwel des Yoga* (*Yoga Chudamani Upanishad,* 700 n. Chr.), »ein wundervoller Bewusstseinszustand«, der Chitta von den tief verwurzelten Konditionierungen reinigt (1.50–1.51): »Schließlich, im höchsten Zustand von Samadhi, schwebt das Bewusstsein frei von jeder Bindung an uns als Individuum und erfährt sich selbst im eigenen Strahlen als eins mit dem Geist *[spirit]* oder Atman.«[61] Nach Samadhi sehen wir die Welt mit anderen Augen.

Wer schon einmal Berichte über die lebensverändernden Wirkungen von Nahtod- oder außerkörperlichen Erfahrungen gelesen hat, der wird sich über die Wirkungsmacht eines Samadhi nicht wundern. Die Erfahrung, nicht der Körper zu sein, wie sie bei Nahtod- und außerkörperlichen Erfahrungen gemacht wird, verändert unsere Perspektive völlig. (Weil das so ist, nennt Patanjali diese Erfahrung *maha-videha:* das »Große Sein ohne Körper«. Ab Vers 3.43 werden wir darauf zurückkommen.) In Samadhi erkennen wir darüber hinaus, dass wir auch nicht Verstand und Gefühle sind, ja überhaupt nichts von dem, was wir gemeinhin als »ich« bezeichnen, sondern Purusha, das Licht reinen Gewahrseins.

### *Dritte Transformation unseres Bewusstseins: die Stille erreichen*

Im Zen beschreibt man den Moment der Stille gerne als die Lücke, die zwischen zwei mentalen Eindrücken oder Gedanken liegt. Wir mögen ihn gewöhnlich nicht bemerken. Doch wenn wir unsere Gedanken genau beobachten – wie einen Film im Kino –, dann können wir feststellen, dass ein Gedanke aufsteigt und ein anderer ihn ablöst. Dazwischen ist eine kurze Phase der Stille, frei von mentalen Mustern. Es ist dieser Moment totaler Stille, von dem Patanjali in Sutra 3.9 spricht. Durchdringt diese Stille unser Bewusstsein völlig, dann ist das *nirodha*. Kommen diese Momente immer öfter und werden sie immer länger, beginnt das, was Patanjali *prasanta vahina* nennt: ein stilles Fließen. Teresa von Avila kannte diesen Zustand. In ihrer Schrift *Die innere Burg* beschreibt sie ihn als eine ganz und gar yogische Erfahrung. Um dies zu verdeutlichen, habe ich in das Zitat von Teresa einige uns bereits vertraute Sanskrit-Begriffe eingefügt: »Führt der Herr die Seele in diese seine Wohnung, welche die Mitte der Seele selber ist [Purusha], so scheint es, als seien die Regungen in der Seele, die gewöhnlich in der Fantasie und den Fähigkeiten zu fühlen sind *[chitta vritti]*, plötzlich nicht mehr vorhanden, sobald sie hier eintritt (…). So stören sie die Seele nicht und rauben ihr nicht den Frieden *[nirodha]*.«[62]

Es ist die immer gleiche eine Wahrheit, von der alle Mystiker sprechen, der eine Gipfel, auf den sie alle zustreben. Nur die Routen mögen unterschiedlich sein. Deshalb sei hier Krishnas Wort wiederholt: »Alle Wege, Arjuna, führen zu mir.« (*Bhagavad Gita*, Kap. 4, Vers 11) Teresa von Avila definiert Erlösung so wie Patanjali, als Stille, *nirodha*. Es ist Buddhas Verlöschen, der Geist, den Jesus in Gottes Hände gab, als er allen Schmerz des Kreuzes losließ. Es ist *paravairagya* – das große Loslassen.

## 13
## Die drei transformativen Prozesse [3.9–3.12] erklären den Wandel der Elemente und Sinnesorgane in Bezug auf Form und Funktion, Zeit und Zustand.

Das Zweigespann von Chitta und Sinnesorganen nennt man im Yoga sehr treffend *antahkarana*, inneres Instrument. Mit Hilfe der Sinnesorgane erschafft sich Chitta ein inneres Abbild der äußeren Welt. Samyama (Konzentration, Meditation und Samadhi) verändert dieses innere Instrument – und damit die Welt, wie wir sie wahrnehmen. Und die Welt, wie wir sie wahrnehmen, ist die Welt, in der wir leben. »Wie der Mensch denkt, so ist er«, heißt es im Alten Testament.[63] Verändert sich Chitta, verändert sich alles.

So wie Muskeln sich physisch verändern, wenn wir sie trainieren, verändert sich auch *antahkarana:* Geist und Sinne arbeiten präziser und klarer, sie werden viel leistungsfähiger. Neue neuronale Netze entstehen und alte werden gekappt. Die Wirkung von Meditation auf unsere physiologischen Strukturen wurde immer wieder wissenschaftlich bestätigt. Der Wandel der Form vollzieht sich immer in und mit der Dimension Zeit. Jede Form tritt ins Sein, wächst, vergeht und löst sich auf, mithin: Alles existiert und verändert sich immer über eine gegebene Zeit hinweg. Der ganze Weg des Yoga berücksichtigt explizit den Faktor Zeit. Patanjali fordert uns im ersten Kapitel auf, kontinuierlich und über einen langen Zeitraum hinweg zu üben, damit unser Bewusstsein sich in Richtung Stille entwickeln kann (1.13–1.14; zum yogischen Konzept von Zeit siehe 3.53). Veränderungen in Raum und Zeit bewirken eine Veränderung des Zustandes. Im Blick auf Chitta und die Sinnesorgane bedeutet das: Sie werden reiner, der Blick in die Welt ist völlig verändert, und der Yogi erlangt besondere Fähigkeiten, *vibhutis*, die uns nur wundersam erscheinen können und von denen noch ausführlich die Rede sein wird (ab Sutra 3.16).

**14**

**Formenwandel vollzieht sich auf der Ebene des allen Formen gemeinsamen (und unveränderlichen) Substrats in Vergangenheit (latent), Gegenwart (aktiv) und Zukunft (potenziell).**

**15**

**Der Fluss dieses Formenwandels ist die Ursache für die Vielgestaltigkeit der Dinge.**

Die Schöpfung in ihrer überwältigenden Mannigfaltigkeit hat eine gemeinsame »materielle« Grundlage, ein gemeinsames Substrat *(dharmi)*: Es ist Prakriti, die Ursubstanz oder Urenergie, wie wir sie auch genannt haben, in der die drei uns bekannten Qualitäten oder *gunas (tamas, rajas, sattva)* wirken. Deren Mischung und Zusammenwirken sind es, die sich in der Zeit verändern. Dies treibt den Wandel *(parinama)* voran. Veränderung, Transformation oder Evolution sind Ergebnis von Dynamik und Interaktion der *gunas.* Was gestern noch ein feuchter Klumpen Ton war (latente Form), mag heute eine Tasse sein, aus der wir Tee trinken (aktive Form). Morgen ist es vielleicht schon ein Scherbenhaufen und übermorgen zu Pulver zermahlener, trockener Ton (potenzielle Form). So verändert die Schöpfung über die Zeit ihre Form und bleibt doch substanziell unverändert. Es ist ein Spiel der *gunas,* das eines zum Ziel hat: uns zur Befreiung zu führen.

Es sei an Sutra 2.21 erinnert, wo Patanjali sagt, dass die Objekte unserer Wahrnehmung (also die in der Zeit sich wandelnden Formen) allein um Purusha willen existieren. Mit anderen Worten: Geburt, Alter, Krankheit und Tod (und das damit zusammenhängende Leiden) vollziehen sich, damit wir zu uns selbst kommen und erkennen, dass wir im Kern unveränderlich sind und nicht leiden. Das, was den Wandel beobachtet, ist nicht das, woran der Wandel sich vollzieht.

## *Dem Leben Richtung geben*

Den Zusammenhang von Einsgerichtetheit und spiritueller Selbstentfaltung, wie Patanjali ihn darlegt, bringt der Mystiker Thomas von Kempen wunderbar zum Ausdruck, wenn er sagt: »Je mehr einer mit sich selbst eins geworden ist, je einfacher er in seinem Innern geworden ist, desto mehr und desto Höheres erkennt er ohne Mühe, weil er von oben her das Licht der Erkenntnis empfängt.«[64] In der Bergpredigt der *King-James-Bibel* sagt Jesus: »Let thine eye be single« – »Lass dein Auge eins(gerichtet) sein!« Wir könnten auch sagen: »Gib deinem Leben Richtung!« Das gilt für den Prozess der Meditation genauso wie für unser Leben als Ganzes: Es braucht Richtung. Geht unsere Energie in tausend Richtungen, dann verpufft sie. Doch richten wir uns auf die wichtigen Dinge aus *(ekagrata)*, lassen wir also Überflüssiges los *(vairagya)*, was voraussetzt, dass wir richtig unterscheiden lernen *(viveka)*, und bleiben wir beharrlich auf dem Weg *(abhyasa)*, dann können wir zur Erfüllung unserer selbst (Samadhi) gelangen und wirklichen inneren Frieden *(nirodha)* erfahren.

# Vibhutis

## *Eine Vorbemerkung*

Wunder haben ihren Platz in allen spirituellen Traditionen. Moses teilte das Meer, Jesus ging auf dem Wasser und weckte Tote auf, buddhistische Mönche verlassen in Meditation ihren Körper, Teresa von Avila und Johannes vom Kreuz saßen in Eintracht beieinander und praktizierten Levitation, das Aufheben der Schwerkraft. Und um die Geburten der Heiligen der Welt ranken sich immer schon wundersame Geschichten. Im Kontext des *Yogasutra*s lassen sich die *vibhutis* – man könnte eher ungenau übersetzen: paranormale Fähigkeiten – aber nicht als erzählerisches Beiwerk oder als Selbstverständlichkeit religiösen Schrifttums abtun. Sie dienen nicht der Bekräftigung des Status der Heiligkeit eines verehrten Wesens. *Siddhis,* wie man die außergewöhnlichen Kräfte auch nennt, werden von Patanjali genauso nüchtern und sachlich behandelt wie seine zuvor angestellten psychologisch-rationalen Betrachtungen über den menschlichen Geist. Wir müssen zur Kenntnis nehmen, dass dieser präzise Denker ein ganzes Kapitel nach ihnen benannt hat.

Was hat es nun auf sich mit den *siddhis* im *Yogasutra?* Zunächst: Es gibt keinen Grund anzunehmen, Patanjali hätte nicht gemeint, was er aufgeschrieben hat. Nichts weist darauf hin, dass er ein Kapitel über außergewöhnliche Fähigkeiten verfasst hätte, nur um einer Tradition indisch-religiösen Schrifttums zu folgen. Viel mehr spricht schon dafür, sie vor dem Hintergrund der Sankhya-Philosophie zu sehen: Das *Yogasutra* beschreibt den meditativen Prozess als mentales Eindringen in ein Objekt, das den Übenden schließlich zu den feinstofflichsten Bereichen des Seins führt, mit anderen Worten, zum Ursprung von Prakriti, zu den *gunas* selbst. Dies ist ein Vorgang, der alles Spezifische und Raumzeitliche transzendiert. Am Ende dieses Prozesses steht die befreiende Erkenntnis, dass die Wahrheit unseres Seins »nicht von dieser Welt« ist: Die Begrenzungen von Raum und Zeit werden in Samadhi überwunden.

Das lässt die *siddhis* in einem anderen Licht erscheinen. Innerhalb des zugrunde liegenden Denkrahmens der Sankhya-Philosophie ist ihre Annahme rational und kohärent. Das eigentlich Bedeutsame an den *vibhutis* sind dabei weniger die Fähigkeiten selbst als vielmehr der Prozess, dessen Ausdruck sie sind. Die *vibhutis* offenbaren mehr Bewegung als Können, eine Bewegung, die wegführt von der Identifikation mit der materiellen Grundlage des Seins, wörtlich: weg *(vi)* von den Elementen *(bhutas)*, also weg von Prakriti. Ein Entwicklungsprozess, der hinführt zur Erkenntnis unserer wahren Natur: Purusha.

Die *vibhutis* sind nicht wahllos aneinandergereiht, sondern zeigen eine dieser Bewegung gemäße innere Struktur. Man muss nur genauer hinsehen: Die Fortbewegung von den Elementen führt zum Ausbrechen aus dem Gefängnis der Grobstofflichkeit und kulminiert im Loslassen des Körpers und der Begegnung mit dem inneren Licht durch das Loslassen auch von Chitta. Wir erlangen Befreiung durch das existenzielle Erfahren, dass wir weder Körper *(kaya)* noch Denken oder Fühlen ind.

Der Leser ist hier auch immer wieder zu einer erweiterten Lesart dieses Kapitels eingeladen, das Bilder, Metaphern und psychologisch-spirituelle Botschaften transportiert. Patanjalis Text wird dadurch nicht entzaubert, ganz im Gegenteil: Die großen spirituellen Schriften können auf verschiedenen Ebenen gelesen und verstanden werden. Gerade das zeichnet sie aus. Und es macht sie nur noch wunderbarer.

## *Der Begriff Samyama*

Vibhutis können sich von selbst und spontan entwickeln, sagt Patanjali (3.34). Dies ist aber der Ausnahmefall. Einen ähnlichen Zusammenhang kennen wir bereits aus dem ersten Kapitel: Manche, so heißt es in Sutra 1.19, erfahren Samadhi ganz ohne Übung als Ergebnis ihrer spirituellen Bemühungen in vergangenen Leben. Die meisten Übenden werden sich, wollen sie *vibhutis* erlangen, darum bemühen müssen, indem sie Samyama, also den Dreischritt von Konzentration, Meditation und Samadhi, praktizieren. Aber, so warnt Patanjali uns, zu sehr sollte man das gar nicht wollen: Die *siddhis* können uns am Erreichen von Samadhi hindern, nämlich dann, wenn sie zum eigentlichen Ziel des Übens werden und sich eine Anhaftung an sie entwickelt (3.38).

Wenn Samyama zur Erlangung von *vibhutis* uns aber spirituell blockieren kann, dann stellt sich die Frage, was genau Patanjali mit Samyama eigentlich meint. Tatsächlich auch Samadhi? Das ist ja Teil von Samyama. Würden wir Samadhi schon immer mitdenken, so liefe die Warnung von Sutra 3.38 auf eine logisch unmögliche Aussage hinaus, nämlich: Samadhi kann Samadhi verhindern. Wir könnten unterstellen, dass Patanjali den Begriff Samadhi in Sutra 3.38 als *nirbija samadhi* verstanden wissen will, endgültige Befreiung, ansonsten aber die *sabija samadhis* meint. Dann würde die Warnung lauten: Bleibe nicht an den *sabija samadhis* hängen, sonst erlangst du niemals *nirbija samadhi*. Vielleicht hat er es so gemeint – explizit sagt er es nirgendwo.

Man kann den Begriff im Kontext der *siddhis* aber auch kürzer fassen, indem man Samyama als mentale Ausrichtung mit unterschiedlicher Tiefe begreift, deren Bogen von Dharana bis Samadhi reichen kann, Letzteres aber nicht mit einschließen muss. So entsteht kein logischer Widerspruch. Dafür spricht übrigens auch die Tatsache, dass man zwar Konzentration aktiv herbeiführen (»praktizieren«) kann, nicht aber Meditation: Sie geschieht vielmehr, als dass man sie »macht«. Umso mehr gilt das natürlich für Samadhi. Man kann demzufolge Samyama nicht in jeder beliebigen Tiefe »praktizieren«, wie es viele Übersetzungen der Yogasutras suggerieren. Meditation und Samadhi entziehen sich unserer bewussten Steuerung weitgehend oder ganz. Samyama wird in den folgenden Versen mit »Ausrichtung« übersetzt. Dies schließt Samadhi nicht aus, meint es aber auch nicht zwingend mit.

Und nun treten wir ein in die wunderbare Welt der *siddhis*.

# Vibhutis I: Das Wegfallen von Begrenzungen (16–26)

## 16

**Die Ausrichtung auf den Wandel in den Dimensionen Form, Zeit und Zustand führt zu Wissen über Vergangenheit und Zukunft.**

Patanjali sagt, dass die mentale Ausrichtung auf den Wandel der Dinge (3.13) uns Wissen in Bezug auf Vergangenheit und Zukunft erlangen lässt. Die Yoga-Philosophie begreift Wandel im Kern als eine Abfolge von Bewegungen der Kleinstmaterie im Raum (siehe dazu auch Sutra 3.53). Wer dies wahrnehmen kann, mag in der Lage sein, die in die Gegenwart eingeflossene Vergangenheit sowie die in ihr beschlossene Zukunft zu erkennen.

Doch der Vers lässt sich auch psychologisch deuten: Wenn wir offen, ehrlich und mit emotionalem Abstand in unsere Vergangenheit blicken, können wir daraus Schlüsse über unsere persönliche Entwicklung ziehen. Sie hat uns dahin gebracht, wo wir heute stehen. Und bis zu einem gewissen Grad lässt achtsame Selbstbeobachtung und -korrektur auch Aussagen bezüglich unserer weiteren Entwicklung zu. Wenn es zum Beispiel Leid war, das uns auf den Yoga-Weg geführt hat, und uns dieses heute erträglicher erscheint als früher, dann können wir vertrauensvoll weitergehen, wissend, dass wir auf dem richtigen Weg sind, der uns einst zur Selbst-Verwirklichung führt. So kann die Kontemplation über den Wandel zu *svadhyaya* werden: Selbsterforschung.

## 17

**Normalerweise überlagern sich der Klang eines Wortes, das eigentliche Objekt und unsere damit verbundenen mentalen Inhalte. Richtet man sich auf die Unterscheidung dieser Aspekte aus, so erlangt man die Fähigkeit, die Sprache aller Wesen zu verstehen.**

Im ersten Kapitel haben wir den Vorgang, den Patanjali hier beschreibt, als *savitarka samapatti*, die erste Stufe von *samprajnata samadhi*, kennengelernt und am Beispiel der Meditation auf die Sonne veranschaulicht (1.42): Durch das schrittweise Loslassen »mentaler Beimischungen« gelangt der Meditierende immer näher an die Wirklichkeit eines Objektes.

Die Fähigkeit, die drei Aspekte eines Objektes – bezeichnendes Wort *(shabda)*, damit verbundene mentale Inhalte *(jnana)* und eigentliches Objekt *(artha)* – unterscheiden zu können, führt, so lesen wir nun, zu der Fähigkeit, die Sprache aller *bhutas* zu verstehen. *Bhuta* heißt »Element«, wird in Sutra 3.17 aber gemeinhin als »Lebewesen« gedeutet. Hinter der Aussage, dass es möglich ist, jedes Lebewesen zu verstehen, steckt die Annahme, dass jedes Wort einen Bedeutungsträger übermittelt, der unabhängig vom Wort selbst (das für sich genommen nur ein Klang in

Form zusammengesetzter Phoneme ist) existiert. Dieser Bedeutungsträger, *sphota*, ist es, zu dem der Meditierende Zugang finden kann.

Doch auch im weniger wörtlichen Sinne kann uns das Sutra eine wichtige Botschaft vermitteln. Wenn wir mit offenen Augen und Herzen durch die Welt gehen, wenn wir uns wirklich und intensiv auf die Geschöpfe, ja auf die ganze aus *bhutas* bestehende Natur einlassen, dann spricht sie zu uns: Der blühende Regenwald spricht eine andere Sprache als der vom sauren Regen zerfressene. Die glücklichen Augen des geliebten Hundes sprechen eine andere Sprache als der schmerzvolle Blick des gequälten. Das lachende Gesicht des fröhlichen Kindes spricht zu uns, ebenso wie das Antlitz der Verzweiflung. Die ganze Welt spricht zu uns. Wir müssen uns nur auf sie ausrichten, dann werden wir ihre Sprache verstehen. Die Menschheit muss lernen, in diesem Sinne Samyama zu praktizieren, wenn ihr an einer lebenswerten Zukunft gelegen ist. Sie muss werden, wie Chief Yellow Lark, der Medizinmann der Lakota Sioux, es 1887 im wunderbaren Gebet »Let me walk in beauty« gesagt hat – er hat ganz genau hingehört, so genau, dass er Gottes Stimme vernahm:

Großer Geist,
dessen Stimme ich höre im Wind,
und dessen Atem der Welt ihr Leben gibt,
Lass mich gehen in Schönheit.
Lass meine Augen für immer
den roten und purpurnen Sonnenuntergang sehen.
Lass meine Hände achten, was du geschaffen hast,

und lass mein Gehör sich schärfen,
deine Stimme zu hören. (…)
Lass mich die Lektionen verstehen,
die du in jedem Blatt und Stein verborgen hast.[65]

## 18
## Die direkte Wahrnehmung der tief liegenden mentalen Eindrücke führt zur Kenntnis über unsere vorherigen Geburten.

Patanjali lädt uns ein auf einen Spaziergang über *karmashaya,* das Feld des Karma (das wir im zweiten Kapitel kennengelernt haben, 2.12–2.17). In Sutra 2.39 haben wir gelesen, dass die Vervollkommnung von *aparigraha* – die innere Haltung des Nicht-Greifens – uns den Grund unserer Existenz offenbart: Es sind die mentalen Eindrücke *(samskaras)* des Begehrens und Wünschens, die uns in die vergangene, in diese und in die nächste Existenz bringen. Diese Vorstellung zugrunde gelegt, ist es nur logisch, davon auszugehen, dass die Wahrnehmung oder Betrachtung der *samskaras* Kenntnisse über frühere Geburten ermöglicht.

Auch wissenschaftliche Grenzgänger beschäftigen sich mit der Frage, ob wir schon einmal gelebt haben und ob wir darüber Kenntnisse erlangen können. Der Weg der Rückführung im Zustand der Hypnose oder auch die durch spezielle Atemtechniken (holotropes Atmen) ausgelösten Bewusstseinsveränderungen gelten dabei als Möglichkeiten, die sogar therapeutisch genutzt werden im Sinne der Auflösung nicht bewältigter Traumata. Warum sollte uns das in Meditation nicht auch gelingen können? Und überhaupt: Werden wir nicht im Grunde jeden Tag neu geboren?

**19**
**Durch die Ausrichtung auf das Denken anderer Menschen erlangt man Kenntnisse über ihren mentalen Zustand.**

**20**
**Die Motive dieses Denkens bleiben jedoch unbekannt, weil sie nicht Gegenstand der Beobachtung des Yogis sind.**

Sutra 3.19 mag uns sagen, dass wir uns durch die Ausrichtung auf einen anderen Menschen ein Bild von seiner geistigen Verfassung machen können. Vielleicht will es uns auch mitteilen, dass wir uns darin üben können, die Gedanken anderer direkt zu lesen. Man hat schon von sensiblen Menschen gehört, die in der Lage sein sollen, dies zu tun, ohne sich darum zu bemühen. Zumeist jedoch ist es gar nicht notwendig (und auch nicht wünschenswert) zu wissen, was andere denken: Gedanken und Meinungen werden uns ständig zugetragen – ob wir sie nun wissen wollen oder nicht. »Ich finde«, »ich meine« – wie oft hört man das! Die ganze Menschenwelt schreit ihre Meinungen und Urteile ungefragt heraus. Wer uns seine Gedanken mitteilt, offenbart, wes Geistes Kind er ist. Dabei genügen oft schon körperliche Signale – Gestik, Mimik, Haltung –, um etwas über die geistige Verfassung eines Menschen zu erfahren.

Auch auf diese Weise können wir das Sutra lesen: Wenn wir unseren eigenen Geist und seine Arbeitsweise genau betrachten, kann er zum Lernfeld werden, das uns viel über den Geist der anderen sagt. Die grundlegende Mechanik von Chitta ist bei allen die gleiche. Geistesarbeit in diesem Sinne kann auch das Studium der Yogasutras sein.

**21**

**Indem der Yogi sich auf die Form (essenzielle Natur) seines Körpers ausrichtet, kann er die Fähigkeit anderer, ihn wahrzunehmen, unterbinden. Er tut das, indem er das Licht, das sein Körper reflektiert, vom Kontakt mit dem Auge des Betrachters trennt. So wird er unsichtbar.**

**22**

**So lässt sich auch das Unterbinden anderer Wahrnehmungen, wie Hören, Riechen und so weiter, erklären.**

Sich »un-sicht-bar« machen wie ein Geist? Oder sich »unschein-bar« machen wie Franz von Assisi? Will ich immer die Sonne sein? Zauberei oder Demut? Oder beides? Kann ich klein sein – vor Gott und den Menschen?

**23**

**Die Folgen von Handlungen zeitigen entweder sofortige Effekte oder sie reifen erst nach längerer Zeit. Durch die Ausrichtung auf diese**

**Handlungen oder aber, indem wir die Vorzeichen des Todes erkennen, erlangen wir Wissen über unseren herannahenden physischen Tod.**

Alles, was wir denken, sagen oder tun, hat Folgen, die entweder sofort sichtbar werden oder später. Wenn wir unser Wirken in der Welt und seine Folgen beobachten und analysieren, gewinnen wir auch Kenntnisse über unseren Tod. Dies mag dessen Zeitpunkt betreffen und auch seine näheren Umstände: Wer Raubbau an sich betreibt, stirbt früher. Wer stark an der Welt haftet oder Wichtiges unerledigt lässt, dem fällt das Loslassen auch des eigenen Körpers viel schwerer. Für Hindus hatte die genaue Kenntnis über den Todeszeitpunkt immer schon besondere Bedeutung. Die *Bhagavad Gita* lehrt, dass der Gedanke, den man im Moment des Todes hat, in starker Weise das kommende Leben beeinflusst: Wer im Gewahrsein Brahmans stirbt, der geht in den göttlichen Urgrund ein. Als Gandhi, der die *Gita* liebte, die tödlichen Schüsse seines Attentäters trafen, rief er: »Rama, Rama!« Vivekananda sagt, dass Samyama auf unsere Handlungen die exakte Minute unseres Todes in Erfahrung bringen lässt.[66] Es gibt zudem sehr spezielle Vorzeichen oder Symptome eines kurz bevorstehenden Todes, von denen Yogis berichten, zum Beispiel die Unfähigkeit, auf die eigene Nase zu blicken (eine Konzentrationsmethode des Yoga) oder den eigenen Schatten wahrnehmen zu können.[67]

In der Tradition des Zen und auch im tibetischen Buddhismus kennt man das bewusst herbeigeführte Überschreiten der Schwelle zum physischen Tod: das beabsichtigte, sanfte und endgültige Verlassen der körperlichen Hülle. Da mag uns Patanjalis genaue Vorhersage des Todeszeitpunktes durch Samyama fast schon nicht mehr wundersam erscheinen.

## 24

**Durch die Ausrichtung auf Freundlichkeit und andere positive Qualitäten erlangt man deren Kraft.**

## 25

**Richtet man sich auf die Stärke des Elefanten (oder auf die Kräfte anderer Wesen) aus, so erwirbt man deren Fähigkeiten.**

Die Ausrichtung auf bestimmte Fähigkeiten, Kräfte und Qualitäten führt zu deren Erwerb, sagt Patanjali. In Sutra 1.33 nennt er wichtige Schlüssel zur Kultivierung eines stillen Geistes: Freundlichkeit, Mitgefühl und Wohlwollen. Samyama auf diese Qualitäten lässt sie in uns wachsen und unseren Geist still werden. Ein stiller Geist ist stark. Meister Eckhart meinte genau das, als er sagte: »Das ledige Gemüt vermag alles.« Auf dem Weg der inneren Glieder des Yoga verbindet sich der Übende mit der unbegrenzten Potenz des Alls: »Unendliche Energie steht ihm zur Verfügung, wenn er nur weiß, wie er sie erlangen kann.«[68]

In der Yoga-Tradition gibt es das Instrument des *sankalpa*. Ein *sankalpa* ist ein Entschluss, der die eigene Entwicklung betrifft. So ein Entschluss könnte zum Beispiel lauten: »Ich will mein Wahres Selbst finden.« Wird er ernsthaft gefasst und immer wieder erneuert, voller Vertrauen und Achtsamkeit, zum Beispiel vor dem Schlafengehen oder in der Meditation, so richtet er Chitta vollkommen auf dieses Ziel hin aus. Alles im Leben kann scheitern, aber ein *sankalpa*, so heißt es, kann niemals fehlgehen.

Auch auf das »ganz normale Leben« gewendet machen diese Verse Sinn: Wer seinen Vorbildern nachstrebt, mag ihnen einst gleichkommen. Die Eigenschaften und Fähigkeiten der anderen mögen uns Ansporn sein, es ihnen gleichzutun. Wir entwickeln uns in die Richtung, auf die hin wir uns ausrichten. Wir werden, was wir sein wollen. Wir müssen es nur beschließen. Doch wir sollten das Richtige beschließen.

Der Sufi-Dichter Rumi (1207–1273) brachte den Zusammenhang von mentaler Ausrichtung und Selbstentwicklung in positiver wie negativer Hinsicht auf unnachahmliche Weise zum Ausdruck:

Womit auch immer du dich verheiraten willst,
gehe hin, tauche völlig ein in das, was du liebst,
nimm seine Form und Qualitäten an.
Wünschst du Licht, dann bereite dich vor,
es zu empfangen. Willst du weit weg sein von Gott,
dann nähre deinen Egoismus und treibe
dich selbst fort von ihm.
Willst du einen Weg aus diesem elenden
Gefängnis finden,
dann wende dein Gesicht nicht ab vom Geliebten,
sondern verneige dich in Verehrung und
komm näher.[69]

## 26

**Durch die Ausrichtung auf das Licht im inneren Raum, erlangt man Wissen über feine, verborgene oder weit entfernte Objekte.**

Mögen die Objekte klein sein wie Atome, verborgen sein wie geheime Schätze oder so weit weg liegen wie die fernsten Länder. Durch die Ausrichtung auf das Licht in seinem inneren Raum kann der Yogi Kenntnisse erlangen, die über die beschränkte Wahrnehmungsfähigkeit der Sinnesorgane weit hinausgehen. So kann also übersinnliche Wahrnehmungsfähigkeit – der sprichwörtliche »Sechste Sinn« – durch Meditation gezielt entwickelt werden, sagt Patanjali.

# Vibhutis II:
# Der innere Kosmos (27–35)

### *Das All und der Mensch – Makrokosmos und Mikrokosmos*

Die Wissenschaft durchdringt das Weltall mit Teleskopen und Raumschiffen: Das ist die Methode der Astronauten, und ihr Labor ist der Makrokosmos. Yogis erforschen seit alter Zeit durch Meditation ihr Inneres: Das ist die Methode der Psychonauten, und ihr Labor ist der Mikrokosmos. So schwingt in den folgenden Sutras die für das östliche Denken so charakteristische Idee mit, dass das Kleine ein Abbild des Großen ist, dass also im Teil schon immer die Logik des Ganzen waltet. Im ersten Kapitel haben wir den intellektuell nicht begreiflichen Zustand eines Samadhi am Beispiel der Meditation auf die Sonne zu veranschaulichen versucht. Es verdeutlicht die Einheit von Ganzem und Teil: Am Ende des Prozesses erfährt der Übende das Lichtprinzip *an sich*, losgelöst von Raum und Zeit. Die Meditation auf das spezifische Objekt führt so zur Erkenntnis des obwaltenden Prinzips – und das hat universelle Gültigkeit. Es ist diese Idee, die im berühmten Satz des Hermes Trismegistos (2. Jh.), auf den die ägyptische Hermetik zurückgeht, so auf den Punkt gebracht wurde: »Wie oben, so unten.«

Einen wichtigen Platz in der Vorstellung des menschlichen Mikrokosmos nimmt im Yoga die Lehre von den

Chakras ein. *Chakra* heißt wörtlich Rad. Chakras sind energetische Zentren, die, Motoren gleich, den Prana-Körper in Bewegung halten. Sie sind Empfänger und Speicher kosmischen Pranas, dessen energetisches Potenzial sie zugleich wie Transformatoren nach unten brechen, um es für uns nutzbar zu machen. Sie sind Schalter und psychische Zentren, die höhere Bewusstseinsebenen aktivieren.

Die Existenz der Chakras ist keine Glaubensfrage: Sie sind real existierend und erfahrbar. Yoga reinigt, balanciert und aktiviert die Chakras und die *nadis*, um das energetische Niveau zu erhöhen und zu stabilisieren. Jedes Chakra hat einen eigenen Ort innerhalb des Körpers, von dem aus es wirkt. Allen werden Symbole, Formen, Farben, Mantras, Eigenschaften, Funktionen, Elemente *(tattvas)*, physiologische, psychologische und spirituelle Entsprechungen zugeordnet. Und für jedes Chakra existieren Meditationstechniken. Es ist eine komplexe praktische Wissenschaft, die sich zum Ziel setzt, die spirituelle Energie an der Basis der Wirbelsäule freizusetzen, deren Symbol Kundalini ist, die zusammengerollte, schlafende Schlange.

Die Chakras sind nicht nur energetische Zentren. Sie stehen auch als Symbole für den Aufstieg, für die spirituelle Entwicklung des Menschen also und die verschiedenen Ebenen seines Bewusstseins. Als solche begegnen sie uns auch in anderen Schriften und Traditionen, so zum Beispiel im biblischen Traum Jakobs: »Und er träumte: Und siehe, eine Leiter war auf die Erde gestellt und ihre Spitze berührte den Himmel. Und siehe, Engel Gottes stiegen darauf auf und nieder.« (Genesis 28.12) Die Leiter steht für die Chakras: Ihr Anfang ist *muladhara*, das Wurzelchakra an der Basis der Wirbelsäule, und ihre Spitze ist *sahasrara*, das Kronenchakra. Die nach unten strebenden Engel stehen für *pravritti*, den äußeren Weg in der Welt von Prakriti, die aufsteigenden Engel sind *nivritti*, der innere Weg des Loslassens aller Begrenzungen: das Zurückkehren zur Quelle.

Viele weitere Bezüge zu den Chakras lassen sich in der spirituellen Weltliteratur ausmachen, es seien hier nur einige angedeutet: die »sieben Sterne« in der Offenbarung des Johannes (Joh. 1.20) oder die »sieben Engel« in den Schriften der Essener, die »sieben Gnadenstände« der französischen Mystikerin Margareta Porete, die für ihr Buch *Der Spiegel der einfachen Seelen* 1310 ins Feuer ging, und die »sieben Räder« in der *Aurora* des ebenfalls verfolgten Jakob Böhme (1575–1624). Schließlich sind die Chakras auch in der Hermetik Ägyptens bekannt.

Die folgenden Sutras also widmen sich den wichtigsten energetischen Wegen *(nadis)* und psychischen Zentren, den Chakras, mithin: dem inneren Kosmos des Menschen.

### 27

**Indem der Yogi sich auf die Sonne ausrichtet, erlangt er Wissen über das All.**

### 28

**Die Ausrichtung auf den Mond führt zu Wissen über die Sternkonstellationen.**

## 29

**Indem man sich auf den Nordstern ausrichtet, gewinnt man Kenntnisse über deren Bewegung.**

Die meisten Kommentatoren des *Yogasutra* nehmen die Himmelskörper schlicht wörtlich. Das kann man natürlich tun. Es erübrigt Kommentare und macht die ganze Angelegenheit um Samyama und die *siddhis* in gewisser Hinsicht einfach. Und legt man die Idee zugrunde, dass im Teil schon immer das Ganze beschlossen liegt, so mag das im Denkrahmen der Sankhya-Philosophie sogar vertretbar sein: Sind wir mit der Sonne verschmolzen, kennen wir das All. Und überhaupt sagte Patanjali im ersten Kapitel, dass man sich meditativ auf jedes beliebige Objekt ausrichten könne, um Samadhi zu erlangen (1.39). Insofern ist es vielleicht gar nicht bedeutend, was genau die Sutras ab 3.27 meinen.

Doch wenn wir ehrlich sind: Irgendwie will das nicht befriedigen. Es ist zu einfach. Fast billig. Das *Yogasutra* ist einer der dichtesten spirituellen Texte, die je verfasst wurden. Jeder Vers transportiert einen Reichtum an Inhalten und Bedeutung. Ausgerechnet hier nun, im geheimnisvollen Kapitel über die in Meditation erreichbaren außergewöhnlichen Fähigkeiten und Erfahrungen, *vibhutis*, geht Patanjali zum wörtlichen und nicht weiter erläuterungsbedürftigen Aufzählungsstil über? Auch wenn es so ist, dass die Kommentare zum *Yogasutra* hierzu nicht viel hergeben wollen, mag man dies nicht glauben. Patanjalis Verse über Sonne, Mond und Nordstern stehen im textlichen Umfeld von Chakras und *nadis*, die er direkt benennt. Der thematische Zusammenhang zur Idee des Menschen als Mikrokosmos, in welchem der Makrokosmos sich physiologisch, psychologisch und begrifflich spiegelt, steht übermächtig im Raum. Wir können dies nicht abtun. Deutung kann fehlgehen (genauso wie das Unterstellen der Wörtlichkeit), sie kann uns aber auch einer befriedigenden Erschließung eines Textes überhaupt erst näherbringen.

Das ganze Unterfangen, einen spirituellen Text zu kommentieren, ist ohnehin Deutung. Patanjali würde es in die Kategorie *vikalpa*, Vorstellung, einordnen (1.9). Er würde sogar alle 196 Verse des *Yogasutra* und alle spirituellen Schriften der Welt darunter subsumieren müssen: Es sind nur Texte, Worte, Bilder, Geschichten und Konzepte. Als solche mögen sie immer wieder auf die Wirklichkeit deuten und uns im besten Falle unserer eigenen Wirklichkeit näherbringen, ganz so, wie der sprichwörtliche Finger aus der Sprache des Zen: Er mag zum Mond zeigen, ist aber nicht der Mond selbst. Schriften können nie die Wirklichkeit sein.

## *Sonne und Mond – ida und pingala*

*Surya*, die Sonne, kann für vieles stehen. Schon immer schrieben die Menschen ihr, dem Lichtgeber und Zentrum unseres Sonnensystems, besondere Bedeutung zu. Sie mag Bild sein für *atman* oder Purusha, unser wahres Selbst, für *sushumna nadi*, Zentralkanal und wichtigste Energiebahn des menschlichen Körpers, die auch »Eingangspforte der Sonne« heißt. Vielleicht meint *surya* hier, was Vyasa sagt, der vor etwa 1500 Jahren den ersten Kommentar zum *Yogasutra* schrieb, nämlich die bunte Welt der spirituellen Kosmologie Indiens, bestehend aus Menschenwelt, Unterwelten, Höllen und göttlichen Regionen, die sich allesamt in Meditation vor dem inneren Auge des Meditierenden entfalten sollen. Diese Welten wiederum können begriffen werden als Allegorie auf unser inneres Universum und die in ihm herrschenden Bewusstseinszustände: Himmel und Hölle, selbst geschaffen, hier auf Erden.

Patanjali lässt die Sonne gemeinsam mit dem Mond, *chandra*, auftreten. So spricht viel dafür, sie als *surya nadi* zu deuten, den Energiekanal auf der rechten Seite der Wirbelsäule, den man auch *pingala nadi* nennt. Er steht mit dem sympathischen Nervensystem in Verbindung. Durch das Netzwerk von *pingala* fließt *prana shakti*, Vitalenergie. *Pingala* regiert die rechte Seite des Körpers und die linke Seite des Gehirns und steht für das aktive, erhitzende, männliche Prinzip, für die Ausrichtung auf die weltliche Erfahrungsebene, für nach außen gerichtetes Gewahrsein und physische Aktivität. Ist die Sonne *pingala*, dann steht *chandra* für *ida nadi*. *Ida* verläuft auf der linken Seite der Wirbelsäule und repräsentiert das kühlende, stillende, weibliche Prinzip, das mit dem parasympathischen Nervensystem in Verbindung gebracht wird. Das Netzwerk von *ida* herrscht über die linke Körperhälfte und die rechte Seite des Gehirns. In *ida* fließt *manas shakti*, Mentalenergie. Denken und Fühlen sind die Domäne von *ida*.

Wenn wir sagen, dass *pingala* rechts und *ida* links vom Zentralkanal *(sushumna)* verlaufen, so ist dies nicht ganz präzise beschrieben: Beide schlängeln sich vielmehr um *sushumna,* kreuzen sich in den Hauptchakras und fließen schließlich zusammen in *ajna chakra,* dem sechsten Chakra, das hinter dem Augenbrauenzentrum *(bhrumadhya)* liegt, etwa in der Mitte des Schädels. Im Zusammenhang mit dem *Nordstern* werden wir noch darauf zurückkommen.

Im Hatha Yoga ist *ida* das *ha* und *pingala* das *tha.* Beide werden sowohl durch das Üben von Asanas wie auch durch Pranayama und Meditation direkt angesprochen, gereinigt und harmonisiert. *Ida* und *pingala* wechseln sich in ihrer Aktivität etwa alle ein- bis eineinhalb Stunden ab. Während der Phase des Übergangs fließt die Energie – nur für kurze Zeit – frei in *sushumna. Swara Yoga* ist die Wissenschaft, die gezielt versucht, diese Rhythmik zu analysieren und zu beeinflussen, damit die Phasen gleichzeitiger Aktivität von *ida* und *pingala* verlängert werden, denn es ist genau diese Phase des harmonischen und gleichzeitigen Fließens von Sonnen- und Mondenergie, in der sich der Zentralkanal öffnet und Kundalini ermöglicht, durch die Wirbelsäule nach oben zu steigen. Sowohl Pranayama als auch Swara Yoga nutzen in ihren Techniken die Erkenntnis, dass *ida* mit der linken und *pingala* mit der rechten Nasenöffnung korrespondiert. Wenn *sushumna* fließt, sagt Swara Yoga, können wir in die Stille eintreten, in *shunya,* die Leere, die Fülle ist, weshalb diese Phase auch heißt: Atem der Leere, *shunya svara.*

### *Der Nordstern – ajna, das sechste Chakra*

Der Nordstern, *dhruva,* liegt astronomisch gesehen direkt über der Nordachse der Erde. Er ist deshalb der Stern der Seefahrer und diente seit jeher zur geografischen Orientierung. *Stella polaris* heißt er in lateinischer Sprache. *Phoenice,* den Phönizier, nannten ihn die Griechen und *ar-ruccabah* oder *alruccabah,* den Reiter, tauften ihn die Araber. Für die Navajo-Indianer Nordamerikas ist er der Feuerstern und steht in Beziehung zu zwei benachbarten Sterngruppen, die sie »drehende Frau« und »drehender Mann« nennen. Gemeint sind die Sternbilder Cassiopeia und Großer Wagen, mit deren Hilfe sich der Nordstern am Himmel finden lässt.

Lassen wir den Menschen die Erde sein, seine Achse die Wirbelsäule. So gibt es dann auch vier Himmelsrichtungen beim Menschen, über die uns Paramahansa Yogananda in seinem Kommentar zum Neuen Testament, *The Second Coming of Christ,* Folgendes sagt:

»Nord und Süd sind die positiven und die negativen Pole der Wirbelsäule. Die Lebensenergie und das Bewusstsein werden magnetisch entweder nach oben gezogen, zu den höheren spirituellen Zentren (Norden), oder nach unten, zu den niedrigeren spinalen Zentren, die mit dem materiellen Bewusstsein in Verbindung gebracht werden (Süden). Osten und Westen beziehen sich auf die Orientierung des menschlichen Lebens und Gewahrseins entweder nach innen (Osten) zur Wahrnehmung der feinstofflichen göttlichen Regionen durch das intuitive spirituelle Auge oder nach außen (Westen), um durch die Sinne mit der grobstofflichen materiellen Schöpfung in Beziehung zu treten.«[70]

So können wir das Deutungsbild nun vervollständigen: *Dhruva*, der Nordstern, liegt im menschlichen Mikrokosmos im oberen Teil der Wirbelsäule. Ihr »nördlichster Punkt« ist das verlängerte Rückenmark, lateinisch *medulla oblongata*. Physiologisch gesehen ist dies das Kontrollzentrum für vitale Funktionen, wie Atmung, Blutkreislauf und anderes. Versagt *medulla oblongata* ihren Dienst, so bedeutet das den sofortigen Tod. Sie ist das *sine qua non* unseres physischen Lebens. Direkt über ihr findet sich die Zirbeldrüse (Epiphyse). Sie steht für das »dritte Auge« *(trikuti)*, für *ajna chakra*, das auch »Auge des Ostens« genannt wird, jenes Zentrum, in dem *ida* und *pingala*, Mond und Sonne (oder die »drehende Frau« und der »drehende Mann« der Navajos) zusammenfließen, um von dort aus gemeinsam dem Kronenchakra zuzustreben. *Ajna chakra* wird angeregt, indem wir uns auf den Triggerpunkt (oder *kshetram*) zwischen den Augenbrauen *(bhrumadhya)*, ausrichten. Wenn Patanjali also empfiehlt, uns auf den *Nordstern* zu konzentrieren, so mag er meinen: Richte dich auf *ajna chakra* aus (indem du dich auf den Punkt zwischen den Augenbrauen konzentrierst). So erlangst du Wissen über die energetischen Netzwerke von *ida* (Mond) und *pingala* (Sonne).

Für *ajna chakra* gibt es noch weitere Namen: das Auge Shivas oder das Auge der Weisheit *(jnana chakshu)*, drittes Auge *(trikuti)* oder auch: die Begegnung der drei Flüsse *(ida, pingala, sushumna)*. Es gilt als Eingangspforte zur Psyche. Es ist dies der Ort des inneren Lehrers. Und deshalb trägt *ajna chakra* auch den Namen: *guru chakra*. *Ajna* ist die »Kommandozentrale« unter den Chakras. Es steuert die Verteilung der Lebensenergie. Sein Element ist *manas* oder *mind*. Dort liegt *rudra granthi*, ein Knoten, der für die Anhaftung an mentalen und psychischen Kräften steht. Knoten müssen gelöst werden. Psychische Kräfte müssen losgelassen werden. Patanjali wird uns in Sutra 3.38 daran erinnern. Die Chakras bergen zwei weitere solcher Knoten, von denen noch die Rede sein wird. *Ajnas* Symbol ist der zweiblätterige, silbergraue Lotus, sein Mantra ist OM.

**30**

**Durch die Ausrichtung auf das Nabelchakra gelangt man zu Wissen vom Aufbau des Körpers.**

## *Transformatives Feuer – manipur, das dritte Chakra*

Der Nabel ist eigentlich nicht Sitz des Chakras. Er ist, wie der Mittelpunkt zwischen den Augenbrauen, bloß *kshetram* oder Triggerpunkt: Konzentriert man sich auf den Bauchnabel, so kann man zur Wahrnehmung von *manipura chakra* gelangen, dem dritten der sieben Hauptchakras, das seinen Sitz in der Wirbelsäule gegenüber dem Bauchnabel hat. Es korrespondiert mit dem Sonnengeflecht oder Solarplexus und heißt wörtlich »Stadt der Juwelen«. Es speichert Prana, Lebensenergie. *Manipur* repräsentiert

Hitze, Vitalität und Dynamik, es steht für Selbstbewusstsein und Streben nach Macht, für Stärke und Willenskraft. Die mächtigen Energien von Wut und Angst liegen nicht nur sprichwörtlich im Bauch. Das Symbol für *manipur* ist ein hellgelber Lotus mit zehn Blütenblättern, in dessen Innerem ein helles Feuer brennt *(agni tattva)*. Das zugehörige Mantra heißt *ram*. Feuer heißt Verbrennung. Und so korrespondiert *manipur* mit den Verdauungsorganen.

In dieser Region wirkt *samana vayu*, ein Aspekt der Lebensenergie, der im Zusammenhang mit den *pancha vayu* (fünf *vayus*) schon vorgestellt wurde: Es ist die Energie, die für Assimilation verantwortlich ist (siehe Kommentar zu 2.49). Assimilation findet statt zwischen Ein- und Ausatmung, die Phase, in der sich die für Aufnahme und Ausscheidung zuständigen Kräfte *prana vayu* und *apana vayu* im Bereich des Sonnengeflechts begegnen. Es ist dieser Prozess, den der Yogi sich zunutze machen will, wenn er Pranayama übt und *bandhas* (Verschlüsse) setzt. Das eigentliche Pranayama ist die Phase des Atem-Anhaltens *(kumbhaka)*. Es ermöglicht die intensivierte Assimilation von Lebensenergie, um dieser den Fluss in den Zentralkanal, *suhumna*, zu ermöglichen. *Manipur* steht für Transformation, physiologisch und spirituell.

## 31

**Die Ausrichtung auf die Halsgrube lässt Hunger und Durst vergehen.**

## *Gottes Nektar – vishuddi, das fünfte Chakra*

Der Hals ist das Reich von *vishuddi,* dem fünften Chakra, das wörtlich meint: Reinigung. Die Halsgrube, von der Patanjali spricht, ist das zugehörige *kshetram. Vishuddi* wird durch einen violetten Lotus mit 16 Blütenblättern symbolisiert, in dessen Zentrum ein weißer Kreis liegt, der für das Element des Raumes *(akasha tattva)* steht. Das Mantra von *vishuddi* ist *ham. Vishuddi* steht für rechtes Verstehen und Unterscheidungsfähigkeit *(viveka)* sowie für die Gabe, die Zwiespältigkeit des Lebens anzunehmen, die Dinge also fließen zu lassen *(vairagya).* Es korrespondiert organisch mit Ohren und Kehlkopf, mit Stimmbändern und Schilddrüse. Das Halschakra ist deshalb das Zentrum der Kommunikation: Es ist die Sprache, mit der wir uns ausdrücken. Es sind die Ohren, mit denen wir den Ausdruck der anderen wahrnehmen. Doch »Ausdruck« steht für noch Größeres: für Selbstausdruck in einem umfassenden Sinne.

*Vishuddi* ist verbunden mit einem weiteren, besonders wichtigen psychischen Zentrum: *bindu,* das »Punkt« oder »Tropfen« bedeutet. Er liegt am Hinterkopf. Sein Symbol ist der zunehmende Mond. *Bindu,* so heißt es, erzeugt *amrita,* einen süßen Nektar, der hinuntertropft in den Hals, ein Nektar, dessen Wahrnehmung ein überwältigendes Gefühl von Glückseligkeit hervorrufen soll. Von *bindu* geht auch *nada* aus, eine feine Klangschwingung, die in meditativen Zuständen wahrnehmbar ist. Die Praxis des Nada Yoga widmet sich ganz diesem Phänomen.

Wenn die Ausrichtung auf *vishuddi* uns dahin bringen

kann, *amrita* zu schmecken, so wird die Botschaft verständlich, die sagt, Hunger und Durst würden vergehen. Wer braucht noch zu essen, wenn er göttlichen Nektar trinkt? In dieses Bild passen auch Geschichten über Yogis, die jahrelang keine Nahrung zu sich nehmen.

Das Bild vom versiegenden Hunger und Durst gibt auch auf metaphorischer Ebene einen guten Sinn: Wenn wir uns zur Gänze zum Ausdruck bringen, das heißt, uns entwickeln zum wahren Menschen im spirituellen Sinne, wenn wir also auf beste Weise Mensch an sich werden, erkennend, dass wir eins sind mit der Wirklichkeit, wenn unsere Ohren die Stimme Gottes hören und unsere Worte von IHM inspiriert sind: Dann hört alles Dürsten auf. Dies ist das Ende des Suchens, das Ende des Habenwollens, das Ende allen Hungers. Satyananda Saraswati rät: »Versuche zu spüren, wie eiskalte Tropfen süßen Nektars in *vishuddi* hinunterfallen. Das gibt dir ein Gefühl, vom Glück berauscht zu sein.«[71] Der Mystiker Kabir hat von dem Nektar reichlich genossen, und er ruft uns zu: »Leere die Tasse! Sei betrunken! Trinke den Nektar Gottes!«[72]

## 32

**Indem man sich auf *kurma nadi* ausrichtet, gewinnt man Stabilität.**

### *Die Schildkröte – kurma nadi und muladhara, das erste Chakra*

*Kurma* ist die Schildkröte. Der Fluss von *kurma nadi* liegt direkt unterhalb der Halsgrube hinter dem Brustbein (Sternum), etwa da, wo das Kinn aufsetzt, wenn der Yogi *jalandhara bandha,* den Halsverschluss, übt, oder den Schulterstand *(sarvangasana).* Damit gehört *kurma nadi* zum Reich des Halschakras. Es soll einer Schildkröte ähneln. (Der obere Teil des Brustbeins, lateinisch *manubrium sterni,* sieht dem Einzelsegment eines Schildkrötenpanzers übrigens auch ähnlich). Die Schildkröte ist Symbol für Festigkeit und Stabilität. Und so sagt Patanjali, wenn wir uns auf diesen Punkt ausrichten, erlangen wir Festigkeit und Stabilität im physischen Bereich, in der Meditationshaltung und auch in psychologischer Hinsicht. Direkt hinter dem Sternum liegt die Thymusdrüse, die wichtig ist für das Immunsystem. Die Aktivierung von *kurma nadi* stabilisiert den Menschen daher auch in dieser Hinsicht.

Es gibt da eine interessante Verbindung zum »Süden« der Wirbelsäule: Die Schildkröte spielt eine Rolle als *upaprana,* eines von fünf nachgeordneten *vayus. Kurma vayu* (die Energie, die für das Öffnen und Schließen der Augen zuständig ist) hat ihren Ursprung im Unterleib, genauer: im Perineum zwischen Anus und Genitalien bei Männern beziehungsweise bei Frauen im *cervix uteri,* dem Gebärmutterhals, zwischen Vagina und Uterus. Von dort gibt es eine Verbindung zum Halschakra. Deshalb spricht Patanjali mit *kurma* auch indirekt *muladhara* an, das erste oder Wurzelchakra, die Basis, die alles trägt.

Dieses Bild harmoniert sehr gut mit der indischen Mythologie, in der es eben die Schildkröte *(kurma)* ist, die die Erde auf ihrem Rücken trägt – übrigens ebenso in der Mythologie einiger nordamerikanischer Indianerstämme, zum Beispiel der Mohawk oder Cheyenne. Diese Deutung fügt sich zudem perfekt ein in das Ensemble von Zuschreibungen und Funktionen, die mit *muladhara chakra* in Verbindung gebracht werden: Festigkeit, Stabilität, Erdung. Erde ist auch das *muladhara* entsprechende Element *(prithvi tattva)*. Symbolisiert wird das Chakra durch einen tiefroten Lotus mit vier Blütenblättern. Im Wurzelchakra liegen unsere Ängste ebenso wie unsere Kraft. Das Unbewusste, Instinkthafte ist dort »wohnhaft«: Es geht ums Überleben. Das Mantra lautet *lam*. Der Geruchssinn, der zum Wurzelchakra gehört, ist der archaischste, er ist buchstäblich basal, ebenso wie das zugehörige Handlungsorgan, der Anus und das funktionell verbundene Nervengeflecht (lat. *plexus coccygeus*). Es ist unsere Nase, die uns wissen lässt, ob wir bedroht sind oder nicht.

Stabil oder geerdet sein heißt: fest auf dem Boden stehen, in der Wurzel gegründet sein. Die Ausrichtung auf das Wurzelchakra unterstützt dies.

## *Der Aufstieg – das Lösen der Knoten*

Im Zentrum von *muladhara* schläft die Schlange Kundalini, unser spirituelles Energiepotenzial, eingerahmt von einem gelben Quadrat und einem roten Dreieck, dessen Spitze nach unten weist. Im Tantra heißt sie Shakti und ist die

Braut von Shiva, dem reinen Bewusstsein. Kundalini ist dreieinhalbfach eingerollt, ein Bild, das für die drei Bewusstseinszustände des Wachens, Träumens und Schlafens steht, sowie für den, der über alle drei hinausführt: »der vierte Zustand«, *turiya*. Der physiologische Prozess, der mit dem spirituellen Erwachen einhergeht, beginnt an der Basis der Wirbelsäule (dort, wo die Schildkröte uns trägt) und steigt durch den Zentralkanal der Wirbelsäule, *sushumna nadi*, hinauf zu *ajna chakra*, das der »Schalter« ist, der *muladhara* aktiviert. Die Blockade, die Kundalini »gefangen« hält, heißt *brahma granthi*, der Knoten Brahmas, der gelöst werden will, damit sie freikommen und spirituelle Erfahrungen auslösen kann. Muladhara kann Himmel sein und Hölle. Hölle ist es, an die materielle Welt, an die Welt der Schatten, gefesselt zu sein. Das Loslassen *(vairagya)* beginnt psychophysiologisch mit dem Zerschlagen von *brahma granthi*. Dies ist auch der Beginn der Reise zum Himmelreich.

Das Bild aus Platons Höhlengleichnis drängt sich auf: Ganz unten, im Süden, ist einer angekettet, und er blickt auf eine Welt von Schatten, erzeugt vom mageren Licht des Feuers, das hinter ihm flackert. Irgendwann hält er diese unechte Schattenwelt nicht mehr aus, und es gelingt ihm, sich von den Fesseln zu lösen. Er wendet sich um, was auf Altgriechisch heißt: *periagoge*. Es ist die Umkehr, von der Jesus sprach, *metanoia*. Er erkennt seinen Irrtum und geht nach oben (in den »Norden«) und findet das Licht.

Mühelos können wir hier die yogischen Begriffe einfügen: Der Süden ist *muladhara*. Angekettet ist Kundalini, gehalten von *brahma granthi*: Sie steht für den Menschen, für dich und mich, für uns alle. Für unser Gefesseltsein an die äußere Welt, Prakriti. In der dunklen Höhle sind wir wie blind: *avidya*. Das düster flackernde Feuer ist Chitta, unser Bewusstsein, weit entfernt davon, kristallen zu sein. Und so sehen wir nur einen schattenhaften Abglanz des wirklichen Lichtes. Das Lösen der Kette ist das Öffnen von *brahma granthi*, der Beginn der Wendung nach innen, nach oben, der Aufstieg beginnt: Kundalini, der Mensch, die Braut Gottes, macht sich auf den Weg nach Norden, um schließlich ins Licht von *sahasrara* zu gelangen: Vermählung mit Shiva. Heimkommen.

**33**
**Die Ausrichtung auf das Licht der Krone des Kopfes führt zu Visionen von Meistern.**

## *Tor zum Licht – sahasrara, das siebte Chakra*

Kundalini ist Shakti. Sie ist die schlafende Braut, die erwachen muss. »Wach auf, schlaf nicht weiter!«, ruft Kabir und sagt dazu: »Du hast nie das Bett für deinen Ehemann bereitet: Du Wahnsinnige! Du hast deine Zeit mit dummem Spiel vergeudet. Deine Jugend verging umsonst, denn du hast Gott nicht erkannt.«[73] Wenn die Braut dann doch einst erwacht, strebt sie zur Krone des Kopfes, zu *sahasrara chakra*. *Sahasrara* heißt »tausend« und meint den tausendblätterigen Lotus, die Wohnstatt Shivas, den Ort, wo reines Bewusstsein lebt. Die Physiologie des Erwachens wird zum Bild der spirituellen Hochzeit. Das Heimkommen als Liebesakt. Im Zentrum der tausend Blütenblätter ist *jyotirlinga*, ein *linga* des Lichts, das ist ein ovaler und glatt geschliffener Stein, der für Shiva steht. Das strahlende *linga* im Zentrum wirkt wie ein Tor ins Licht, das durch das Rund eines in allen Farben leuchtenden Domes führt. Kundalini geht zurück nach Hause. Shakti vermählt sich mit Shiva. Der Mensch begegnet Gott im Zustand unbeschreiblicher Freude. Heimat.

Die Konzentration auf das Kronenchakra führt zu Visionen von spirituell verwirklichten Wesen, sagt Patanjali. Könnte ich es mir aussuchen, so würde ich Kabir begegnen wollen. In einem seiner Lieder schreibt er über den Schwan, der ins Land des Friedens fliegt. Er meint die Heimkehr. Wie kein anderer fasst er diesen unbeschreiblichen Zustand des Öffnens aller Knoten in poetische Worte:

Schwan, erzähle mir deine alte Geschichte!
Woher kommst du? Wohin wirst du fliegen?
Wo wirst du dich ausruhen, Schwan?
Und was suchst du?
Auch diesen Morgen, Schwan,
wache auf, erhebe dich, folge mir!
Da gibt es ein Land,
wo kein Zweifel und keine Sorge regieren,
wo der Terror des Todes nicht mehr herrscht.
Dort blüht der Frühlingswald,
und das duftende Aroma von »Er ist ich« wird im Wind geboren.
Dort taucht die Biene tief ins Herz ein
und verlangt nach keiner anderen Freude.[74]

## 34
## All dieses Wissen kann auch durch spontane Erleuchtung erlangt werden.

Spontanes Erwachen kann geschehen. Immer wieder berichten Menschen davon. Sutra 1.19 sagt: »Manche erreichen *asamprajnata samadhi* ganz spontan, ohne üben zu müssen.« Durch Bemühungen in früheren Leben. Durch ein reines Leben hier und jetzt. Vielleicht auch durch Leid. Spontanes Erwachen ist eine Gnade, die nicht einmal Buddha erfahren durfte: Er ging den qualvollen, fast tödlichen Weg der Selbstkasteiung, um zu erkennen, dass der extreme Weg immer der falsche ist. Dann setzte er sich zur Meditation unter den Baum, der seither »Baum des Erwachens« heißt, und beschloss, nicht mehr aufzustehen, bis er wüsste, »was die Welt im Innersten zusammenhält«, wie Goethe es seinen Doktor Faustus sagen ließ. Buddha meditierte – und erwachte. Und er predigte seither den Mittleren Weg *(madhyama pratipada)*. Was er denn sei, fragte man ihn, Mensch oder Gott? »Ein Erwachter bin ich«, sagte er. Vielleicht sind auch wir schon bald Erwachte. Oder sind wir es schon? Eigentlich gibt es ja nichts zu erreichen, nur etwas wegzuräumen: all den Schutt, der uns die freie Sicht auf die Heimat des Schwans verstellt.

## 35
**Indem man sich auf das Herz ausrichtet, erlangt man Wissen über die Natur des Geistes.**

### *Der Klang des Herzens – anahata, das vierte Chakra*

Wenn wir mit der flachen Hand auf unser »Ich« zeigen, so legen wir sie aufs Herz und sagen: »Ich bin ...«. Das Herz ist der Ort des Geistes. Im Kopf mögen wir denken. Unser Ego aber liegt im Herzen. *Anahata*, das Herzchakra, ist das vierte, es liegt genau in der Mitte der sieben Hauptchakras. Wörtlich heißt es: »ungespielt« oder »nicht angeschlagen« – ein Bild für den »kosmischen Klang«, der ertönt, ohne gespielt werden zu müssen *(anahad nada)*, die wunderbare Musik, von der die Mystiker zu berichten wissen, die sie gehört haben. »Dort ist der ganze Himmel vom Klang erfüllt«, sagt Kabir, eine Musik, »die ohne Finger und Saiten« gespielt wird.[75]

Chitta lebt im Herzen. Deshalb ist es der Ort der Gefühle, der Liebe genauso wie des Schmerzes, der Freude wie des Zorns. Wir haben von *rudra granthi* und von *brahma granthi* gehört, die Knoten in *ajna* und *muladhara*, die gelöst werden müssen. Ein Knoten sitzt auch im Herzen. Er heißt *vishnu granthi* und steht für emotionale Anhaftungen. Das Herzchakra korrespondiert physiologisch mit dem Herzgeflecht (lat. *plexus cardialis*) und dem zugehörigen organischen Umfeld: Lungen und Atemsystem. Der blaue Lotus mit zwölf Blütenblättern ist sein Symbol. Und *yam* ist sein Mantra. Im Zentrum bilden zwei Dreiecke ein Hexagon. Die Antilope, Symbol für Achtsamkeit, steht für das Herz. Es ist Fühlen (Berührungssinn), Geben und Nehmen (Hände). Vergeben. Dankbar sein. Das ganze Universum der Gefühle hat dort seinen Platz, im Raum des Herzens: *hridayakasha.* Bevor *jivatma,* die individuelle Seele, den Körper ablegt, ertönt der Trommelton des Herzens fast drei Milliarden mal. Dann verstummt er.

Rumi dichtet über das Herz: »Was Gott zur Rose sagte, und sie so zum Lachen brachte in voller Blüte, das sagte er meinem Herzen, und er machte es hundertmal schöner.«[76] Die Rose ist ein Symbol für Geist oder Chitta. Chitta liegt im Herzen. Deshalb sagt man im Osten auch: Herz-Geist.

## *Das fehlende Krokodil – svadhisthana, das zweite Chakra*

In den vorangegangenen Versen entfaltete sich der innere Kosmos des Menschen, dessen essenzielle Teile das energetische Netzwerk von *ida, pingala* und *sushumna* sind, sowie die sieben psychischen Zentren. Patanjali hat jedoch genau eines ausgelassen: *svadhisthana,* das zweite Chakra. Warum könnte er das getan haben?

Svadhistana wird symbolisiert durch einen sechsblättrigen orangeroten Lotus. Das zugehörige Mantra lautet *vam.* Es liegt im Bereich des Schambeins und korrespondiert physiologisch mit jenen zwei Zonen, über die wir die Welt genießend und lustvoll erfahren können: die Zunge und die Geschlechtsorgane. Das Tier, das für das zweite Chakra steht, ist das Krokodil. Und Krokodile haben einen mächtigen Hunger, dazu einen unvergleichlich starken Kiefer: Hat ein Krokodil jemanden im Griff, kann der sich nur schwer daraus befreien. Die mentale Ausrichtung auf das zweite Chakra, mithin auf unser Lustzentrum, kann zum Problem werden aus dem einfachen Grund, weil sexuelle Erregung eintreten kann: In der Meditation sollen jedoch die mentalen Muster *(vrittis)* zur Ruhe kommen. Da *svadhistana* zudem als Sitz des Unbewussten gilt – es ist gewissermaßen die physiologische Entsprechung von *karmashaya,* dem Feld des Karma (2.12) –, ist es schwierig, mit ihm umzugehen. Satyananda Saraswati sagt über *svadhisthana:*

»Das Erwachen von *svadhisthana* stellt den Übenden vor große Schwierigkeiten. Wenn die Explosion stattfindet und *svadhisthana* ausbricht, wird der Sucher oft verwirrt und ist durch die Aktivierung des ganzen unbewussten Materials gestört. (…) Dann kann man ärgerlich sein, ängstlich und voller sexueller Fantasien. Man kann auch Lethargie, Trägheit, Depression und alle Arten tamasischer Eigenschaften erfahren. (…) Wenn man auch nur leicht instabil ist, wird Kundalini zu *muladhara* zurückkehren, und das wirkliche Aufwachen wird dann schwieriger werden. Deshalb muss man ein höchstes Maß an Losgelöstheit besitzen.«[77]

Dieses Störpotenzial mag Patanjali veranlasst haben, die Meditation auf das zweite Chakra nicht anzusprechen. Lust erleben, ohne Anhaftung zu entwickeln – mit dem Krokodil spielen, ohne gefressen zu werden –, das ist wahre Lebenskunst.

# Vibhutis III: Sich erheben (36–42)

**36**

**Chitta und Purusha sind vollkommen unterschiedlich. Es ist die Nicht-Unterscheidung beider, die zur Erfahrung der Welt führt. Indem man sich auf diesen Unterschied ausrichtet, gelangt man zu Wissen über Purusha.**

## *Die Unterscheidung von Chitta und Purusha*

Wir mögen zwar in der Welt leben, aber, so erinnert uns Patanjali wieder, wir sind nicht von ihr. Solange wir denken, wir seien Kinder der Welt, so lange liegen wir in Ketten. Wir halten Schatten für unser Sein: Körper, Verstand, Gefühle, Objekte. Das Thema taucht immer wieder auf, was nur natürlich ist, stellt es doch das Kernproblem dar. Alle spirituellen Schriften sind Zeiger auf diese zentrale Wahrheit. Und sie wird tausendfach variiert. Sogar in der inneren Kosmologie sind wir ihr begegnet: Die Chakras und *nadis* sind energetische Realität, doch zugleich ein Bild für das spirituelle Erwachen. Samayama auf den Unterschied zwischen Welt und Wirklichkeit ist *viveka* in Meditation. Es ist das, was ein Advaita-Vedantin in tiefer Kontemplation macht, wenn er in den Raum seines Herzens blickt und fragt: »Wer bin ich?« Die Selbsterforschung bringt ihn dahin, wo Mani von Ktesiphon –

auch genannt Mani Chavy oder Many der Lebende – den Menschen hinruft. Mani lebte im 3. Jahrhundert im persischen Sasanidenreich und musste für seine Worte in Ketten sterben: »Streife die Welt von dir ab. Löse dich aus den Banden des Blutes. Unterwirf den Alten Menschen. Erbau den Neuen Menschen.«[78]

## 37
**So entwickeln die fünf Sinne übersinnliche Wahrnehmung.**

## 38
**Dies mag dem weltlich Gesinnten als Errungenschaft erscheinen. Für Samadhi ist es jedoch hinderlich.**

Wenn wir erkennen, dass wir nicht die Welt sind, in der wir leben, sondern Purusha, dann werden auch die Begrenzungen der Sinne aufgehoben. Möglicherweise ganz wörtlich. Ganz sicher aber im Sinne der *Gita:* »Wenn die Sinne völlig losgelöst sind von den Objekten, dann ist der Geist vollkommen still.« (Kap. 2, Vers 68) Und der Yogi, der so weit in seiner Entwicklung gekommen ist, muss vorsichtig sein. Noch ist er nicht befreit. Er muss *rudra granthi,* den Knoten in *ajna chakra* lösen, sonst bleibt er an den psychischen Fähigkeiten haften und die *siddhis* werden ihm selbst zum Hindernis, in mehrfacher Hinsicht: um neuerlich Samadhi zu erfahren, im Zustand von Samadhi selbst und als eine Blockade für *nirbija samadhi,* Befreiung. In den Yamas und Niyamas gegründet zu sein hilft, der Versuchung zu trotzen, *siddhis* für persönliche Vorteile zu nutzen.

### 39
### Indem er die grundlegenden Fesseln löst und die Wege des Geistes erkennt, kann der Yogi in den Körper anderer eingehen.

Die grundlegenden Fesseln sind die fünf Hauptursachen des Leidens *(kleshas)*: das Nicht-Erkennen der wahren Natur unseres Geistes, das daraus folgende Gefühl, ein vom Ganzen getrenntes Individuum zu sein (Ego), Habenwollen und Nicht-Habenwollen sowie die Angst vor dem Tod (2.3–2.9). Dies loszulassen ist *vairagya*. Wenn der Yogi dann erkennt, wie Chitta »funktioniert«, sagt Patanjali, kann er in andere Körper eingehen. Hierzu berichtet Vivekananda: »Der Yogi kann in einen toten Körper eingehen und ihn aufstehen lassen, selbst wenn er in seinem eigenen Körper weiter aktiv ist. Oder er kann in einen lebenden Körper eintreten und den Geist und die Organe des betreffenden Menschen kontrollieren (…).«[79] Wir mögen fragen, warum ein Yogi so etwas würde tun wollen. Vertretbar erscheint es nur zu einem Zweck: dem Wesen, in dessen Leib er eindringt, helfen zu wollen, das Leid zu bezwingen.

Menschen kontrollieren Menschen auch, ohne direkt in ihren Leib einzudringen: Psychische Kontrolle, oft in Form von Unterdrückung und Manipulation, war schon von jeher ein Instrument, dessen sich vor allem die Machthaber der Welt, Staaten und Kirchen, ausgiebig bedient haben.

Dies ist ein Eindringen aufgrund egoistischer Motive und immer ist es schädlich – ein Missbrauch von Wissen und Fähigkeiten.

Auch Buddha, Jesus, Lao Tse und die vielen Heiligen der Welt, bekannte wie unbekannte, dringen tief in die Herzen der Menschen. Empathie. Einfühlen. Mitfühlen. Es ist ein heilsames Eintreten, das aus dem Menschen einen Tempel macht, die mystische Kirche, wie Johannes Tauler, ein Schüler von Meister Eckhart, es nannte. Wer auf die Menschen zugeht, ohne etwas für sich selbst zu erwarten, erreicht ihr Herz. Aus des Menschen Herz einen Altar zu machen, das ist die höchste Form von Bhakti Yoga.

## 40

**Durch die Beherrschung von *udana* bleibt der Yogi unberührt von Wasser, Sumpf und Dornen und erhebt sich über sie.**

*Udana vayu* ist eines der fünf *vayus* (2.49). *Udana* wirkt in Kopf, Sinnesorganen und Extremitäten, es ist die Kraft, die dem Menschen ermöglicht, mit der äußeren Welt in Kontakt zu treten und auf sie zu reagieren. Welche Technik es genau sein soll, mit welcher der Yogi »über Wasser gehen kann«, sagt Patanjali nicht dazu, es muss wohl ein Pranayama gemeint sein.

Es gab immer wieder Berichte über Menschen, die angeblich Levitation praktiziert haben. Paramahansa Yogananda berichtet in seiner *Autobiographie eines Yogi* von Nagendra Nath Bhaduri, dem »schwebenden Heiligen«, der voller Hingabe an Gott gewesen sein soll. Doch nicht nur indischen Yogis wird Levitation nachgesagt: Die wohl bekannteste Figur überhaupt ist Jesus, der über Wasser ging (Matth. 14, 24–33). Levitation praktiziert haben angeblich auch die spanische Nonne Teresa von Avila aus Salamanca, der griechische Philosoph Apollonius von Tyana (1. Jh.), der spanische Mönch Petrus von Alcantara (16. Jh.) und der »fliegende Frater« Giuseppe da Copertino aus Ancona (17. Jh.), um nur einige zu nennen. Sicher haben sie kein Pranayama praktiziert, sie waren Bhaktis, so wie Nagendra. Wenn die Hingabe intensiv genug ist, kann sie erhebend sein.

Es ist der Begriff des Erhebens, der uns auch den Schlüssel zu einem symbolischen Verständnis von *utkrantih*, Levitation, an die Hand gibt: In den unsicheren und stürmischen Gewässern des Lebens kann man untergehen, im Sumpf von Ärger und Angst droht man steckenzubleiben – da ist ein Weiterkommen nicht möglich, nur Versinken. Und die Dornen des Daseins fügen uns immer wieder Schmerzen zu: Prakriti hält Leid bereit. Und es ist die reaktive Energie von *udana vayu*, die uns auf diese Herausforderungen antworten lässt. Können wir dem Dorn nicht ausweichen, so können wir ihn entweder verfluchen: Das ist die Reaktion, des von *tama-guna* und *raja-guna* dominierten Menschen. Sie vergrößert den Schmerz. Oder wir nehmen ihn an und gehen so darüber hinaus: Das ist sattvisch. Asanas, Pranayama und Meditation können uns dabei helfen, das Leben weniger schwerzunehmen. Über den Dingen stehen, licht und leicht werden, das ist Erhaben-Sein.

## 41
## Die Beherrschung von *samana* erzeugt ein Strahlen.

*Samana vayu* ist die Kraft der Assimilation. Sie transformiert Nahrung, sodass der Körper sie als Energiequelle nutzen kann. Sie transformiert Lebensenergie. *Samana* wirkt zwischen Herz und Nabel, im Einflussbereich der Stadt der Juwelen, *manipura chakra:* Das Sonnengeflecht, der Solarplexus, liegt dort. Es ist der Ort der Hitze, Dynamik und Vitalität – der Strahlkraft, wie wir auch sagen könnten, jener Ausstrahlung, die auch in der Aura des Menschen sichtbar ist. In der Phase zwischen Ein- und Ausatmung assimiliert der Körper Lebensenergie (Licht), indem *prana vayu* (die Kraft, die nach innen wirkt) und *apana vayu* (die Kraft, die nach außen wirkt) sich in der Mitte, wo *samana vayu* wirkt, begegnen: das Zusammenfließen dreier Ströme im Feuer von *manipur.*

## 42
## Indem der Yogi sich auf die Beziehung von Raum und Hören ausrichtet, erlangt er die Fähigkeit, Gottes Stimme zu hören.

Schall durchdringt Raum. Deshalb sind Raum, *akasa,* und Hören ohne einander nicht denkbar. Der erste Schall der Schöpfung, das Wort, das selbst Schöpfung ist, das ist AUM, Ishvarahs Stimme, Gott selbst. Es ist der Schall, der den Raum, in dem er erklingt, überhaupt erst schuf. Und je weiter sich der Schall Gottes ausdehnt, desto mehr weitet sich der Raum: Das All dehnt sich aus mit Gottes Lied. Und so erklingt Gottes Stimme auch in unserem inneren Kosmos oder Raum. Wenn wir in diesen inneren Raum hineinhören, können wir irgendwann SEINE Stimme hören. In »Enochs Vision«, die uns von den Essenern überliefert wurde, werden wir zu eben diesem Hören aufgefordert:

Ich spreche zu dir.
Sei still,
wisse,
Ich bin Gott.

# Vibhutis IV: Die Loslösung vom Körper (43–50)

43

**Indem der Yogi sich auf die Beziehung von Raum und Körper ausrichtet, wird er leicht wie eine Baumwollfaser und kann sich völlig frei durch den Raum bewegen.**

44

**Bei diesem »Großen Sein ohne Körper« tritt das Bewusstsein nicht nur als Vorstellung aus dem Körper. Dies bewirkt, dass der Schleier verschwindet, der das Licht verhüllt.**

## *Außerkörperliche Erfahrung*

Raum und grobstoffliche Objekte sind ebenso wenig trennbar wie Raum und Schall. Kein Sein in Prakriti ist denkbar ohne Raum. Akasa ist das erste Element. Es entstand, als Ishvarah sagte: AUM. Alles entsteht, entwickelt und vergeht darin. Und so grobstofflich-schwer uns der Körper, alles Körperliche überhaupt, erscheinen mag: Er ist vor allem leerer Raum, darin eine Ansammlung von Molekülen, Atomen und subatomaren Partikeln, die sich anziehen, abstoßen und einander umkreisen. Der Körper als kleines Weltall. Wie oben, so unten. Atome sind mehr Dynamik als dass sie Masse sind: Energie im Raum. Wenn wir zu dieser unserer energetischen Grundnatur eine Verbindung herstellen können, dann hindert uns nichts mehr am Reisen. Unser Bewusstsein können wir überall hinschicken. Dazu brauchen wir nicht unseren Körper. Gemeint ist indes nicht ein bloß vorgestelltes Reisen – obgleich wir das natürlich können, doch das wäre nur *vikalpa,* Einbildung. Patanjali spricht explizit von *akalpita,* Nicht-Einbildung also, und er meint die außerkörperliche Erfahrung, ein überwältigendes Erlebnis, das er deshalb *maha-videha* nennt: das Große Sein ohne Körper.

Das Phänomen der außerkörperlichen Erfahrung – manche benutzen auch den etwas ungelenken Begriff der Astralprojektion – ist nicht nur vielfach in den religiösen Traditionen der Menschheit anzutreffen, sondern auch wissenschaftlich beschrieben und untersucht worden, vor allem in der Form des Nahtoderlebnisses. Es gibt sogar spezielle Studien, die sich zum Beispiel den Nahtoderfahrungen von Kindern widmen[80] oder jenen von erblindeten Menschen.[81] Berichte von Kindern sind besonders authentisch (»Kindermund tut Wahrheit kund«, sagt das Sprichwort). Und wenn von Geburt an erblindete Menschen Dinge sehen, die sie eigentlich nicht sehen konnten, belegt auch das eindrucksvoll die Echtheit der außerkörperlichen Erfahrungen, die, so sagt der amerikanische Kinderarzt Melvin Morse, »die häufigsten der bekannten übernatürlichen Erfahrungen« sind.[82] William Buhlman dokumentierte jüngst in einer Studie über 16 000 Fälle außerkörperlicher Erfahrungen.[83] In der Psychologie nennt man sie Doppelgänger-Phänomen.

Robert Monroe (1915–1995) war wohl der Erste, der mit der Präzision des Wissenschaftlers daranging, »das Große Sein ohne Körper« nicht nur zu beschreiben, sondern auch an Methoden zu forschen, um sie gezielt herbeizuführen.[84] Monroe war kein Yogi im engeren Sinne: Er übte keine Asanas oder Pranayama. Und dennoch ist seine grundlegende Methode zur Induktion einer außerkörperlichen Erfahrung reinster Yoga: das Einnehmen einer stabilen und komfortablen Position (Asana), einfaches, bewusstes Atmen (Pranayama), die Induktion von Entspannung (Pratyahara), das Praktizieren von Konzentration auf ein Objekt (Dharana) und das Blicken in den schwarzen Raum vor oder hinter den geschlossenen Augen. Dann geht das Gewahrsein für den Körper verloren und der mentale Inhalt ist alles, was bleibt: In diesem Zustand kann eine außerkörperliche Erfahrung herbeigeführt werden, zum Beispiel, indem man sich vorstellt, immer leichter zu werden – Patanjali sagt: *laghu tula*, leicht wie eine Baumwollfaser (3.43).

## 45

**Richtet man sich auf die grob- und feinstofflichen Aspekte der Elemente aus, auf ihre grundlegende Natur, auf die ihnen allen gemeinsame Grundlage und auf ihre Zweckhaftigkeit, so gewinnt man die Kontrolle über sie.**

46

Daraus erwachsen *animan* und weitere Fähigkeiten, außerdem ein vollkommenes körperliches Wohlsein ohne Funktionseinschränkungen.

47

Dieses körperliche Wohlsein drückt sich aus in Schönheit, Anmut, Stärke und diamantener Robustheit.

48

Durch die Ausrichtung auf den Prozess der Wahrnehmung, auf die eigentliche Natur der Sinnesorgane, auf den Ich-Sinn, auf das, was diesen Dingen zugrunde liegt und auf den Zweck, dem sie dienen, gewinnt man die Kontrolle über die Sinnesorgane.

49

Auf diese Weise von den Sinnesorganen unabhängig geworden, beherrscht der Yogi die Natur und vermag sich so schnell zu bewegen wie der Geist.

50

Allein durch das Gewahrsein des Unterschiedes von Chitta und Purusha erlangt man die Beherrschung aller (Bewusstseins-)Zustände und vollkommenes Wissen (über den Geist).

### *Die außerkörperliche Erfahrung als spirituelle Erfahrung*

Am Beginn jeder Sitzung sagte Monroe immer diesen Satz: »Du bist mehr als dein physischer Körper.« Wohlgemerkt: *Akalpita,* nicht also nur Vorstellung, sondern wirklich mehr. In keinem anderen der Verse des dritten Kapitels betont Patanjali dies ähnlich. Nirgendwo sonst sagt er, dass es sich nicht um eine Visualisierung oder Vorstellung handelt, sondern um eine sehr konkrete und wirkliche Erfahrung.

Wir werden, worauf wir uns ausrichten, dies haben wir in Sutra 3.25 erfahren. Im Zustand der außerkörperlichen Erfahrung gilt das noch unmittelbarer als innerhalb unseres »Gefäßes«, wie Kabir den Körper gerne nennt: In der außerkörperlichen Erfahrung ist der feinstoffliche Körper das Medium unserer Erfahrung. Und es ist der Geist, der ihn kontrolliert. Mehr noch: Der feinstoffliche Körper wird, worauf der Geist sich ausrichtet. Das Feinstoffliche ist für die Kraft der Gedanken viel empfänglicher als grobe Materie. So werden die ungewöhnlichen Phänomene verstehbar, von denen Patanjali in Sutra 3.46 berichtet: *Animan* ist die Fähigkeit, so klein zu werden wie nur irgend vorstellbar (und noch kleiner als vorstellbar). Die Yoga-Tradition überliefert noch weitere Fähigkeiten: unendlich groß werden, Levitation, die Kraft, überallhin zu gelangen, die Willensfreiheit, die Kontrolle über alle Dinge, die Macht des Erschaffens von Dingen und schließlich die Kraft zur Wunscherfüllung. Die Berichte der vielen Menschen, die außerkörperliche Erfahrungen gemacht haben, lesen sich nicht im Geringsten wundersamer als diese Liste von *siddhis*.

Die Sutras 3.45 und 3.48 erwähnen das meditative Eindringen in die Struktur der Elemente und in den Prozess der Wahrnehmung, *grahana*. *Grahana* meint »greifen«. Die Erfahrung des Sich-vom-Körper-Lösens ist ein Loslassen der eigenen materiellen Natur: Nicht-Greifen oder *aparigraha*, wie es im Zusammenhang mit den Yamas genannt wurde. Wir sehen wieder: Das Yoga-Sutra ist ein Hologramm. Die Verse beschreiben das Sich-Befreien aus dem (Würge)Griff der Elemente und die Umkehrung dieser Logik: Es ist der Yogi, der über die aus *gunas* zusammengesetzte Natur hinausgeht. Er ist nicht sein Körper und auch nicht seine Sinnesorgane. Und wenn er das nicht ist, dann unterliegt er auch nicht deren Begrenzungen. Er erkennt, dass der Zweck der Welt und der Elemente nur einem dient: dem Heimkommen. Patanjali sagt: »Die (scheinbare) Verbindung *(samyoga)* von Purusha und Prakriti hat den Zweck, die wahre Natur von beiden zu erkennen.« (2.23 ) Und er ergänzt: »Wird *avidya* beseitigt, so verschwindet diese (scheinbare) Verbindung.« (2.25) Eine außerkörperliche Erfahrung ist also eine zutiefst spirituelle Erfahrung. Der Forscher Kenneth Ring sagt: »Dieser geistige Kern der Nahtod-Erfahrung ist so ehrfurchtgebietend und überwältigend, dass dieses Erlebnis sofort und für immer einen davon Betroffenen zu einem völlig neuen Menschen macht.«[85]

## *Botschaft von »drüben«*

Von einer seiner außerkörperlichen Reisen brachte Robert Monroe eine wunderbare Botschaft mit. Es war sein letztes Buch, bevor er, wie ein tibetischer Mönch, bewusst und endgültig, die Schwelle des Irdischen, die Welt der *bhutas*, überschritt. *Vibhuti*. Seine Worte sind reiner Yoga, pures Tao, und eine gute Nachricht, was in altgriechischer Sprache heißt: *euangelion*.

Es gibt keinen Anfang, es gibt kein Ende,
es gibt nur Veränderung.
Es gibt keinen Lehrer, es gibt keinen Schüler,
es gibt nur Erinnerung.
Es gibt kein Gut, es gibt kein Böse,
es gibt nur Äußerung.
Es gibt keine Vereinigung, es gibt kein Teilen,
es gibt nur das Eine.
Es gibt keine Freude, es gibt kein Leid,
es gibt nur Liebe. (…)
Es gibt kein Größer, es gibt kein Geringer,
es gibt nur Gleichgewicht.
Es gibt keinen Stillstand, es gibt keine Entropie,
es gibt nur Bewegung.
Es gibt kein Wachsein, es gibt kein Schlafen,
es gibt nur Sein.
Es gibt keine Grenze, es gibt keine Gelegenheit,
es gibt nur einen Plan. [86]

Zahlreiche Menschen haben von ihren außerkörperlichen Erfahrungen berichtet. Das Erlebnis verändert die Sicht auf die Welt vollkommen: Sie wissen, dass sie nicht der Körper sind. Sie lösen sich von der aus Elementen *(bhutas)* komponierten Welt: *(vi)bhuti*. Und nun wird klar, warum Patanjali dieses Kapitel so genannt hat: Das Entscheidende ist nicht, dass sie Fähigkeiten oder »Zauberkräfte« *(siddhis)* darstellen, sondern dass sie äußerer Ausdruck des inneren Loslösungsprozesses von dem sind, was wir nicht sind. Auch der Astralkörper ist noch nicht unsere wirkliche Natur. Auch ihn müssen wir loslassen.

# Vibhutis V: Auf dem Weg zur Befreiung (51–56)

**51**

**Löst der Yogi sich auch hiervon noch, so verschwinden schließlich die letzten Samen, die ihn noch fesseln, und er erlangt Befreiung.**

**52**

**Die Bewunderung selbst von hochstehenden Wesen sollte nicht zu Anhaftung oder Stolz führen, sonst lebt das, was nicht gewünscht ist, wieder auf (nämlich die Identifikation mit Prakriti).**

*Vairagya,* das Loslassen, ist ein umfassender Anspruch. Auch die *vibhutis* müssen losgelassen werden. Wer immer uns seine Aufwartung machen sollte, falls wir je so weit gelangen – und seien es die Himmelsbewohner selbst: Entwickeln wir Stolz oder können wir nicht von den *vibhutis* lassen, dann fallen wir zurück. Als Jesus in der Wüste war, diente sich ihm der Teufel an, doch Jesus ließ sich nicht versuchen. Faust war da nicht so standhaft: Er verlor seine Seele.

Diese Warnung gilt für den ganzen Yoga-Weg. Die Arbeit an *kaya* und Chitta, an Körper und Geist, soll letztlich zur

Überwindung beider führen. Freude zu empfinden, wenn man Selbstentwicklung spürt, ist wunderbar und wirkliche Freude ist heilig. Es fängt ganz klein an und ist dennoch wunderbar: Wer zum ersten Mal in *uttanasana*, die stehende Vorbeuge, geht, erreicht vielleicht nur seine Knie. Nach einigen Monaten berührt er den Boden und bald legt er die Hände flach darauf. Ein »kleiner« Erfolg nur, der doch so viel Freude bringt. Das ist gut, aber kein Grund, sich für besser oder wertvoller zu halten als andere, deren Körper weniger beweglich ist. Eher sollte unser Mitgefühl wachsen. Was für *uttanasana* gilt, gilt umso mehr für die *vibhutis*.

Es kann sein, dass Patanjali in Sutra 3.51 noch Tieferes ausdrücken wollte, nämlich, dass auch das Gewahrsein des Unterschieds von Prakriti und Purusha *(viveka-khyati)* schließlich losgelassen werden muss. Chitta muss von allen Samen gereinigt werden. Wir sind diesem Gedanken bereits am Ende des ersten Kapitels begegnet: Die Reinigung von den letzten *samskaras*, heißt es da, führt zu Samadhi ohne Same, *nirbija samadhi* (1.51). Und *nirbija* bedeutet Befreiung, *kaivalya*. Wenn wir auch das Allerletzte losgelassen haben, sind wir frei. Stellt man Vers 1.51 neben Vers 3.51, so sieht man, dass sie beide auf das Gleiche deuten.

Aufs Ganze gesehen, vollzieht der Mensch im Yoga also drei große Entwicklungsstufen. Erstens: Am Anfang steht die leidhafte Identifikation mit Prakriti, das Verstrickt-Sein in die Welt. Avidya. Zweitens: Der Prozess von *(vi) yoga* löst dies auf und führt über verschiedene Stufen von Samadhi *(savitarka, nirvitarka, savichara, nirvichara)* zur

De-Identifikation mit der Welt und zur Identifikation mit Purusha: Das ist *asamprajnata,* das letzte der *sabija samadhis* (Samadhis »mit Same«). Drittens wird auch diese letzte Identifikation losgelassen und der Yogi geht über beides – Prakriti und Purusha – hinaus: totale Transzendenz, *nirbija samadhi, kaivalya.* Es ist dieser Gedanke völliger Transzendenz, das Über-alles-Hinausgehen, den Zhuang Zhi vor 2500 Jahren so zum Ausdruck brachte: »Ich will mein Licht mit Sonne und Mond verschmelzen und will ewig währen, zusammen mit Himmel und Erde.«

**53**

**Durch die Ausrichtung auf die Abfolge der Augenblicke gelangt man zu Wissen, das aus unterscheidendem Gewahrsein geboren ist.**

**54**

**Dadurch kann man die Unterschiedlichkeit auch jener Dinge erkennen, die ansonsten nach Kategorie, Charakteristika und Ort nicht zu unterscheiden wären.**

**55**

**Erkenntnis, die aus unterscheidendem Gewahrsein gewonnen wurde, transzendiert alle Objekte, Zustände und die Zeit.**

**56**

**Wenn das Bewusstsein so rein geworden ist wie Purusha, dann ist dies Befreiung.**

## *Zeit, Bewusstsein und Purusha*

*Kshana* ist der Augenblick. Dies ist in der Physik des Yoga die kleinste existente Zeiteinheit. Und eigentlich meint *kshana* keine Zeiteinheit, sondern Bewegung, denn *ksana* steht in enger Verbindung mit *anu*, der kleinsten existenten, nicht mehr teilbaren, feststofflichen materiellen Einheit, dem also, was man in der westlichen Wissenschaft so lange Atom nannte, bis man entdeckte, dass man es spalten kann und dass es noch kleinere, subatomare Partikel gibt. *Ksana* ist definiert als die Dauer, die ein solches Partikel benötigt, um von einem Punkt im Raum zum anderen zu kommen. Die kürzeste denkbare Wegstrecke entspricht dabei der Größe dieses kleinsten Partikels selbst. Zeit ist also Bewegung im Raum. Und Gegenwart ist demzufolge die im jeweiligen Augenblick *(kshana)* gegebene Position eines kleinsten Partikels *(anu)*.

Die Zeit, wie der Mensch sie versteht, existiert also nicht, sie ist nur ein psychologisches Konzept, eine Idee. Am »Grund der Zeit« gibt es nur Bewegung, Veränderung, Wandel: Partikel, die ihre Position im Raum verändern. Es ist genau dieser Wandel, den wir wahrnehmen: Wir sehen, dass Dinge sich ändern, und dies lässt uns Zeit »fühlen«. Die »gefühlte Länge« der Zeit hängt dabei davon ab, ob die Veränderung als angenehm oder unangenehm empfunden wird. Wir brauchen wohl diese Idee der Zeit, um in der Welt von Prakriti »funktionieren« zu können. Dass es aber eben nur eine Idee ist, wird auch aus der simplen Tatsache klar, dass die Vergangenheit vergangen ist, also nicht (mehr) existiert, und die Zukunft erst kommen wird, also (noch) nicht existiert. Der gegenwärtige Moment ist immer die einzig existente Realität. Deshalb können wir auch immer nur jetzt leben und niemals sonst. Alles Sein kann immer nur jetzt sein. Der Zustand des Seins ist das Ergebnis des Ablaufs aller vorangegangenen Momente (das heißt: Aufenthaltsorte von *anu* zu den gegebenen *kshanas*). Wenn das Jetzt ein Same ist, so trägt er die ganze Vergangenheit als eine Art DNA in sich, die sich in der Zukunft entfaltet.

Stellen wir uns nun vor, wir könnten diese Abfolge von Momenten erkennen oder wahrnehmen: Es wäre eine Art Zeitlupe des Lebens, so, als würden wir einen Film so langsam laufen lassen, dass wir in der Lage wären, die einzelnen Bilder zu sehen. Uns würde klar werden, dass der Film selbst eine Illusion ist, nur eine Abfolge *(krama)* von Momentaufnahmen, die unser inneres Instrument (Sinne und Chitta) zusammenfügt, erschafft oder besser gesagt: vortäuscht. Das ist großes Daumenkino! Wem aber würde das klar werden? Wer nun beobachtet denn, was hier geschieht? Purusha! Ich bin Purusha! Und es ist das, was Patanjali mit Sutra 3.54 sagt: Was uns zuvor ununterscheidbar erscheint, wird jetzt als unterschieden offenbar. Hier ist Chitta und das bin ich nicht – denn ich bin Purusha.

In den vorangegangenen Versen (3.43–3.50) ging es um die befreiende Erfahrung, dass wir nicht Körper sind. Hier nun geht es um die befreiende Erfahrung, dass wir auch nicht Chitta sind, nichts von dem, was wir für »Ich« hielten. Dies wird erst möglich, wenn Chitta vollkommene, kristallene Reinheit erlangt hat (weshalb Chitta in Sutra

3.56 auch *sattva* genannt wird). Es ist eine Reinheit, die nur noch mit unserem inneren Licht verglichen werden kann. Und so blickt Purusha nun in den kristallklaren Spiegel von Chitta – und sieht sich selbst. Die Seele hat sich erkannt – der Große Fisch ist ins Netz gegangen.

Jesus sagte: »Die Menschheit ist wie ein weiser Fischer, der sein Netz ins Meer warf und es voller kleiner Fische aus dem Meer herauszog. Unter ihnen fand der weise Fischer einen guten, großen Fisch. Er warf alle kleinen Fische zurück ins Meer und ohne Schwierigkeit wählte er den großen Fisch. Wer Ohren hat zu hören, der sollte hören.« (*Thomas-Evangelium*, Logion 8)

# 4
# Befreiung: Kaivalya Pada

Er hat seine Reise vollendet.
Er ist über das Leid hinausgelangt.
Die Fesseln des Lebens sind von ihm abgefallen
und er lebt in völliger Freiheit.

*Buddha, Dhammapada, Vers 90*

# Natürliche Entwicklung (1–3)

**1**
***Siddhis* können von Geburt an bestehen, sie können sich auch durch die Einnahme von Kräutern entwickeln, durch das Sprechen von Mantras, durch intensive spirituelle Übungen oder durch Samadhi.**

## *Wege zu siddhis*

Außergewöhnliche Bewusstseinszustände und mentale Fähigkeiten können sich auf unterschiedlichen Wegen entwickeln. Manche erlangen sie spontan (3.34) als Ergebnis ihrer Bemühungen und Verdienste in früheren Leben, so wie auch Samadhi ohne Übung eintreten kann (1.19). Hinter diesem Gedanken verbirgt sich eine der besonders tröstlichen Botschaften der *Bhagavad Gita:* Besorgt fragt der Krieger Arjuna seinen Lehrer Krishna, was denn mit einem geschehe, der seinen spirituellen Weg nicht bis zur Selbstverwirklichung gehen kann, der also mit dem Üben aufhört, bevor er den Yoga-Weg vollendet hat. Krishna antwortet: »Arjuna, mache dir keine Sorgen! Wer den Pfad des Yoga beschritten hat, kann nicht zerbrochen werden – weder in dieser Welt noch in der nächsten. Mein lieber Sohn, dies wisse sicher: (…) Wer den Pfad des Yoga betritt und stirbt, noch bevor er sein höchstes Ziel erreicht hat, erfährt die himmlischen Zustände der Tapferen. Dort bleibt er sehr lange Zeit und wird dann wieder in diese Welt geboren, in ein Zuhause, das rein und wohlhabend ist, damit er seine Suche fortsetzen kann. Oder er wird in eine Familie weiser Yogis geboren (...) In solch einer Umgebung erinnert er sich bald wieder an das Wissen, das er in früheren Leben erlangt hat, und strebt umso ernsthafter nach Verwirklichung. Trotz seiner Versäumnisse wird der Yoga-Übende also von der Kraft seiner früheren Praktiken geleitet werden.« (Kap. 6, Verse 6.40–6.44)

Bestimmte Kräuter *(aushadhi)*, sagt Patanjali, können ein Weg sein, auf Chitta einzuwirken – sicher kein natürlicher und auch kein gefahrloser: Nur noch wenige beherrschen die richtige Anwendung von Kräutern wie Anjana oder Rosayana, die im Himalaya wachsen. Im Westen ist besonders die Droge LSD für ihre psychedelischen Wirkungen bekannt. Deren wissenschaftliche Erforschung ist vor allem mit dem Namen Stanislav Grof verbunden. Seine Berichte lesen sich wie eine Abenteuerreise ins Land des Paranormalen.[87] Er gilt als Begründer der transpersonalen Psychologie, der es um eine ganzheitliche Sicht auf den Menschen geht, die auch die spirituelle Dimension mit einschließt. Als Grof nicht mehr mit LSD experimentieren durfte, entwickelte er eine Atemtechnik (ein Pranayama also), um bewusstseinsverändernde Wirkungen auszulösen: das holotrope Atmen. Dies ist zweifellos eine natürlichere Methode als LSD und sie wird auch therapeutisch genutzt.

Auch Mantras können ein kraftvolles Mittel sein, psychische Veränderungen auszulösen. In den Schriften des Tantra spielen sie eine bedeutende Rolle. Die Mantra-Praxis ist eine machtvolle, bewusste und kontrollierte Methode – was man vom Drogengebrauch sicher nicht sagen kann.

Durch intensive spirituelle Übung, *tapas,* können sich ebenfalls *siddhis* entwickeln. *Tapas* steht auch für Schmerz. Es ist oftmals der Weg des Leidens, der zu spirituellem Fortschritt führt. Dies wurde wohl nirgends stärker betont als im Christentum, dem Weg des Kreuzes.

Patanjali bevorzugt allerdings den Königsweg, Raja Yoga, und das meint vor allem: Samyama – die systematische und kontrollierte Schulung des Geistes durch Konzentration, Meditation und Samadhi. Dies verändert Chitta nur langsam, dafür aber umso nachhaltiger in Richtung spirituellen Wachstums und gipfelt schließlich in *nirbija samadhi.* Es ist dies der natürliche Weg der Entwicklung, der auch das Thema der nächsten Verse ist.

**2**

**Es ist der Fluss der Natur,**
**der den Wandel**
**des Seins bewirkt (von Geburt zu Geburt,**
**von Substanz zu Substanz).**

**3**

**Entwicklung wird nicht durch das Setzen**
**von Ursachen vorangetrieben**
**(spirituelle Handlungen, gute oder schlechte**

**Taten), es ist vielmehr wie bei einem Bauern, der die Hindernisse beseitigt, sodass das Wasser über seinen Acker fließen kann.**

## *Der natürliche Weg*

Auf dem spirituellen Weg gibt es nichts zu gewinnen, nur etwas aufzugeben. Der Weg des Yoga addiert nichts hinzu, was wir nicht schon hätten, und er macht nichts aus uns, was wir nicht eigentlich schon wären. Er räumt lediglich Barrieren fort, damit das Wasser der Evolution frei auf dem Acker unseres Bewusstseins fließen kann und schließlich zum Ausdruck kommt, was wir immer schon sind: Vollkommenheit. Sie zu erkennen ist unser Geburtsrecht.

Patanjali verwendet das Bild des Bauern, der sein Feld bewässert. Das Wasser (die Natur, Evolution, Prakriti) fließt in den Kanälen, die geöffnet sind. Wir alle sind Bauern auf unserem geistigen Acker. Es ist an uns, Unkraut zu jäten (negative Haltungen zu erkennen und loszulassen), die Erde umzugraben (Selbsterforschung zu betreiben), gute Samen zu säen (förderliche Gewohnheiten zu entwickeln), zu bewässern (regelmäßige Praxis) und schließlich zu ernten (innerer Friede). Wir müssen die Dämme brechen und das Fließen ermöglichen: Wenn der Weg zur friedlichen Regelung unserer Beziehungen durch Zorn und Angst versperrt ist, fließt die Natur in Richtung Konflikt. Vergebung öffnet heilsame Schleusen. Wenn innere Blockaden verhindern, dass unser Körper von Prana und Sauerstoff durchflutet wird, dann nimmt

Prakriti den Weg der Krankheit. Das Aufgeben krankmachender Lebensumstände, Asanas und Pranayama kann den Fluss in eine gesunde Richtung umleiten. Wenn unser Geist Dämme aus Habenwollen und Nicht-Habenwollen (*raga* und *dvesha*) errichtet, nimmt die Natur ihren Lauf und wir ernten Unzufriedenheit und Schmerz. Das Befrieden unseres Geistes durch Meditation bricht diese Dämme. So kann das Wasser der Evolution seinen natürlichen Weg nehmen. Im *Tao Te King* lesen wir: »Durch den Fluss der Natur wird schlammiges Wasser klar. Durch das sich entfaltende Leben erlangt der Mensch Vervollkommnung.«

Es sind also nicht die *siddhis* selbst, die zur Selbstverwirklichung führen. Sie sind lediglich Ausdruck »offener Schleusen«, Anzeichen der Entwicklung yogischen Bewusstseins: Wenn die evolutive Kraft der Bewusstseinsentwicklung ihren natürlichen und menschengemäßen Verlauf nehmen kann, dann können sich *siddhis* entwickeln. Der natürliche Weg des Menschen ist dabei jener, der ihn Mensch werden lässt in der vollen Bedeutung des Wortes: Der Weg seelischen Wachstums und spiritueller Entwicklung, der Weg nach Hause in die Freiheit von *kaivalya*. Dies geschieht eigentlich ganz von selbst. Die Transformation (*parinama*), die uns wieder mit der Quelle verbindet, ist Grundprinzip allen Seins. Erinnern wir uns nochmals an Krishnas Worte: »Alle Wege führen zu mir.« Ob langsamer oder schneller, ob schmerzhaft oder freudvoll – das hängt allein davon ab, welche Kanäle geöffnet sind. Yoga kann diesen Prozess beschleunigen. Sind eines Tages alle Barrieren entfernt und die Fesseln losgelassen, die uns gegenwärtig noch daran hindern zu erkennen, dass wir ganz und heil(ig) sind, dann können wir mit dem Weisen Shankara sagen:

Ich bin ungebunden, ich bin ungebunden,
für immer und ewig ungebunden.
Ich bin Sein, Bewusstsein und Glückseligkeit.
Ich bin der: ICH BIN – für immer unvergänglich.[88]

# Vasanas (4–11)

**4**
**Alle mentalen Zustände werden nur vom Ich-Bewusstsein verursacht.**

**5**
**Diesem allein entspringen die zahllosen unterschiedlichen Bewusstseinsaktivitäten.**

**6**
**Von diesen unterschiedlichen Bewusstseinsaktivitäten hinterlassen nur jene, die in der Meditation entstanden sind, keinerlei karmische Eindrücke.**

## *Vom reinen Sein und gefallenen Engeln*

Reines Bewusstsein erkennt sich immer nur als ICH BIN. Da ist kein Etwas, kein ich bin dies oder das. Nur ICH BIN. Als Moses Gott in Gestalt des brennenden Dornbusches begegnete, fragte er: »Wer bist du?« Gott antwortete: »Ich bin der: ICH BIN.«

Sobald wir *etwas* sind, sind wir schon von der GANZHEIT getrennt durch unser Spezifisch-Sein, Anders-Sein. In den Begriffen der Sankhya-Philosophie: Kosmisches Bewusstsein wird individuelles Ego-Bewusstsein. So kamen wir in die Welt. Das ist der Preis der Abgrenzung von der Quelle. Definition, Selbstdefinition. Die erste Abgrenzung vom Ganzen ist *asmita:* »Ich bin« wird zu »Ich bin ich!« So ist der Ich-Gedanke der grundlegendste Gedanke überhaupt. Er ist der Grundirrtum. Von ihm aus entspinnen sich alle weiteren mentalen Regungen. Aus »Ich bin ich!« wird: »Ich bin dies und das und denke und will dies und jenes!« So addiert *asmita* immer mehr sich selbst hinzu, es wächst und wächst wie ein Krebsgeschwür. Aus dem anfänglichen »Ich bin ich!« wird eine Legion von Zuschreibungen, Rollen, Meinungen und so fort: Tausend Facetten von Chitta – das ist unser Selbst-Konzept oder besser: Ich-Konzept. »Konzept« kommt vom lateinischen *concipere,* das heißt zusammenstellen. Mentales Mobiliar sozusagen.

Weil gerade das Wort »Legion« gefallen ist, hier ein Bild aus der Bibel: Im *Markus-Evangelium* fragt Jesus den Dämon: »Wer bist du?« Der Dämon antwortet: »Mein Name ist Legion.« Der Teufel hat tausend Gesichter. In der Bibel steht für »Teufel« das Wort *diabolos.* Wie erhellend die Sprache hier doch wieder ist: *Dia* heißt »dazwischen«. Und *bolos* meint »werfen« (das Wort *Ball* kommt daher). *Diabolos* ist »der, der sich dazwischen wirft«, und uns daran hindert zu erkennen, was wir wirklich sind. Er ist das Ich und all seine Konzepte. *Diabolos* ist unser mühsam zusammengetragenes geistiges Mobiliar, mentaler Sperrmüll, der uns den freien Blick auf das Land des Schwans verstellt. Die tausend Namen des Teufels sind bloß die tausend Facetten von Chitta. Yoga bedeutet, diesen Sperrmüll wegzuräumen, loszulassen.

Wie die Geschichte im Markus-Evangelium weitergeht?

Jesus zwingt den Dämon, der Besitz von einem Schweinehirten ergriffen hat, in die Schweine und treibt diese einen Abhang hinunter. Der Besessene ist geheilt. Sicher hat Jesus niemals eine ganze Herde Schweine in eine Schlucht gestürzt, weil alles auf Erden ihm heilig war. Er hätte damit auch das ganze Vermögen und die Lebensgrundlage des Hirten vernichtet. Es ist nur ein Bild: Der Dämon ist das Ich. Die Schweine sind seine Legion – Haben und Sein. Der arme Hirte sind wir, die wir glauben, zu sein, was wir denken und haben. All das muss weg, den Hang hinunter. Es ist das mystisch-christliche Bild der *Vernichtigung der Seele*: Weg mit dem, was du nicht bist! *Via negativa. Neti neti. Viyoga*. Die Schweine den Hang hinabstürzen, ist das Bild aus der Bibel. Vom Ziehenlassen der Kühe sprach Buddha. *Vairagya*, sagt Patanjali. Alle sagen sie dasselbe.

## *Das Anhalten des Perpetuum mobile*

Sutra 4.4 erinnert uns an die Kleshas oder die grundlegenden Ursachen des Leidens (2.3–2.9). Alle mentalen Regungen *(vrittis)*, ob sie nun Leid verursachen oder nicht, werden geboren aus *asmita*, aus dem einen falschen Bewusstsein, das sich als getrenntes »Ich« empfindet. Und alle mentalen Regungen – Wahrnehmungen, Empfindungen, Gedanken, Gefühle – hinterlassen Spuren in Chitta. Sie lassen neuerliche Gedanken und Gefühle wachsen, sie lassen uns handeln und beständig neue Samen säen, sie graben die *vasanas*, das sind die tiefen Rinnen unserer Denk- und Verhaltensgewohnheiten. Es ist ein unaufhörliches Interagieren von *vrittis* – das Perpetuum mobile der *gunas,* die mit sich selbst spielen, oder: *samsara,* der Kreislauf von Tod und Wiedergeburt. Die Meditation durchbricht diesen Kreislauf. Sie führt uns zu *ritambhara prajna,* wirklichem Wissen. Dieses wirkliche Wissen fließt wie das Wasser des Bauern in die tiefen Rinnen von Chitta und glättet die Oberfläche. Es ist der Schleifstein, der Chitta zu Kristall werden lässt. Die Momente der Stille setzen keine karmischen Ursachen mehr. Es ist kein »Ich« mehr da, das sagt: Ich will! Sie transformieren Chitta hin zum stillen Fließen (*prasanta vahina,* 3.10).

## 7
## Das Karma des Yogi ist weder schwarz noch weiß. Das der anderen ist von dreierlei Natur – schwarz, weiß und gemischt.

*Asmita* wird im Grunde täglich neu geboren. Nur im Tiefschlaf sind wir frei davon. Ramana Maharshi sagt: »Der Zustand des Glücklichseins ohne ›Ich‹ im Schlaf ist mühelos. Das Ziel ist, diesen Zustand jetzt im Wachsein hervorzurufen. Das erfordert Bemühen.«[89] Dieses Bemühen ist Yoga. Samyama. Würde das ganze Leben zu Meditation, so wären wir befreite Seelen (*jivanmuktis*), weil schon immer frei von »Ich bin (nicht)« oder »Ich will (nicht) dies oder das«. Ohne *asmita* sein – nicht nur in der Meditation, sondern in all unserem Tun –, das ist das Prinzip des *wu wei* im Taoismus, des Bhakti Yoga in Indien oder: wirkliche christliche Nächstenliebe, vollkommen frei von jedweder moralischen Kategorie, ein Tun, das deshalb heilig ist, weil es ein Tun ohne »Ich« ist. Es macht uns selbst heil. Was wir mit *asmita* tun, das tun wir getrennt von Purusha, deshalb ist es nicht heilig, auch dann nicht, wenn wir die höchsten moralischen Gebote einhalten. Der Heilige braucht keine Gebote. Er hat das Tao.

Das Seiner-selbst-Entledigtsein, ein Leben aus dem inneren Licht heraus, macht den Yogi zum Yogi. Er setzt keine Ursachen mehr, weder »schwarze« noch »weiße«, wie Patanjali in Sutra 4.7 sagt. Die Kategorien von Gut und Böse und allem, was dazwischenliegt, mögen auf die meisten Menschen zutreffen (4.8), nicht aber auf den Verwirklichten. Er ist über die Zweischneidigkeit des Seins hinausgegangen. Er ist der Weise, wie ihn das zweite Kapitel des *Tao Te King* beschreibt:

Der Weise handelt, ohne zu handeln,
und lehrt, ohne zu sprechen.
Alles blüht rings um ihn,
und nichts davon lehnt er ab.
Er gibt, doch empfängt er nicht.
Er wirkt, doch ohne Lohn.
Er erfüllt, doch ohne Frucht.
Er tut nichts für sich selbst in dieser
vergänglichen Welt.
So kann nichts, was er tut, je vergehen.

### 8
**Von diesen drei Sorten Karma – schwarz, weiß, gemischt – manifestieren sich nur jene *vasanas*, die zur Reife gelangt sind.**

*Samskaras* sind einzelne mentale Eindrücke, die von unseren Wahrnehmungen, Gedanken, Gefühlen, von allen mentalen Regungen in Chitta erzeugt werden. Wir können auch sagen: Es sind die Samen, die auf dem karmischen Feld ausgesät werden. Das karmische Feld oder *karmashaya* steht für den uns nicht bewussten Aspekt von Chitta.

Samskaras finden sich zu »Bündeln« zusammen und formen so die prägenden Merkmale unserer Persönlichkeit: Dann heißen sie *vasanas* und meinen unsere Charakterzüge, Denk- und Verhaltensgewohnheiten. Erst wenn die passenden Gesamtbedingungen gegeben sind (Reifung), können sie sich ausbilden (Manifestation). Unsere Persönlichkeitsstruktur – ja unser ganzes Leben – ist das Ergebnis unzähliger Eindrücke, die in unzähligen Leben auf *karmasaya* gewirkt haben, gleichsam die Fußabdrücke in der Erde von Chitta. Die *vasanas* sind ihrer Natur nach weiß (»gut«, also hilfreich), schwarz (»schlecht«, also nicht hilfreich) oder gemischt: Und so ist unser aller Leben wohl zum größten Teil eine Palette aus Grautönen mit weißen und schwarzen Einsprengseln.

## 9

**Die *vasanas* sind zwar ganz unterschiedlicher Art, sie entstehen und reifen an verschiedenen Orten zu verschiedenen Zeiten. Dennoch besteht eine Verbindung und Kontinuität, da Erinnerung und *samskaras* eine Einheit bilden.**

Die *vasanas*, die uns gegenwärtig als Person prägen, sind nur ein kleiner Teil der *vasanas* von *karmashaya*. Unzählige haben in früheren Leben eine Rolle gespielt und unzählige werden erst in künftigen Existenzen zur Reife gelangen. Dabei sagt die Reihenfolge ihrer Entstehung nichts über die Reihenfolge ihrer Reifung aus, denn diese hängt allein von den jeweiligen Gesamtumständen ab. Unsere gegenwärtige Existenz ermöglicht einem einzigartigen Setting von Persönlichkeitsstrukturen – also nur einer ganz bestimmten Gruppe von *vasanas* – zur Reifung zu gelangen: Nur in diesem Leben sind wir die Person, die wir sind. Doch kein *vasana* wird vergessen oder übersehen. *Karmasaya* wird als Ganzes von Leben zu Leben getragen. Und so werden nicht wir als Person wiedergeboren (also die in diesem Leben zum Ausdruck gelangten *vasanas*), sondern wir als *karmashaya* (das ganze Feld potenzieller Persönlichkeitsstrukturen). Alle *vasanas* bleiben in nicht bewusster und sehr tief liegender Erinnerung *(smriti)*. So besteht eine innere Verbindung und Kontinuität durch all unsere Existenzen.

**10**

**Die *vasanas* sind anfangslos.**
**Und der Lebenswille ist endlos.**

**11**

***Vasanas* hängen ab vom Zusammenwirken**
**von vier Faktoren: Ursachen, Folgen,**
**einer Basis (nämlich dem Bewusstsein, Chitta,**
**in welchem sie zum Ausdruck kommen) und**

**Objekten (als Stimuli für die Sinnesorgane). Verschwinden diese Faktoren, dann verschwinden auch die *vasanas*.**

*Ashisah,* der Lebenswille, ist endlos. Wir können ihn zweifach deuten, zum einen als individuellen Lebenswillen, der uns durch alle Existenzen trägt: Leben will leben. Jedes Leben bringt die in der Vergangenheit entstandenen *vasanas* zum Ausdruck und erschafft wieder neue. Endlos, anfangslos. Wir können den Lebenswillen, zweitens, auch im größeren Zusammenhang interpretieren: als Schöpfungsprinzip, als immer neu sich variierendes Spiel *(lila)* von Entstehung, Wandel und Auflösung, das wir Perpetuum mobile der *gunas* genannt haben: Der nie endende Kreislauf aus Geburt und Tod (Samsara), das große Schauspiel von Prakriti.

Doch kann dieser Kreislauf durchbrochen werden. Das ist das Ziel spirituellen Wachstums, das Ziel von Yoga. *Vasanas* existieren nicht losgelöst von Bedingungen: Es müssen Ursachen gesetzt werden, also vom Ich-Bewusstsein *(asmita)* motivierte mentale Eindrücke *(samskaras)*: Gedanken, Reaktionen, Gefühle und so weiter. Diese gruppieren sich in der Folge zu *vasanas,* die bei günstiger Gelegenheit reifen und unsere Individualität zum Ausdruck bringen. Damit dies geschehen kann, ist natürlich eine Basis notwendig. Gemeint ist Chitta, genauer: *karmashaya,* denn dort bilden sich die *vasanas.* Schließlich sind Stimuli notwendig, dies sind vor allem die Objekte unserer Wahrnehmung. Wenn diese Bedingungen nicht (mehr) gegeben sind, können sich *vasanas* weder bilden noch können sie reifen: Wer nicht sät (Ursache), der muss nicht ernten (Folge). Ohne Chitta (Basis) keine mentalen Eindrücke (Objekte). Samyama ist die sanft schwingende Axt, mit der in dieses Gefüge von Bedingungen geschlagen wird: Die Objekte unserer Wahrnehmung werden so weit losgelassen, dass am Ende die Stille bleibt, ohne *asmita*. Der Kreislauf aus Säen und Ernten wird durchbrochen. Die Welle sinkt in den Ozean zurück.

# Die Einheit der Dinge im Wandel (12–14)

**12**

**Vergangenheit und Zukunft sind**
**die wahre Natur aller Dinge.**
**Durch sie bringt sich die Schöpfung**
**in vielfältigen Formen zum Ausdruck.**

**13**

**Diese Formen, ob manifest oder nicht,**
**sind zusammengesetzt aus *gunas*.**

**14**

**Im Wandel also liegt die Essenz**
**und Einheit der Dinge.**

Zeit ist nur eine Abfolge von Augenblicken, eine Bewegung von Moment zu Moment. Und Momente sind die gegenwärtigen Positionen der Grundbausteine der Welt (3.53–3.54). Was jetzt noch gegenwärtig ist, ist morgen schon Vergangenheit. Und was morgen Gegenwart ist, das ist heute Zukunft. Diese Bewegung ist allen Dingen immanent. Sie wird vom Zusammenspiel der *gunas,* den drei in der Schöpfung wirkenden Grundqualitäten, geprägt. Dies lässt die »Welt der zehntausend Dinge« entstehen, wie Lao Tse es nennen würde. Darin also ist ein jedes Ding dem andern gleich: Es ist ein Kompositum aus permanent in Bewegung begriffenen *gunas.* Der sichtbare Ausdruck dieser immanenten und grundlegenden Einheit allen Seins ist der Prozess, den wir Alterung nennen: Entstehen, Werden und Vergehen. Jemand fragt Shankara: »Was verrinnt so schnell wie Wassertropfen auf einem Lotusblatt?« Shankara antwortet: »Die Jugend, der Reichtum und die Jahre eines menschlichen Lebens.«[90] Doch nicht nur Körper vergehen. Der Kosmos selbst ist vergänglich. Und so sagt Jesus im *Thomas-Evangelium:* »Dieser Himmel wird vergehen und der über ihm wird vergehen.« (Logion 11)

# Objektive Existenz (15–17)

**15**
**Ein und dasselbe Objekt wird von jedem Bewusstsein anders wahrgenommen. Deshalb müssen Objekt und Bewusstsein getrennte Entitäten sein.**

**16**
**Die Existenz des Objektes ist nicht abhängig vom einzelnen Bewusstsein. Wäre es anders, was würde dann mit dem Objekt geschehen, wenn es nicht wahrgenommen würde?**

**17**
**Ob ein Objekt erkannt wird oder nicht, hängt von dessen Reflexion in Chitta ab.**

## *Der Rosengarten*

Zwei Menschen blicken auf einen Rosengarten. Der eine sieht die Blumen in ihrer ganzen Pracht und verspürt große Freude. Der andere fühlt bloß den Schmerz der Trennung vom geliebten Partner, mit dem er einst eine große Liebe für Blumen teilte. Ein Rosengarten. Zwei Wirklichkeiten. Aber der Rosengarten existiert trotzdem. Seine

Wirklichkeit ist nicht abhängig vom wahrnehmenden Bewusstsein. Der Rosengarten und das Bewusstsein dessen, der ihn wahrnimmt, sind zwei getrennte Entitäten. Geht einer der Beobachter fort, so hört der Garten für den anderen deshalb nicht auf zu sein. Und geht auch der andere noch, so wird der Regen des Tages dennoch auf die Blüten der Rosen fallen. Es ist eben nur kein Wesen in der Nähe, in dessen Bewusstsein der Rosengarten gespiegelt wird.

Erinnern wir uns an das Bild aus Sutra 1.41: Chitta ist wie ein Kristall. Legt man etwas daneben (ein Objekt der Wahrnehmung also), so färbt es Chitta, spiegelt sich darin. Wie Chitta gefärbt wird, hängt indes davon ab, wie es beschaffen ist, anders gesagt: welche *vrittis* darin wirken: Erinnerungen, Konzepte, Wünsche, Vorstellungen von schön und hässlich, gut und böse, schließlich auch die Qualität der physischen Wahrnehmung (Sinnesorgane). All dies erzeugt den individuellen Filter des Bewusstseins. Deshalb sehen tausend Menschen einen Rosengarten auf tausend Weisen. Doch der Rosengarten bleibt – auch wenn alle Beobachter wieder gehen.

Die Dinge des Alls existieren also wirklich, sagt Patanjali. Doch für jedes Wesen existieren sie anders. Und wie nun dringt man zur objektiven Wirklichkeit durch? Durch Meditation. Durch ein Eintauchen bis auf den Grund des Seins, zu den *gunas* selbst. Und hier, so wissen wir nun, sind sich alle Objekte gleich. Im Kern sind sie eins. Eins in der Ursubstanz und eins im Wandel (*parinama*). Auf dieser Ebene ist der Rosengarten eins mit dem Betrachter. Diese einzig objektive Wahrnehmung der Wirklichkeit ist nur in Samadhi möglich: Wirkliches Wissen, *ritambhara prajna*. Jenseits von Samadhi ist unser Wissen getrübt, verworren, konzepthaft, ichhaft, verzerrt und insofern Täuschung oder *maya*. Das Loslassen aller *vrittis* offenbart uns den Rosengarten als das, was er ist. Intellektuelles Verstehen allein hilft aber noch nicht. Erst eigenes Schauen lässt uns die Wirklichkeit erkennen. Wollen wir wissen, wie eine Erdbeere schmeckt, dann müssen wir sie probieren. Deshalb ist die Praxis so viel wichtiger als alle Worte.

## *Wirklichkeit oder Illusion?*

Von *maya* oder der Illusion der Welt spricht Shankara, der Gigant des Vedanta. Er widerspricht Patanjali, dem Genie des Yoga, wenn er sagt: »Wer behauptet, dass das All eine unabhängige Existenz habe, leidet noch an Verwirrung. Er ist wie einer, der im Schlaf spricht.«[91]

Ist der Widerspruch wirklich so groß? Ich denke, das ist er nicht. Man muss nur willens sein, ohne ideologische Scheuklappen hinzusehen: Das *Yogasutra* fordert uns auf, zur eigenen Wirklichkeit zu finden. Unsere Wahrnehmung der äußeren Welt ist verzerrt, und unsere Identifikation mit dieser verzerrten Wahrheit führt zu Leid und verhüllt das innere Licht reinen Gewahrseins, das wir tatsächlich sind. Wir müssen also das Außen loslassen und uns dem Innen zuwenden. Die Philosophie des Vedanta fordert uns ebenfalls auf zu erkennen, dass wir nicht sind, was wir wahrnehmen. Der Blickwinkel ist nur radikaler: Die wahrgenommene Welt ist totale Illusion. Dies zu erkennen führt zum Loslassen der Täuschung.

Yoga sagt: Lasse die verzerrte Wirklichkeit los und erkenne, dass du Purusha bist! Vedanta sagt: Lasse die Illusion los und erkenne, dass du Atman bist. Beide sagen: Erkenne, was du nicht bist, damit du erkennst, was du in Wahrheit bist. Die Methoden beider Wege sind Meditation und Selbsterforschung. Und so sagen beide letztlich das Gleiche. Sie zeigen auf die innere Wahrheit des Menschen. Der Wirklichkeit ist es gleichgültig, welches metaphysische Konzept wir vertreten. Entscheidend ist allein, dass wir uns ihr annähern – nicht durch Metaphysik, sondern durch praktische Arbeit an uns selbst, durch inneres Wachstum. Es ist dies der Grund, warum Buddha jegliche Antworten auf metaphysische Fragen immer verweigert hat. Sie befreien uns nicht.

# Die Unterscheidung von Chitta und Purusha (18–22)

18
**Purusha, reines Gewahrsein,
ist der Meister des Bewusstseins.
Er ist unveränderlich und
erkennt zu jeder Zeit dessen Muster.**

19
**Das Bewusstsein hat Objektcharakter.
Es leuchtet nicht aus sich selbst heraus.**

20
**Und Chitta kann nicht gleichzeitig sowohl
seiner selbst als auch eines Objektes gewahr sein.**

21
**Es ist absurd anzunehmen, eine Bewusstseinsebene würde durch wiederum eine andere
wahrgenommen und so fort, dies würde nur
zu Verwirrung führen.**

22
**Das Selbst ist unveränderlich. Chitta erscheint
bewusst, weil es dessen Form annimmt
(also das Licht von Purusha in ihm strahlt).**

Chitta, das Bewusstsein, ist wie der Mond: Er leuchtet hell, doch nicht aus sich selbst heraus. Er hat kein eigenes Licht, sondern reflektiert nur das Licht der Sonne. Chitta (für das wir kein besseres Wort als »Bewusstsein« haben) hat kein eigenes Bewusstsein, es ist nicht Subjekt. Es hat vielmehr den Charakter eines Objektes, gehört es doch, wie alle Dinge der Welt, zum Reich von Prakriti. Es ist geformt aus *gunas*, veränderlich und vergänglich. Das Licht, das in Chitta strahlt, ist das Licht des Sehers oder Zeugen, der Glanz von Purusha, die ewige Hintergrundstille reinen Gewahrseins, vor dem sich das Drama der Welt abspielt.

Die Objekte unserer Wahrnehmung spiegeln sich in unserem Bewusstsein. Man kann auch sagen: Die Objekte färben Chitta – so wie die Rose den Kristall färbt, neben den man sie legt. Chitta spiegelt die Rose, nicht aber sich selbst. Es kann nicht Subjekt und Objekt zugleich sein. Wie sollte Chitta sich selbst wahrnehmen? Man müsste ein »anderes Chitta«, eine weitere Ebene des Bewusstseins unterstellen, welche die erste Ebene wahrnimmt. Diese Ebene wiederum könnte ebenfalls nicht ihrer selbst gewahr sein und wir müssten eine nächste annehmen. Es entstünde eine unendliche Kette von Bewusstseinsebenen – ein Absurdum, wie Patanjali es nennt, heillose Verwirrung.

Es muss anders sein: Gewahrsein ist Purusha. Dessen Licht ist es, das in Chitta erstrahlt. So nimmt Chitta gewissermaßen die Form von Purusha an: Chittas Bewusstsein ist bloß geborgt, so wie sich der Mond das Licht der Sonne leiht. Das ist möglich, weil Chitta (genauer: *buddhi*, der höchste Aspekt von Chitta) Purusha so nahe ist. Es ist diese Nähe von Purusha und *buddhi*, die Chitta bewusst erscheinen lässt.

# Der Zweck von Chitta (23–24)

23

**Nur weil Chitta sowohl vom Seher als auch vom Gesehenen (den Objekten der Welt) zugleich gefärbt wird, kann Wahrnehmung geschehen.**

24

**Obgleich Chitta von unzähligen verschiedenen Persönlichkeitszügen geprägt ist, dient es nicht sich selbst, sondern einem anderen Zweck, nämlich Purusha. Nur mit ihm zusammen kann es wirken.**

Chitta, das komplexe Kompositum aus einer unendlichen Vielzahl von *vasanas* – den »Bündeln« von *samskaras,* die uns zu der Person machen, die wir sind –, ist der Mittler zwischen Purusha und der Welt. In Chitta spiegelt sich Prakriti in all ihrem Glanz und Elend. Und Purusha beleuchtet die Szene wie der Scheinwerfer die Bühne, selbst unveränderlich, ewig, nicht berührt von Leben, Wandel und Sterben. Unser Bewusstsein dient Purusha als Medium. Es ist unser Herz, durch das Gott in die Welt blickt (siehe auch Sutras 2.18, 2.20, 2.21).

# Das scharfe Messer Viveka (25–26)

**25**
**Wer richtig unterscheidet, der hört auf,**
**Chitta als sein Selbst zu sehen.**

**26**
**Neigt Chitta der unterscheidenden**
**Intelligenz zu,**
**ist man auf dem Weg zur Befreiung.**

*Viveka* ist die Fähigkeit zu unterscheiden: zwischen Licht und Dunkel, zwischen Purusha und Prakriti, zwischen Ewigem und Vergänglichem, zwischen Leben und Tod. Es ist das Messer, mit dem wir die Gulliverseile der Illusion kappen können, die uns am Boden festhalten. *Viveka* ist die Beschneidung im Geiste, wie Jesus es im *Thomas-Evangelium* sagt. Das *Hekiganroku,* die Niederschrift vom blauen Fels, gibt dem Leser Folgendes zur Kontemplation:

> Ein Schwert, das tötet – ein Schwert, das Leben gibt.
> Dies ist von alters her das überlieferte Prinzip,
> der Angelpunkt auch unserer Zeit.
> Aber sagt mir: Wo ist jetzt das Schwert, das tötet,
> und wo das Schwert, das Leben gibt?[92]

Es ist natürlich nur ein Schwert, das mit einem Hieb beides tut: Leben nehmen und geben. *Viveka* tötet *diabolos* –

unser Ichkonzept, das mentale Mobiliar, das uns den Gang ins Licht versperrt. Und es gibt zugleich Leben dem, was freilich nie tot war, dessen wir aber gegenwärtig nicht gewahr sind: Purusha. In der Zen-Sprache: unserer Buddha-Natur. Es ist Tod und Neugeburt in einem. Der alte Mensch stirbt, der neue wird geboren. Wiederauferstehung oder *second coming*, wie es im Englischen heißt, das zweite Erscheinen. Wer recht unterscheiden lernt, sagt Patanjali, ist auf dem Weg zur Befreiung. Er wird zum Schwan, der sein Glück nicht mehr in Pfützen sucht, wenn er doch den Großen See sein eigen nennt. Kabir sagt:

Der Schwan machte sich auf,
zum See jenseits der Berge zu fliegen.
Warum soll er noch nach Tümpeln
und Wassergruben suchen?
Gott wohnt in dir, warum sollten
deine Augen nach draußen schauen?[93]

# Phasen der Ablenkung und ihre Überwindung (27–28)

27

**Phasenweise werden dennoch ablenkende Gedanken auftreten. Dies geschieht wegen der tief liegenden Gewohnheiten.**

28

**Sie werden in der gleichen Weise beseitigt wie die Hauptursachen des Leidens.**

## *Das Yogasutra als Methodensammlung*

Trotz der sich entwickelnden Tendenz, *viveka* zur Richtschnur im eigenen Leben zu machen, wird auch der Yogi immer wieder von störenden Gedanken und Gefühlen abgelenkt werden. Die *vasanas* liegen tief: Sie sind in unzähligen Existenzen herangewachsen. Selbst die Weisen, wie die *Bhagavad Gita* sagt, sind nicht sicher davor. Es ist eben ein weiter Weg von der Kohle zum Diamanten. Doch schon unterwegs, lange vor dem Ziel, warten viele Schätze des Wohlseins, der Freude und Erkenntnis auf den Übenden: Er sieht, wie die neuen Saaten beginnen, Früchte zu tragen. Er macht seinen eigenen Körper und Geist zum Garten – ganz so, wie Kabir es gesungen hat:

Geh nicht in den Blumengarten!
Freund! Geh nicht dahin!
Der Blumengarten ist in deinem Körper.
Setz dich auf die tausend Blütenblätter
des Lotus und blicke von dort
aus auf die Unendliche Schönheit.[94]

Sutra 4.28 verweist nochmals auf die vielen Methoden und Instrumente, die uns bereits an die Hand gegeben wurden, um jene Gedanken und Gefühle in den Griff zu bekommen, die uns daran hindern, inneren Frieden zu erfahren. Allem Leid liegen die fünf Hauptursachen des Leidens zugrunde: unsere Identifikation mit dem, was nicht unser wahres Selbst ist, das Gefühl, ein vom Ganzen getrenntes Ich zu sein, Habenwollen und Nicht-Habenwollen und schließlich das Festhalten an der körperlichen Existenz beziehungsweise die Angst vor dem Tod. An die zentralen Instrumente, um diese Hindernisse zu überwinden, sei an dieser Stelle nochmals erinnert: Den am einfachsten zu gehenden Weg nannte Patanjali zuerst. Es ist die Hingabe an die Quelle unseres Seins. Er macht im ersten Kapitel eine ganze Reihe von Vorschlägen zur Meditation, damit wir mit der Stille im Innern in Verbindung treten können.

Im zweiten Kapitel entfaltet er, beginnend mit den drei Säulen des Kriya Yoga, die Praxis als einen integralen Weg, der alle Aspekte unseres Lebens einschließt, um ihn schließlich mit den acht Elementen des Yoga zu konkretisieren: Dazu gehört auf der äußeren Ebene der Umgang mit der Welt und uns selbst, das Arbeiten mit unserem

Körper und seiner Lebensenergie, sowie das Zurückziehen der Sinne als Brücke nach innen. Die Kultivierung positiven Denkens nennt Patanjali als weitere kraftvolle Methode, mit störenden Gedanken umzugehen.

Das dritte Kapitel wendet sich der inneren Ebene des Yoga zu: Es zeigt sich der Dreischritt, der von der Konzentration über die Meditation zu Samadhi führt.

Im Gesamtprozess einer hingebungsvollen Praxis entwickeln wir die unterscheidende Intelligenz, *viveka,* die uns hilft, zu einem schrittweisen Loslassen all dessen zu gelangen, was unserem inneren Frieden im Wege ist. Das Loslassen, *vairagya,* ist das Ziel des ganzen Unternehmens Yoga: Um in die Freiheit des Himmels zu fliegen, müssen wir vom Boden der Welt abheben.

# Kaivalya – Befreiung (29–34)

**29**
**Wer schließlich sein Interesse**
**selbst an den höchsten Bewusstseinszuständen**
**verloren hat und dauernd**
**in unterscheidendem Gewahrsein lebt,**
**der hat *dharmameghah samadhi* erreicht.**

**30**
**Dann lösen sich die Kleshas**
**und das Karma auf.**

**31**
**Da nun alle Schleier und Unvollkommenheiten**
**entfernt sind, ist die Erkenntnis**
**grenzenlos. So bleibt nur noch wenig zu wissen.**

## *Das Wegwerfen der Perle*

Stellen wir uns vor: Vom Beginn des Yoga-Weges an erhoffen wir uns etwas. Wir bemühen uns, wir erforschen uns, wir üben uns in Konzentration. Oft ist es nicht leicht. Doch immer wieder spornen wir uns selbst an, denn es geht ja um die ganz große Frucht: Die meditative Gipfelerfahrung von Samadhi. Es ist die Aussicht, die größte Ernte des Lebens einzufahren, die uns antreibt – heute, morgen oder irgendwann. Alles richtet sich allmählich darauf aus. Wir können das ganze Leben als große Chance begreifen, die uns jeden Tag neu die Möglichkeit gibt, aufzuwachen und zum Kern der Wirklichkeit durchzudringen. Wir wollen die Perle, die auf dem Grund des Sees liegt. Wir wollen sie unbedingt.

Und nun stellen wir uns weiter vor: Wir ergreifen sie. Da ist es, das innere Licht! Nichts anderes mehr will ich! Und da sagt uns Patanjali: Wirf sie wieder weg! Es ist das Letzte, was du noch wolltest, und auch das musst du wieder lassen. Du hast dein Leben lang geübt, um von der süßen Frucht zu essen, allein das wolltest du noch. Und nun wirf sie weg! Denn du musst alles Wollen lassen. Erst wenn der Erfahrende seine Erfahrung loslässt, erfährt er sich selbst. Dies ist die Erfüllung deines Dharma. Zen-Meister Sekito Kisen (700–790) hat es so gesagt: »Der Essenz zu begegnen und ihr zu folgen ist nicht das wahre Satori.«[95]

## *Dharmameghah samadhi*

Dharma meint, was die alten Griechen *to ti en einai* nannten: des Dinges eigentliches Wesen, das zur Erfüllung gelangen muss. Was ist das *to ti en einai* des Menschen? Was ist der Mensch an sich, seinem tiefsten Wesen und Zweck nach? Zu sich selbst kommen, sagt Yoga. Das Dharma der Rose ist, zu erblühen. Das Dharma des Senfkorns ist, Baum zu werden. Das Dharma des Menschen ist die Selbst-Verwirklichung. Der Mensch im Vollmaß seines Lebens ist der erwachte Mensch.

*Dharma* wird oft mit Tugend übersetzt. Wenn wir es so verstehen wie die alten Griechen – als *arete* –, dann gibt der Begriff einen guten Sinn: *Arete* meint Tugend im Sinne von »taugen«: Die *arete* des Messers ist, zu schneiden. Ein Messer, das taugt, schneidet gut. Die *arete* des Hauses ist, uns zu beherbergen. Taugt es, dann wird es uns Schutz geben. Die *arete* des Menschen ist, die eigene Essenz in der Gipfelerfahrung von Samadhi zu erkennen – und dann Samadhi loszulassen. *Paravairagya.* Wir lassen los, was wir am meisten gesucht haben, sobald wir es gefunden haben. Erst dann sind wir erblüht. Es ist ein Verlassen der Erde (Prakriti), um zum Himmel zu gelangen (Purusha) und schließlich über beide hinauszugehen: *dharmameghah samadhi.* Da ist nur noch Sein, Bewusstsein und Glückseligkeit. *Satchitananda.* Ein Zustand des immerwährenden Jetzt-Seins, der sogar befreit ist vom Wollen des Höchsten, was ja immer auch ein Nicht-Wollen des Gegenteils ist. Doch am Ende heben sich alle Gegenteile auf. Der Yogi lebt in der Welt der Zweischneidigkeiten im permanenten Bewusstsein um ihre letztliche Einheit. Im *Sandokai,* einem der Urtexte des Zen, lesen wir: »Licht und Dunkel stehen einander gegenüber, doch das eine hängt ab vom andern wie der Schritt des rechten Beines von dem des linken.«[96]

Das Dharma oder *to ti en einai* aller Menschen ist gleich, nicht der Weg zwar, doch sein Zweck und Ziel. Und der Weg kennt keine Himmelsrichtungen – er führt am Ende immer zu Gott. Das *Sandokai* sagt deshalb: »Die Menschen sind verschieden in Gefühl und Intelligenz, doch auf dem Weg gibt es keinen Süden und keinen Norden.«[97]

## *Die Wolke*

Wenn der Yogi zu *dharmameghah samadhi* gelangt ist, lebt er in *satchitananda:* Sein-Bewusstsein-Glückseligkeit, einem Zustand, der alle Fesseln gesprengt hat, es gibt kein Leiden und kein Säen karmischer Saaten mehr. Keinen Grund mehr für Sadhana. Das Üben hat ein Ende. Die befreite Seele blickt auf die Welt, ohne in ihren Fängen zu sein. Sie erfährt beides zugleich – Befreiung und Welt, Purusha und Prakriti. Doch sie weiß, sie ist nicht Prakriti, denn sie lebt in *viveka-khyateh,* permanentem unterscheidendem Gewahrsein. Sie ist eingehüllt in die Wolke *(meghah)* der Erkenntnis, wie einst Moses, der auf dem Berge Sinai in der Wolke Gottes stand. Er wurde eins mit IHM (Exodus 16, 10).

Die Wolke meint kein Wissen im intellektuellen Sinne, denn der Urgrund ist nicht denkbar. Es ist vielmehr ein Nicht-Wissen, ganz so, wie es der unbekannte Autor der mystischen Schrift *Die Wolke des Nichtwissens* im England des 14. Jahrhunderts zum Ausdruck brachte. In der Wolke des Nicht-Wissens sein meint, in der Wolke auf dem Berge Sinai stehen, das ist: *dharmameghah samadhi.* Um auf diesen Gipfel zu gelangen, muss man alles schwere Gepäck hinter sich lassen und die Identifikation mit Körper, Denken und Fühlen aufgeben. Dann bleibt nur Gewahrsein, Liebe, Stille. Zur Wolke des Nicht-Wissens führt uns erst die Wolke des Vergessens: Wie wir einst vergaßen, eins mit Gott zu sein, so müssen wir nun den Glauben vergessen, Körper oder individuelles Bewusstsein zu sein. Wir sind nicht *kaya.* Wir sind nicht Chitta. Wir sind Purusha. Gottes Funke.

## *Die befreite Seele in der Welt*

Der Yogi, der in *dharmameghah samadhi* lebt, flieht nicht die Welt. Er wirkt zum Guten in ihr. *Jivanmukti,* die befreite Seele, wird zur befreienden Kraft für Prakriti *(prakriti moksha)* – zum Segen für die Welt. Licht versteckt sich nicht. Jesus sagte: »Keiner entzündet eine Lampe und stellt sie unter einen Korb, noch stellt er sie an einen verborgenen Ort. Vielmehr stellt man sie auf einen Leuchter, so dass alle, die kommen und gehen, ihr Licht sehen werden.« (*Thomas-Evangelium,* Logion 33) Der Mensch, der einst in Ketten lag, sich auf den Weg machte und die Sonne fand, kehrt also zurück, um auch den anderen zu helfen, ihre Ketten zu lösen. »Der befreite Einzelmensch«, sagt Satyananda Saraswati, »muss kämpfen. Er muss seinen Kampf fortsetzen gegen Schmerz, gegen Elend und gegen die Ursachen des Schmerzes (…). So fährt er fort, die Botschaft des guten Lebens auf Erden zu verbreiten. Schließlich, wenn er fühlt, dass er den Millionen, die leiden, einen Weg gezeigt hat, geht er über das Reich von Prakriti hinaus und wird *videha mukta.*«[98] Das meint: Befreit und körperlos.

Jesus, Buddha, Sokrates, Laotse, Patanjali – sie alle und noch viele mehr – haben so gelebt. Sie waren *jivanmuktis,* die der Welt ihre gute Botschaft brachten, um sie zu befreien. Sie taten dies, solange sie als Menschen in Fleisch und Blut auf der Erde lebten. Und oft bezahlten sie dafür mit ihrem körperlichen Leben, ein Preis, der ihnen nicht zu hoch erschien angesichts der Wirklichkeit, die sie lebten. Die Schriften zeugen davon – wie Briefe, die uns hinterlassen wurden.

**32**
**Dann endet die Abfolge des Wandels der *gunas,* denn sie haben ihren Zweck erfüllt.**

**33**
**Abfolge meint die von Moment zu Moment stattfindende Transformation, die am Ende erkannt wird (wenn der Prozess zum Abschluss gelangt ist).**

## *Das Ende der Zeit*

Ihr, die ihr den WEG sucht,
vergesst nicht den
gegenwärtigen Augenblick.

*Sekito Kisen*

Die veränderliche Welt ist die Abfolge der *gunas* von Moment zu Moment, von Zeit-Atom zu Zeit-Atom, von Zustand zu Zustand. Patanjali hat das schon gesagt (3.53–3.56). Was wir jedoch sehen, ist nicht diese Abfolge selbst, die doch nur ewige, sich verändernde Gegenwart ist. Eine Vielzahl kurzer Momente *(kshanas)* streichen unerkannt an uns vorbei. Wir sehen sie nicht, weil wir immer in Vergangenheit und Zukunft leben und kaum jemals gegenwärtig sind. Irgendwann blicken wir dann in den Spiegel und merken, dass wir »plötzlich« alt geworden sind. Wir sehen nur das Ergebnis einer ganzen Kette von

Veränderungsprozessen: Veränderung erleben wir von ihrem »Ende« her. Und nun blicken wir voraus und sehen den Tod. Doch wann sind wir je gegenwärtig?

Wer den Zustand des Yoga erreicht hat – *chitta vritti nirodha*, das Zur-Ruhe-Kommen der mentalen Muster –, lebt immer jetzt. Er kennt weder gestern noch morgen. Seine Transformation ist abgeschlossen. Das ewige Verankert-Sein im gegenwärtigen Augenblick bedeutet das Ende des Zwecks von Prakriti. Im zweiten Kapitel sagte Patanjali: Für einen, der sein Ziel erreicht hat, hört die Welt auf zu sein (2.22). Die Welt dient dem Heimkommen des Menschen. Indem der Yogi erkennt, dass er nicht von ihr ist, kann er völlig befreit in ihr sein.

34

**Da die *gunas* nun ihren Zweck erfüllt haben,<br>gehen sie wieder in Prakriti auf.<br>Das ist Befreiung. Anders gesagt: Die Kraft reinen<br>Bewusstseins ruht in sich selbst.**

## *Vier Wahrheiten – eine Wirklichkeit*

Der Befreite hat die vier Wahrheiten des Seins erkannt – die Summe der *Upanishaden* und aller heiligen Schriften der Menschheit, die doch nur die Eine Wirklichkeit beschreiben:

Gott ist Reines Gewahrsein – *Prajnanam Brahma*.<br>Ich bin Reines Gewahrsein – *Ahambrahmasmi*.

Du bist Reines Gewahrsein – *Tatwamasi.*
Jeder ist Reines Gewahrsein – *Ayamatma Brahma.*

»Die Natur hat ihren Zweck erfüllt«, sagt Vivekananda in seinem Kommentar zum letzten Vers des *Yogasutra* und schließt mit diesen Worten: »Sanft nimmt sie die Selbstvergessene Seele sozusagen bei der Hand, und sie zeigt ihr alle Erfahrungen des Alls, alle Äußerungen. Sie bringt sie höher und höher durch die verschiedenen Körper, bis ihr verlorener Glanz zurückkehrt und sie sich ihrer eigenen Natur erinnert. Dann geht die liebevolle Mutter den Weg zurück, den sie gekommen ist, um der anderen willen, die sich genauso in der weglosen Wüste des Lebens verirrt haben. So arbeitet sie, ohne Anfang und ohne Ende. Und so fließt, durch Freude und Leid, durch Gut und Böse, der unendliche Fluss der Seelen in den Ozean der Vollkommenheit, der Selbst-Verwirklichung. Gepriesen seien die, welche ihre wahre Natur verwirklicht haben! Möge ihr Segen unser sein!«[99]

# Das Yogasutra in der Nussschale

# 1
# Meditation: Samadhi Pada

## *Was ist Yoga? (1–4)*

1 Nun (atha) ist es so weit: Die Einführung in Yoga beginnt.
2 Yoga ist das Zur-Ruhe-Kommen (nirodhah) der dauernd sich verändernden mentalen Muster (chitta-vritti).
3 Dann ruht der Seher (drashthuh) in sich selbst: Dies ist Selbst-Verwirklichung.
4 Zu anderen Zeiten, wenn wir nicht im Zustand der Selbst-Verwirklichung sind, nimmt der Seher die Form der mentalen Muster (vrittis) an: Es scheint, als wäre er identisch mit ihnen.

## *Vrittis – die mentalen Muster (5–11)*

5 Es gibt fünf Arten mentaler Muster. Sie können mit Leid (klishta) verbunden sein oder nicht (aklishtah).
6 Diese fünf sind: richtiges Wissen, falsches Wissen, Vorstellung, tiefer Schlaf und Erinnerung.
7 Richtiges Wissen (pramana) kann auf drei Wegen erlangt werden: durch direkte Wahrnehmung, über logische Ableitung und mittels Zeugnis.
8 Falsches Wissen (viparyaya) beruht darauf, dass wir

eine Sache anders wahrnehmen, als sie in Wirklichkeit ist.

9 Vorstellungen (vikalpa) sind mentale Muster, die nicht auf real existierenden Objekten beruhen.

10 Tiefer Schlaf (nidra) hat die Leere zum Objekt.

11 Erinnerungen (smriti) sind in der Vergangenheit entstandene Eindrücke, die nicht losgelassen wurden.

## *Abhyasa und vairagya – Praxis und Loslassen (12–16)*

12 Diese mentalen Muster (vrittis) können durch Praxis (abhyasa) und eine innere Haltung des Losgelöst-Seins (vairagya) zur Ruhe gebracht werden.

13 Praxis (abhyasa) bedeutet, sich darin zu üben, einen stabilen Zustand mentaler Stille zu erreichen.

14 Wird eine Praxis lange Zeit ohne Unterbrechung und mit Hingabe verfolgt, dann wird sie zur stabilen Grundlage.

15 Losgelöst-Sein (vairagya) ist ein Zustand, in dem völlige Wunschlosigkeit erreicht ist in Bezug auf Gesehenes und Gehörtes, selbst im Blick auf das, was in den Schriften vermittelt wird.

16 Wenn es nicht einmal mehr ein Anhaften an den Grundbausteinen der Natur (gunas) gibt, weil es zur Erfahrung reinen Gewahrseins, Purusha, gekommen ist, dann ist dies die höchste Form des Loslassens: das Große Losgelöst-Sein: *paravairagya.*

## *Samadhi (17–18)*

17 *Samprajnata samadhi* ist das vollkommene Eintauchen in ein Objekt durch Konzentration. Mit ihm verbunden sind vier Phänomene: *vitarka, vichara, ananda* und *asmita.*

18 Die zweite Art von Samadhi ist *asamprajnata samadhi.* Ihr geht die kontinuierliche Bemühung voraus, jeden mentalen Inhalt loszulassen, selbst das Objekt der Meditation (pratyaya). Allein die nicht bewussten, sehr tief liegenden Eindrücke (samskaras) bleiben noch übrig.

## *Wege zu Samadhi (19–20)*

19 Manche erreichen *asamprajnata samadhi* ganz spontan, ohne üben zu müssen.

20 Andere erfahren *asamprajnata* durch Vertrauen, Willensstärke, Achtsamkeit und das Üben von Konzentration, um Weisheit zu erlangen.

## *Innerer Drang (21–22)*

21 Wer ein intensives Drängen in sich verspürt, erreicht *asamprajnata* schnell.

22 Dieser innere Drang kann verschieden stark ausgeprägt sein – mild, mittel oder intensiv – und so unterscheiden sich die Menschen im Hinblick auf ihre Nähe zum Zustand von *asamprajnata samadhi.*

## *Hingabe an die Quelle des Seins (23–29)*

23 Oder man erreicht *asamprajnata samadhi*, indem man sich Ishvarah, der schöpferischen Quelle allen Seins, hingibt (Ishvarah-pranidhana).

24 Ishvarah ist eine besondere Art Purusha, frei von Leid, jenseits von Ursache und Wirkung (karma) und unberührt von latenten Eindrücken vergangenen Tuns (samskaras).

25 Dort liegt die Quelle aller Erkenntnis.

26 Schon die Weisen der Vorzeit wurden von Ishvarah, der ohne Zeit ist, gelehrt.

27 Ishvarahs Klang (pranava) ist OM.

28 Diesen Klang soll man sich immer wieder in Erinnerung rufen (japa), wissend wofür er steht.

29 Durch diese Übung richtet sich das Bewusstsein nach innen; Hindernisse auf dem Weg werden überwunden.

## *Hindernisse (30–31)*

30 Die Hindernisse, die unseren Geist unruhig machen, sind: physische Krankheit, Mattigkeit, Zweifel, Nachlässigkeit, Trägheit, Mangel an Selbstkontrolle, gestörte Wahrnehmung, die Unfähigkeit, höhere Stufen des Yoga zu erreichen und die Unfähigkeit, das bereits erreichte Niveau zu halten.

31 Diese Hindernisse werden begleitet von Schmerz, Niedergeschlagenheit, Unruhe und unregelmäßiger Atmung.

### *Methoden zur Überwindung der Hindernisse (32–39)*

32 Sich in der kontinuierlichen Ausrichtung auf nur ein (eka) Objekt zu üben (abhyasa), ist das Gegenmittel zur Überwindung der Hindernisse.

33 Das Bewusstsein (chitta) wird ruhig, wenn wir eine innere Haltung kultivieren, die sich dem Glück anderer freundlich zugewandt zeigt und von Mitgefühl für leidende Wesen geprägt ist, eine Haltung, die ehrliche Freude über Gutes zum Ausdruck bringt und von Gelassenheit gegenüber dem Negativen zeugt.

34 Chitta kommt auch zur Ruhe, indem wir die Atmung kontrollieren, vor allem, wenn wir den Fokus auf die Ausatmung legen und auf die Stille, die ihr folgt.

35 Auch die Fokussierung auf feine Sinneswahrnehmungen führt einen stabilen Zustand des Geistes (chitta) herbei.

36 Auch die Konzentration auf das Strahlen in unserem inneren Raum, das frei ist von allem Leid, wirkt beruhigend auf Chitta.

37 Man kann sich ebenso auf das Licht eines Menschen ausrichten, der über alles Habenwollen hinausgegangen ist.

38 Auch die Konzentration auf die Erfahrung des Träumens oder des Tiefschlafs bringt den Geist (chitta) zur Ruhe.

39 Ebenso kann jede andere Meditationsform Chitta zur Stille führen.

## *Die Früchte der Meditation (40–51)*

40 Durch diese Übungen [33–39] entwickelt der Geist (chitta) die Fähigkeit, auf allerkleinste oder allergrößte Objekte gleichermaßen vollkommen fokussiert zu bleiben, und kommt so unter Kontrolle.

41 So wie ein reiner Kristall die Farben und Formen des Objektes annimmt, das neben ihn gelegt wird, nimmt das Bewusstsein (chitta), dessen Regungen (vritti) fast ganz zur Ruhe gekommen sind, die Qualitäten jedes beobachteten Objektes an, sodass der Beobachter, das beobachtete Objekt und der Prozess des Beobachtens eins werden: Dieser Zustand der Verschmelzung heißt *samapatti*, das Zusammenfallen.

42 *Savitarka samapatti* ist ein Zustand, in dem das Bewusstsein (chitta) in einer Weise in das Objekt der Meditation eingetaucht ist, dass der Name des Objektes, seine Gestalt und die mit ihm verbundenen mentalen Inhalte noch miteinander vermengt sind.

43 Wenn Chitta von allen mit dem Objekt der Meditation verbundenen mentalen Inhalten gereinigt ist, dann scheint allein noch die wahre Natur des Objektes klar in ihm auf. Dies ist *nirvitarka samapatti*.

44 So wie der Yogi auf zweierlei Weise mit dem grobstofflichen Objekt verschmelzen kann (in *savitarka* und *nirvitarka*), so kann er auch in die feinstoffliche, energetische Ebene des Objektes auf zweierlei Weise eintauchen: Dies sind die Zustände von *savichara* und *nirvichara samapatti*.

45 Das Eindringen in die feinstoffliche Natur der Objekte findet sein Ende erst in der Formlosigkeit selbst.

46 All diese Stufen von Samadhi sind *sabija* – mit Same.

47 Wenn *nirvichara samadhi* vervollkommnet ist, beginnt das innere Licht zu leuchten.

48 Dort liegt wirkliches Wissen (ritambhara prajna).

49 Wirkliches Wissen unterscheidet sich völlig von Wissen, das aus Schriften oder durch logisches Schließen gewonnen wird.

50 Die mentalen Eindrücke (samskaras), die durch diese Art Samadhi hervorgerufen werden, löschen alle anderen Eindrücke aus.

51 Vergehen schließlich auch diese Eindrücke noch, dann wird das Samadhi ohne Same erreicht: *nirbija samadhi.*

# 2
# Praxis:
# Sadhana Pada

## *Kriya Yoga (1–2)*

1 Kriya Yoga ist der praktische Weg des Yoga. Zu ihm gehören: Reinigung (tapas), Selbsterforschung (svadhyaya) und Hingabe an die Quelle, aus der wir kommen (Ishvarah-pranidhana).

2 Kriya Yoga wird geübt, um Samadhi zu erreichen und die Hauptursachen des Leidens (kleshas) zu minimieren.

## *Fünf Kleshas – die Hauptursachen des Leidens (3–9)*

3 Es gibt fünf Hauptursachen, die zu Leid führen: das Nicht-Verstehen der wahren Natur unseres Seins (avidya), die Ich-Zentriertheit (asmita), Haben-Wollen (raga), Nicht-Habenwollen (dvesha)und das Hängen an der Kontinuität unseres körperlichen Daseins, verbunden mit der Angst vor dem Tod (abhiniveshah).

4 Das Nicht-Verstehen der wahren Natur unseres Seins (avidya) ist der fruchtbare Boden, auf dem die anderen Leidensursachen gedeihen. Sie können inaktiv, schwach, nur gelegentlich auftretend oder dauernd und voll aktiv sein.

5 Die wahre Natur unseres Seins nicht zu verstehen (avidya) meint: das Nicht-Selbst (anatman) für das Selbst (Atman) zu halten. Es bedeutet, das Unreine mit dem Reinen, das Vergängliche (anitya) mit dem Ewigen (nitya) und das Glück (sukha) mit dem Schmerz (duhkha) zu verwechseln.
6 Die Ich-Zentriertheit (asmita) entsteht, weil der Seher, der reines Gewahrsein ist, fälschlicherweise mit dem Instrument der Wahrnehmung identifiziert wird.
7 Habenwollen (raga) tritt in Verbindung mit angenehmen Erfahrungen (sukha) auf.
8 Nicht-Habenwollen (dvesha) tritt in Verbindung mit unangenehmen Erfahrungen (duhkha) auf.
9 Die Angst vor dem Tod ist eine intrinsische, sich selbst erhaltende Kraft, die auch in weisen Menschen wirksam ist.

## *Die Überwindung der Kleshas (10–11)*

10 Die Hauptursachen des Leidens (kleshas) liegen sehr tief. Sie werden überwunden, indem der Geist zu der Quelle zurückkehrt, der er entspringt.
11 Dies geschieht durch Meditation. Sie überwindet die Identifikation mit den mentalen Mustern (vrittis).

## *Kleshas und Karma (12–17)*

12 Die Kleshas sind die Wurzel (mula) des angesammelten Karma (karmashaya), das in diesem oder einem künftigen Leben erfahren wird.

13 Solange diese Wurzel (mula) existiert, wird sie Früchte hervorbringen, nämlich: Geburt, Lebenszeit und Lebenserfahrungen.

14 Es hängt von Verdiensten und Fehlern ab, inwieweit diese als freudvoll oder schmerzhaft (paritapa) erfahren werden.

15 Wer Unterscheidungskraft (viveka) besitzt, erkennt: Letztlich sind alle Erfahrungen (angenehme wie unangenehme) mit Leid verbunden. Entweder sind sie aus sich heraus akut frustrierend oder schmerzhaft (tapa); oder sie bereiten den Boden (samskaras), auf dem spätere Frustration und Schmerz wachsen, oder die mentalen Muster (vrittis) unterliegen wegen der *gunas* dauernden Schwankungen (und wir empfinden deshalb heute als angenehm, was uns morgen vielleicht schon unangenehm ist).

16 Schmerz, der noch nicht eingetreten ist, sollte vermieden werden.

17 Die Ursache (des Schmerzes), den es zu beseitigen gilt, liegt in der (nur scheinbaren) Verbindung von Seher (Purusha, Subjekt) und Gesehenem (prakriti, Objekt).

*Prakriti und purusha (18–27)*

18 Die Objekte unserer Wahrnehmung (drshyam) sind ihrer Natur nach entweder lichthaft (prakasha), aktiv (kriya) oder unbeweglich (sthiti). Sie setzen sich zusammen aus Elementen (bhutas) und den Instrumenten unserer Wahrnehmung (indriyas). Ihr Zweck ist es, sowohl Erfahrungen zu ermöglichen als auch Befreiung.

19 Die Grundbausteine der Natur (gunas) existieren in vier Zuständen: spezifisch (vishesa), unspezifisch (avishesa), differenziert (linga-matra) oder undifferenziert (alingani).

20 Der Seher (Purusha, Selbst) ist die bloße Kraft des Sehens. Obgleich er die mentalen Inhalte sieht, bleibt er selbst ganz unberührt.

21 Die Objekte unserer Wahrnehmung existieren allein um Purusha willen.

22 Für einen, der sein Ziel erreicht hat, hört die Welt auf zu sein. Für alle anderen existiert sie fort.

23 Die (scheinbare) Verbindung (samyoga) von Purusha und Prakriti hat den Zweck, die wahre Natur von beiden zu erkennen.

24 Das Nicht-Verstehen der wahren Natur unseres Seins (avidya) ist die Ursache für diese (scheinbare) Verbindung (samyoga).

25 Wird *avidya* beseitigt, so verschwindet die (scheinbare) Verbindung.

26 Das Mittel hierzu (zur Beseitigung von *avidya*) ist, ununterbrochenes unterscheidendes Gewahrsein (viveka-khyateh) anzuwenden.

27 Diese Weisheit (prajna) entfaltet sich in sieben Schritten.

## *Die acht Elemente des Yoga (28–29)*

28 Wenn wir die verschiedenen Elemente des Yoga üben, werden Unreinheiten beseitigt. Spirituelle Erkenntnis (jnana) scheint auf und entwickelt sich schließlich zum unterscheidenden Gewahrsein (viveka-khyateh).

29 Die acht Elemente des Yoga sind: Regeln für das Verhalten in unserem persönlichen Umfeld (yama), Regeln für den Umgang mit uns selbst (niyama), die Meditationshaltung (asana), Ausweitung und Kontrolle der Lebensenergie durch Atemübungen (pranayama), das Zurückziehen der Sinne (pratyahara), Konzentration (dharana), Meditation (dhyana) und Samadhi.

## *Yama: Die fünf Regeln für das Verhalten in unserem persönlichen Umfeld (30–31)*

30 Die Regeln für das Verhalten in unserem persönlichen Umfeld (yama) sind: Nicht-Schaden (ahimsa), Aufrichtigkeit (satya), Nicht-Stehlen (asteya), leben im Bewusstsein um die Quelle, aus der wir kommen (brahmacarya), und Nicht-Greifen (aparigraha).

31 Diese Regeln sind universell gültig, unabhängig von Status, Ort, Zeit und Umständen. Sie sind das Große Bekenntnis (mahavratam).

## *Niyama – fünf Regeln für den Umgang mit uns selbst (32)*

32 Die Regeln für den Umgang mit uns selbst (niyama) lauten: Reinheit von Körper und Geist (shaucha), die Kultivierung einer Haltung der Zufriedenheit (santosha), reinigende und stärkende Übungen (tapas), Studium und Selbsterforschung (svadhyaya) und Hingabe an die Quelle, aus der wir kommen (Ishvarah-pranidhana).

## *Umgang mit negativen Gedanken und Emotionen (33–34)*

33 Wenn uns negative Gedanken oder Gefühle (vitarka) umtreiben, sollten wir gegenteilige Gedanken kultivieren (pratipaksha bhavanam).

34 Zu den negativen Gedanken und Gefühlen (vitarka), gehört zum Beispiel, jemanden verletzen zu wollen, ob wir dies nun selbst tun, veranlassen oder autorisieren wollen, ob aus Gier, Ärger oder Verwirrung, ob mild, mäßig oder stark. Solchen Gedanken und Gefühlen begegnen wir, indem wir uns bewusst machen, dass sie nur zu endlosem Leid und Verblendung führen: Das ist die Praxis von *pratipaksha bhavanam*, das Kultivieren gegenteiliger Gedanken.

## *Die Früchte der Yamas (35–39)*

35 Ist einer fest in Gewaltlosigkeit (ahimsa) verankert, so versiegt in seiner Gegenwart jegliche Feindseligkeit.
36 Ist jemand fest in Wahrhaftigkeit (satya) gegründet, so wird Wirklichkeit, was er sagt.
37 Wer fest im Nicht-Stehlen (asteya) verwurzelt ist, dem offenbaren sich alle Schätze.
38 Wer fest verankert ist im Bewusstsein um die Quelle, aus der wir kommen (brahmacharya), der erfährt Vitalität (virya).
39 Wer in Nicht-Greifen (aparigraha) gefestigt ist, erkennt den Grund seiner Existenz.

## *Die Früchte der Niyamas (40–45)*

40 Durch die Reinigung (shaucha) von Körper und Geist entwickelt sich innerer Abstand zu unserem Körper und dem anderer Menschen.
41 Der Yogi erlangt sattvische Klarheit, ist fröhlich und einsgerichtet und entwickelt die Fähigkeit, sein Selbst zu erkennen.
42 Zufriedenheit (santosha) bewirkt höchste Freude (sukha).
43 Die disziplinierte Anwendung (tapas) der reinigenden und stärkenden Übungen des Yoga beseitigt alle Unreinheiten und bewirkt die Vervollkommnung von Körper und Sinnesorganen.
44 Selbsterforschung (svadhyaya) führt zum inneren Licht (devata).

45 Totale Hingabe an die Quelle, aus der wir kommen (Ishvarah-pranidhana), führt zu Samadhi.

## *Asana – die Meditationshaltung (46–48)*

46 Die Meditationshaltung sollte stabil (sthira) und angenehm (sukha) sein.
47 Und indem wir alle Anspannung loslassen, können wir uns auf das Unendliche ausrichten.
48 So verlieren die (physischen und mentalen) Gegensatzpaare (gegensätzliche Empfindungen, dvandva) ihren Einfluss.

## *Pranayama (49–53)*

49 Dann beginnt Pranayama, eine Praxis, die den Fluss von Ein- und Ausatmung (kontrolliert) unterbricht (viccheda).
50 Die drei Vorgänge Ausatmen, Einatmen und Anhalten des Atems werden hinsichtlich der Dimensionen Ort, Zeit und Zahl reguliert mit dem Ziel, sie zu verlängern und zu verfeinern.
51 Es gibt noch einen vierten Vorgang (chaturthah), der über die Ein- und die Ausatmung hinausgeht.
52 Dann löst sich der Schleier auf, der das Licht des Bewusstseins (prakasha) verdeckt.
53 Und unser Geist (manas) erlangt die Fähigkeit zur Konzentration (dharana).

*Pratyahara – der Rückzug der Sinne (54–55)*

54 Pratyahara ist, wenn sich die Sinnesorgane von den Objekten (der äußeren Welt) zurückziehen und gewissermaßen die Natur des Bewusstseins (chitta) nachahmen.

55 Dies führt zur vollkommenen Kontrolle über die Sinnesorgane.

# 3
# Loslösung: Vibhuti Pada

## *Konzentration, Meditation und Samadhi (1–3)*

1 Konzentration (dharana) ist die Ausrichtung (bandha) des Bewusstseins auf einen Punkt (ein Objekt, eine Idee).
2 Meditation (dhyana) ist das ununterbrochene Fließen des Bewusstseins in Richtung des ihm präsentierten Objektes.
3 Samadhi ist, wenn das Objekt allein noch in seiner Essenz (svarupa) erscheint, so als wäre es ohne Form (shunya).

## *Samyama (4–8)*

4 Zusammen heißen diese drei Prozesse (dharana, dhyana, samadhi) Samyama.
5 Wer Samyama meistert, erlangt das Licht der Weisheit (prajna-alokah).
6 Samyama entwickelt sich stufenweise.
7 Im Verhältnis zu den bereits genannten Elementen (yama, niyama, asana, pranayama, pratyahara) sind diese drei innere Elemente (antaranga).
8 Doch im Verhältnis zu *nirbija samadhi* (dem Samadhi »ohne Same«) sind sie äußere Elemente (bahiranga).

*Transformation des Bewusstseins (9–15)*

9 Wird unser Bewusstsein (chitta) ganz von jener Stille (nirodha) durchdrungen, die im Moment zwischen dem Auftauchen und Vergehen mentaler Eindrücke (samskaras) liegt, so nennt man das *nirodha-parinama:* den transformativen Zustand der Stille.

10 Geschieht dies immer wieder, so wird daraus ein stilles Fließen (prasanta vahina).

11 Ist der Geist nicht mehr abgelenkt, sondern bleibt einsgerichtet (ekagrata), so nennt man das *samadhi-parinama:* den transformativen Zustand von Samadhi.

12 Sind wiederum vergangener und neu auftauchender Bewusstseinsinhalt (pratyaya) identisch, so nennt man das *ekagrata-parinama:* der transformative Zustand der Einsgerichtetheit.

13 Die drei transformativen Prozesse [3.9–3.12] erklären den Wandel der Elemente und Sinnesorgane in Bezug auf Form und Funktion (dharma), Zeit (lakshana) und Zustand (avashta).

14 Formenwandel vollzieht sich auf der Ebene des allen Formen gemeinsamen (und unveränderlichen) Substrats (dharmi; prakriti) in Vergangenheit (latent), Gegenwart (aktiv) und Zukunft (potenziell).

15 Der Fluss dieses Formenwandels (parinama) ist die Ursache für die Vielgestaltigkeit der Dinge.

*Vibhutis I: Das Fallen von Begrenzungen (16–26)*

16 Die Ausrichtung (samyama) auf den Wandel (parinama) in den Dimensionen Form, Zeit und Zustand führt zu Wissen über Vergangenheit und Zukunft.

17 Normalerweise überlagern sich der Klang eines Wortes (shabda), das eigentliche Objekt (artha) und unsere damit verbundenen mentalen Inhalte (pratyaya). Richtet man sich auf die Unterscheidung dieser Aspekte aus, so erlangt man die Fähigkeit, die Sprache aller Wesen (bhuta) zu verstehen.

18 Die direkte Wahrnehmung der tief liegenden mentalen Eindrücke (samskaras) führt zur Kenntnis über unsere vorherigen Geburten.

19 Durch die Ausrichtung auf das Denken anderer Menschen erlangt man Kenntnisse über ihren mentalen Zustand.

20 Die Motive dieses Denkens bleiben jedoch unbekannt, weil sie nicht Gegenstand der Beobachtung des Yogis sind.

21 Indem der Yogi sich auf die Form (essenzielle Natur) seines Körpers ausrichtet, kann er die Fähigkeit anderer, ihn wahrzunehmen, unterbinden. Er tut das, indem er das Licht, das sein Körper reflektiert, vom Kontakt mit dem Auge des Betrachters trennt. So wird er unsichtbar.

22 So lässt sich auch das Unterbinden anderer Wahrnehmungen, wie Hören, Riechen und so weiter, erklären.

23 Die Folgen von Handlungen (karma) zeitigen entweder sofortige Effekte oder sie reifen erst nach längerer Zeit. Durch die Ausrichtung auf diese Handlungen

oder aber, indem wir die Vorzeichen des Todes erkennen, erlangen wir Wissen über unseren herannahenden physischen Tod (aparanta).

24 Durch die Ausrichtung auf Freundlichkeit (maitri) und andere positive Qualitäten erlangt man deren Kraft.

25 Richtet man sich auf die Stärke des Elefanten (oder auf die Kräfte anderer Wesen) aus, so erwirbt man deren Fähigkeiten.

26 Durch die Ausrichtung auf das Licht im inneren Raum, erlangt man Wissen über feine, verborgene oder weit entfernte Objekte.

## *Vibhutis II: Der innere Kosmos (27–35)*

27 Indem der Yogi sich auf die Sonne (surya) ausrichtet, erlangt er Wissen über das All.

28 Die Ausrichtung auf den Mond (chandra) führt zu Wissen über die Sternkonstellationen.

29 Indem man sich auf den Nordstern (dhruva) ausrichtet, gewinnt man Kenntnisse über deren Bewegung (surya und chandra).

30 Durch die Ausrichtung auf das Nabelchakra gelangt man zu Wissen vom Aufbau des Körpers.

31 Die Ausrichtung auf die Halsgrube lässt Hunger und Durst vergehen.

32 Indem man sich auf *kurma nadi* ausrichtet, gewinnt man Stabilität.

33 Die Ausrichtung auf das Licht der Krone des Kopfes führt zu Visionen von Meistern.

34 All dieses Wissen kann auch durch spontane Erleuchtung (pratibha) erlangt werden.

35 Indem man sich auf das Herz (hridaya) ausrichtet, erlangt man Wissen über die Natur des Geistes (chitta).

## *Vibhutis III: Sich erheben (36–42)*

36 Chitta und Purusha sind vollkommen unterschiedlich. Es ist die Nicht-Unterscheidung (avisheshah) beider, die zur Erfahrung der Welt führt. Indem man sich auf diesen Unterschied ausrichtet, gelangt man zu Wissen über Purusha.

37 So entwickeln die fünf Sinne übersinnliche Wahrnehmung.

38 Dies mag dem weltlich Gesinnten als Errungenschaft erscheinen. Für Samadhi ist es jedoch hinderlich.

39 Indem er die grundlegenden Fesseln löst und die Wege des Geistes (chitta) erkennt, kann der Yogi in den Körper anderer eingehen.

40 Durch die Beherrschung von *udana* bleibt der Yogi unberührt von Wasser, Sumpf und Dornen und erhebt sich über sie.

41 Die Beherrschung von *samana* erzeugt ein Strahlen.

42 Indem der Yogi sich auf die Beziehung von Raum (akasha) und Hören ausrichtet, erlangt er die Fähigkeit, Gottes Stimme zu hören (divyam shrotram).

## *Vibhutis IV: Die Loslösung vom Körper (43–50)*

43 Indem der Yogi sich auf die Beziehung von Raum (akasha) und Körper (kaya) ausrichtet, wird er leicht wie eine Baumwollfaser und kann sich völlig frei durch den Raum (akasha) bewegen.

44 Bei diesem »Großen Sein ohne Körper« (maha-videha) tritt das Bewusstsein (vritti) nicht nur als Vorstellung (akalpita) aus dem Körper. Dies bewirkt, dass der Schleier verschwindet, der das Licht verhüllt.

45 Richtet man sich auf die grob- und feinstofflichen Aspekte der Elemente (bhutas) aus, auf ihre grundlegende Natur, auf die ihnen allen gemeinsame Grundlage und auf ihre Zweckhaftigkeit, so gewinnt man die Kontrolle über sie.

46 Daraus erwachsen *animan* und weitere Fähigkeiten, außerdem ein vollkommenes körperliches Wohlsein (kayasampat) ohne Funktionseinschränkungen (anabhighata).

47 Dieses körperliche Wohlsein drückt sich aus in Schönheit, Anmut, Stärke und diamantener Robustheit.

48 Durch die Ausrichtung auf den Prozess der Wahrnehmung (grahana), auf die eigentliche Natur der Sinnesorgane (indriyas), auf den Ich-Sinn (asmita), auf das, was diesen Dingen zugrunde liegt, und auf den Zweck, dem sie dienen, gewinnt man die Kontrolle über die Sinnesorgane.

49 Auf diese Weise von den Sinnesorganen unabhängig geworden, beherrscht der Yogi die Natur und vermag sich so schnell zu bewegen wie der Geist.

50 Allein durch das Gewahrsein des Unterschiedes von chitta und Purusha erlangt man die Beherrschung aller (Bewusstseins-)Zustände und vollkommenes Wissen (über den Geist).

### *Vibhutis V: Auf dem Weg zur Befreiung (51–56)*

51 Löst der Yogi sich auch hiervon noch, so verschwinden schließlich die letzten Samen (bija), die ihn noch fesseln, und er erlangt Befreiung (kaivalya).

52 Die Bewunderung selbst von hochstehenden Wesen sollte nicht zu Anhaftung oder Stolz führen, sonst lebt das, was nicht gewünscht ist, wieder auf (nämlich die Identifikation mit Prakriti).

53 Durch die Ausrichtung auf die Abfolge (krama) der Augenblicke (kshana) gelangt man zu Wissen, das aus unterscheidendem Gewahrsein (vivekajam-jnanam) geboren ist.

54 Dadurch kann man die Unterschiedlichkeit auch jener Dinge erkennen, die ansonsten nach Kategorie, Charakteristika und Ort nicht zu unterscheiden wären.

55 Erkenntnis, die aus unterscheidendem Gewahrsein (vivekajam-jnanam) gewonnen wurde, transzendiert alle Objekte, Zustände und die Zeit.

56 Wenn das Bewusstsein so rein geworden ist wie Purusha, dann ist dies Befreiung (kaivalya).

# 4
# Befreiung: Kaivalya Pada

## *Natürliche Entwicklung (1–3)*

1 *Siddhis* können von Geburt an bestehen, sie können sich auch durch die Einnahme von Kräutern (aushadhi) entwickeln, durch das Sprechen von Mantras, durch intensive spirituelle Übungen (tapah) oder durch Samadhi.

2 Es ist der Fluss der Natur (prakriti), der den Wandel des Seins bewirkt (von Geburt zu Geburt, von Substanz zu Substanz).

3 Entwicklung wird nicht durch das Setzen von Ursachen vorangetrieben (spirituelle Handlungen, gute oder schlechte Taten), es ist vielmehr wie bei einem Bauern, der die Hindernisse beseitigt, sodass das Wasser über seinen Acker fließen kann.

## *Vasanas (4–11)*

4 Alle mentalen Zustände werden nur vom Ich-Bewusstsein (asmita) verursacht.

5 Diesem allein entspringen die zahllosen unterschiedlichen Bewusstseinsaktivitäten.

6 Von diesen unterschiedlichen Bewusstseinsaktivitäten

hinterlassen nur jene, die in der Meditation entstanden sind, keinerlei karmische Eindrücke.

7 Das Karma des Yogi ist weder schwarz noch weiß. Das der anderen ist von dreierlei Natur – schwarz, weiß und gemischt.

8 Von diesen drei Sorten Karma – schwarz, weiß, gemischt – manifestieren sich nur jene *vasanas*, die zur Reife gelangt sind.

9 Die *vasanas* sind zwar ganz unterschiedlicher Art, sie entstehen und reifen an verschiedenen Orten zu verschiedenen Zeiten. Dennoch besteht eine Verbindung und Kontinuität, da Erinnerung (smriti) und *samskaras* eine Einheit bilden.

10 Die *vasanas* sind anfangslos. Und der Lebenswille (asisah) ist endlos.

11 *Vasanas* hängen ab vom Zusammenwirken von vier Faktoren: Ursachen, Folgen, einer Basis (nämlich dem Bewusstsein, in welchem sie zum Ausdruck kommen) und Objekten (als Stimuli für die Sinnesorgane). Verschwinden diese Faktoren, dann verschwinden auch die *vasanas*.

## *Die Einheit der Dinge im Wandel (12–14)*

12 Vergangenheit (atita) und Zukunft (anagatam) sind die wahre Natur aller Dinge. Durch sie bringt sich die Schöpfung in vielfältigen Formen zum Ausdruck.

13 Diese Formen, ob manifest oder nicht, sind zusammengesetzt aus *gunas*.

14 Im Wandel (parinama) also liegt die Essenz und Einheit der Dinge.

## *Objektive Existenz (15–17)*

15 Ein und dasselbe Objekt (vastu) wird von jedem Bewusstsein (chitta) anders wahrgenommen. Deshalb müssen Objekt und Bewusstsein getrennte Entitäten sein.

16 Die Existenz des Objektes ist nicht abhängig vom einzelnen Bewusstsein. Wäre es anders, was würde dann mit dem Objekt geschehen, wenn es nicht wahrgenommen würde?

17 Ob ein Objekt erkannt wird oder nicht, hängt von dessen Reflexion in Chitta ab.

## *Die Unterscheidung von Chitta und Purusha (18–22)*

18 Purusha, reines Gewahrsein, ist der Meister des Bewusstseins (chitta). Er ist unveränderlich und erkennt zu jeder Zeit dessen Muster (vritti).

19 Das Bewusstsein (chitta) hat Objektcharakter. Es leuchtet nicht aus sich selbst heraus.

20 Und Chitta kann nicht gleichzeitig sowohl seiner selbst als auch eines Objektes gewahr sein.

21 Es ist absurd anzunehmen, eine Bewusstseinsebene würde durch wiederum eine andere wahrgenommen und so fort, dies würde nur zu Verwirrung führen.

22 Das Selbst (Purusha, Atman) ist unveränderlich. Chitta erscheint bewusst, weil es dessen Form annimmt (also das Licht von Purusha in ihm strahlt).

### *Der Zweck von Chitta (23–24)*

23 Nur weil Chitta sowohl vom Seher (Purusha) als auch vom Gesehenen (drishyam; den Objekten der Welt) zugleich gefärbt wird, kann Wahrnehmung geschehen.
24 Obgleich Chitta von unzähligen verschiedenen Persönlichkeitszügen (vasanas) geprägt ist, dient es nicht sich selbst, sondern einem anderen Zweck, nämlich Purusha. Nur mit ihm zusammen kann es wirken.

### *Das scharfe Messer viveka (25–26)*

25 Wer richtig unterscheidet, der hört auf, Chitta als sein Selbst (Atman, Purusha) zu sehen.
26 Neigt Chitta der unterscheidenden Intelligenz (viveka) zu, ist man auf dem Weg zur Befreiung (kaivalya).

### *Phasen der Ablenkung und ihre Überwindung (27–28)*

27 Phasenweise werden dennoch ablenkende Gedanken auftreten. Dies geschieht wegen der tief liegenden Gewohnheiten (samskaras).

28 Sie werden in der gleichen Weise beseitigt wie die Hauptursachen des Leidens (kleshas).

## *Kaivalya – Befreiung (29–34)*

29 Wer schließlich sein Interesse selbst an den höchsten Bewusstseinszuständen verloren hat und dauernd in unterscheidendem Gewahrsein (viveka-khyateh) lebt, der hat *dharmamegah samadhi* erreicht.

30 Dann lösen sich die Kleshas und das Karma auf.

31 Da nun alle Schleier und Unvollkommenheiten entfernt sind, ist die Erkenntnis grenzenlos. So bleibt nur noch wenig zu wissen.

32 Dann endet die Abfolge des Wandels der *gunas*, denn sie haben ihren Zweck erfüllt.

33 Abfolge meint die von Moment zu Moment stattfindende Transformation, die am Ende erkannt wird (wenn der Prozess zum Abschluss gelangt ist).

34 Da die *gunas* nun ihren Zweck erfüllt haben, gehen sie wieder in Prakriti auf. Das ist Befreiung (kaivalya). Anders gesagt: Die Kraft reinen Bewusstseins ruht in sich selbst.

# Das Yogasutra in Sanskrit-Umschrift

# 1
# Meditation: Samadhi Pada

1 atha yoga-anushasanam.
2 yogash chitta-vritti-nirodhah.
3 tada drashtuh svarupe avasthanam.
4 vritti-svarupyam itaratra.
5 vrittayah panchatayyah klishta-aklishtah.
6 pramana-viparyaya-vikalpa-nidra-smritayah.
7 pratyaksha-anumana-agamah pramanani.
8 viparyayo mithhya-jnanam atadrupa-pratistham.
9 shabda-jnana-anupati vastu-shunya vikalpah.
10 abhava-pratyaya-alambana vrittih-nidra.
11 anubhuta-vishaya-asampramoshah smritih.
12 abhyasa-vairagyabhyam tat-nirodhah.
13 tatra sthitau yatnah abhyasah.
14 sa tu dirgha-kala-nairantarya-satkara-sevitah dridhabhumih.
15 drishta anushravika-vishaya-vitrishnasya vashikara-samjna vairagyam.
16 tat-param purusha khyateh-guna-vaitrishnyam.
17 vitarka-vichara-ananda-asmita-rupa-anugamat samprajnatah.
18 virama-pratyaya-abhyasa-purvah samskara-seshah anyah.
19 bhava-pratyayah videha-prakriti-layanam.

20 shraddha-virya-smriti-samadhi-prajna-purvakah
itaresham.
21 tivra-samveganam asannah.
22 mridu-madhya-adhimatratvat tatah api visheshah.
23 Ishvarah-pranidhanad va.
24 klesha-karma-vipaka-ashayaih aparamristah
purusha-visheshah Ishvarah.
25 tatra niratishayam sarvajnabijam.
26 purvesham api guruh kala-anavacchedat.
27 tasya vachakah pranavah.
28 tad japah tad artha-bhavanam.
29 tatah pratyak chetana-adhigamah api antaraya-
abhava cha.
30 vyadhi-styana-samsaya-pramada-alasya-avirati-
bhranti-darshana-alabdhabhumikatva
anavasthitatvani chitta-vikshepah te antarayah.
31 duhkha-daurmanasya-angamejayatva-shvasa-
prashvasah vikshepa-sahabhuvah.
32 tat-pratishedha-artham eka-tattva-abhyasah.
33 maitri-karuna-mudita-upekshanam sukha-
duhkha-punya-apunya-vishayanam bhavanatash
chitta-prasadanam.
34 pracchardana-vidharanabhyam va pranasya.
35 vishayavati va pravrittih utpanna manasah
sthiti-nibandhani.
36 vishoka va jyotismati.
37 vita-raga-vishayam va chittam.
38 svapna-nidra-jnana-alambanam va.
39 yatha-abhimata-dhyanat va.
40 parama-anu-parama-mahattva-antah asya vashikarah.

41 kshina-vritteh abhijatasya iva maneh grahitr-
grahana- grahyeshu tat-stha-tad-anjanata samapattih.
42 tatra shabda-artha-jnana-vikalpah samkirna
savitarka samapattih.
43 smriti-parishuddhau svarupa-shunya-iva artha-
matra-nirbhasa nirvitarka.
44 etaya eva savichara nirvichara ca sukshma-vishaya
vyakhyata
45 sukshma-vishayatvam ca alinga-paryavasanam
46 ta eva sabijah samadhih.
47 nirvichara-vaisharadye adhyatma-prasadah.
48 ritam-bhara tatra prajna.
49 shruta-anumana-pranjabhyam anya-vishaya
visheshah-arthatvat.
50 tajjah samskarah anya-samskara-pratibandhi.
51 tasya api nirodhe sarva-nirodhat nirbijah samadhih.

# 2
# Praxis: Sadhana Pada

1 tapah-svadhyaya-Ishvarapranidhanani kriya-yogah.
2 samadhi-bhavana-arthah klesha-tanu-karana-arthash-cha.
3 avidya-asmita-raga-dvesha-abhiniveshah kleshah.
4 avidya kshetram-uttaresham prasupta-tanu-vicchinna-udaranam.
5 anitya-ashuchi-duhkha-anatmasu nitya-shuci-sukha-atma-khyatih avidya.
6 drik-darshana-shaktyoh eka-atmata iva asmita.
7 sukha-anushayi ragah.
8 duhkha-anushayi dveshah.
9 svarasa-vahi vidushah api tatha rudha abhiniveshah.
10 te pratiprasava-heyah sukshmah.
11 dhyana-heyah tad-vrittayah.
12 klesha-mulah karmashayah drishta-adrishta-janma-vedaniyah.
13 sati mule tad-vipako jaty-ayur-bhogah.
14 te hlada-paritapa-phalah punya-apunya-hetutvat.
15 parinama-tapa-samskara-duhkaih guna-vritti-virodhat cha duhkham eva sarvam vivekinah.
16 heyam duhkham anagatam.
17 drashtri-drishyayoh samyogah heyahetuh.
18 prakasha-kriya-sthiti-shilam bhuta-indriya-atmakam bhoga- apavarga-artham drishyam.
19 vishesha-avishesha-lingamatra-alingani guna-parvani.

20 drashta drishi-matrah shuddhah api pratyaya-
anupashyah.
21 tad-artha eva drishyasya atma.
22 krita-artham prati nashtam-apyanashtam tad-
anya-sadharanatvat.
23 sva-svami-shaktyoh svarupa-upalabdhi-hetuh
samyogah.
24 tasya hetuh avidya.
25 tad-abhavat samyoga-abhavah hanam tad drisheh
kaivalyam.
26 viveka-khyatih aviplava hana-upayah.
27 tasya saptadha prantabhumih prajna.
28 yoga-anga-anushthanat ashuddhi-kshaye jnana-
diptiha-viveka-khyateh.
29 yama-niyama-asana-pranayama-pratyahara-dharana-
dhyana samadhayah ashtau angani.
30 ahimsa-satya-asteya-brahmacharya-aparigraha
yamah.
31 jati-desha-kala-samaya-anavacchinnah sarvabhaumah
mahavratam.
32 shaucha-santosha-tapas-svadhyaya-
Ishvarapranidhanani nimayah.
33 vitarka-badhane pratipaksha-bhavanam.
34 vitarkah himsaadayah krita-karita-anumodita
lobha-krodha moha-purvakah mridu-madhya-
adhimatra duhkha-ajnana-ananta phalah iti-
pratipaksha-bhavanam.
35 ahimsa-pratishthayam tad samnidhau vaira-tyagah.
36 satya-pratisthayam kriya-phalah-ashrayatvam.
37 asteya-pratishthayam sarva-ratna-upasthanam.

38 brahmacharya-pratishthayam virya-labhah.
39 aparigraha-sthairye janma-kathamta-sambodhah.
40 shauchat svaanga-jugupsa paraih asamsargah.
41 sattva-shuddhi-saumanasya-ekagrya-indriya-jaya-
atma-darshana-yogyatvani cha.
42 santoshat-anuttamah sukha-labhah.
43 kaya-indriya-siddhih ashuddhi-kshayat tapasah.
44 svadhyayat ishta-devata-samprayogah.
45 samadhi-siddhih Ishvarah-pranidhanat.
46 sthira-sukham asanam.
47 prayatna-shaithilya-anantya-samapattibhyam.
48 tatah dvandva-anabhighatah.
49 tasmin sati shvasa-prashvasayoh gati-vicchedah
pranayamah.
50 bahya-abhyantara-stambha-vrittih desha-kala-
samkhyabhih paridrishtah dirgha-sukshmah.
51 bahya-abhyantara-vishaya-akshepi chaturthah.
52 tatah kshiyate prakasha-avaranam.
53 dharanasu cha yogyata manasah.
54 sva-vishaya-asamprayoge chittasya svarupa-anukarah
iva indriyanam pratyaharah
55 tatah parama vashyata-indriyanam.

# 3
# Loslösung: Vibhuti Pada

1 desha-bandhash chittasya dharana.
2 tatra pratyaya-eka-tanata dhyanam.
3 tad eva artha-matra-nirbhasam svarupa-shunyam iva samadhih.
4 trayam ekatra samyamah.
5 taj-jayat prajna-lokah.
6 tasya bhumishu viniyogah.
7 trayam antar-angam purvebhyah.
8 tad api bahir-angam nirbijasya.
9 vyutthana-nirodha-samskaryoh abhibhava-pradur-bhavau nirodha-kshana-chitta-anvayah nirodha-parinamah.
10 tasya prashanta-vahita samskarat.
11 sarva-arthata-ekagratayah kshaya-udayau chittasya samadhi-parinamah.
12 tatah punar shanta-uditau tulya-pratyayau chittasyaekagrata-parinamah.
13 etena bhuta-indriyeshu dharma-lakshana-avastha-parinamah vyakhyatah.
14 tatra shanta-udita-avyapadeshya-dharma-anupati dharma.
15 krama-anyatvam parinama-anyatve hetuh.
16 parinama-traya-samyamat atitanagata-jnanam.
17 shabda-artha-pratyayanam itara-itara-adhyasat-sankara-tat-pravibhaga-samyamat sarva-bhuta-ruta-jnanam.

18 samskara-sakshat karanat purva-jati-jnanam.
19 pratyayasya para-chitta-jnanam.
20 na cha tat saalambanam tasya avishayi-bhutatvat.
21 kaya-rupa-samyamat tad-grahya-shakti-stambhe chakshus-prakasha-asamyoge antar-dhanam.
22 etena shabda-adi antardhanam uktam.
23 sopakramam nirupakramam cha karma tat-samyamat aparanta-jnanam-arishtebhyah va.
24 maitry-adishu balani.
25 baleshu hasti-bala-adini.
26 pravritti-aloka-nyasat sukshma-vyavahita-viprakrista-jnanam.
27 bhuvana-jnanam surye samyamat.
28 chandre tara-vyuha-jnanam.
29 dhruve tad-gati-jnanam.
30 nabhi-chakre kaya-vyuha-jnanam.
31 kantha-kupe kshut-pipasa-nivrittih.
32 kurma-nadyam sthairyam.
33 murdha-jyotishi siddha-darshanam.
34 pratibhad va sarvam.
35 hrdaye chitta-samvit.
36 sattva-purushayoh atyanta-asamkirnayoh pratyaya avisheshah bhogah para-arthatvat sva-artha-samyamat purusha-jnanam.
37 tatah pratibha-shravana-vedana-adarsha-asvada-vartah jayante.
38 te samadhau upasarga vyutthane siddhayah.
39 bandha-karana-shaithilyat pracara-samvedanat cha chittasya para-sharira-aveshah.

40 udana-jayat jala-panka-kantaka-adishu asangah utkrantish cha.
41 samana-jayat jvalanam.
42 shrotra-akashayoh sambandha-samyamat divyam shrotram.
43 kaya-akashayoh sambandha-samyamat laghu-tula-samapattesh cha akasha-gamanam.
44 bahi akalpita vrittih maha-videha tatah prakasha-avarana-kshayah.
45 sthula-svarupa-sukshma-anvaya-arthavattva-samyamat bhuta-jayah.
46 tatah anima-adi-pradur-bhavah kaya-sampat tad-dharma-anabhighatash cha.
47 rupa-lavanya-bala-vajra-samhanavatvani kaya-sampat.
48 grahana-svarupa-asmita-anvaya-arthavattva-samyamatindriya-jayah.
49 tatah manas-javitvam vikarana-bhavah pradhana-jayash cha.
50 sattva-purusha-anyata-khyati-matrasya sarva-bhava-adhishthatritvam sarva-jnatritvam cha.
51 tad-vairagyat api dosa-bija-ksaye kaivalyam.
52 sthani-upanimantrane sanga-smaya-akaranam punar-anishta-prasangat.
53 kshana-tat-kramayoh samyamat vivekajam jnanam.
54 jati-lakshana-deshah anyata-anavacchedat tulyayoh tatah pratipattih.
55 tarakam sarva-vishayam sarvatha-vishayam akramam cha iti vivekajam jnanam.
56 sattva-purushayoh shuddhi-samye kaivalyam iti.

# 4
# Befreiung: Kaivalya Pada

1 janma-aushadhi-mantra-tapah-samadhijah siddhayah.

2 jaty-antara-parinamah prakriti-apurat.

3 nimittam-aprayojakam prakritinam varana-bhedah tu tatah kshetrikavat.

4 nirmana-chittani asmita-matrat.

5 pravritti-bhede prayojakam chittam ekam anekesham.

6 tatra dhyanajam anashayam.

7 karma-ashukla-akrishnam yoginah trividham itaresham.

8 tatah tad-vipaka-anugunanam eva abhivyaktih vasanam.

9 jati-desha-kala-vyavahitanam api anantaryam smriti-samskarayoh eka-rupatvat.

10 tasam-anaditvam cha ashishao nityatvat.

11 hetu-phala-ashraya-alambana samgrihitatvat esham abhave tad-abhavah.

12 atita-anagatam svarupatah asti adhva-bhedat dharmanam.

13 te vyakta-sukshmah guna-atmanah.

14 parinama-ekatvat vastu-tattvam.

15 vastu-samye chitta-bhedat tayoh vibhaktah pantah.

16 na cha-eka-chitta-tantram ced vastu tad-apramanakam tada kim syat.

17 tad-uparaga-apekshitvat chittasya vastu jnata-ajnatam.

18 sada-jnatah chitta-vrittayah tad-prabhoh purushasya-aparinamitvat.
19 na tat svabhasam drishyatvat.
20 eka-samaye cha ubhaya-anavadharanam.
21 chitta-antara-drishye buddhi-buddheh atiprasangah smriti-samskarash cha.
22 chiteh-apratisamkramayah tad-akara-apattau sva-buddhi-samvedanam.
23 drashtir-drishya-uparaktam chittam sarva-artham.
24 tat asamkhyeya-vasanabhish chittam api parartham samhatya-karitvat.
25 vishesha-darshinah atma-bhava-bhavana-vinivrittih.
26 tada viveka-nimnam kaivalya-pragbharam chittam.
27 tat chidreshu pratyaya-antarani samskarebhyah.
28 hanam esham kleshavat uktam.
29 prasamkhyane api akusidasya sarvatha viveka-khyateh dharma-meghah samadhih.
30 tatah klesha-karma-nivrittih.
31 tada sarva-avarana-mala-apetasya jnanasya anantyat jneyam alpam.
32 tatah krita-arthanam parinama-krama samaptih gunanam.
33 kshana-pratiyogi parinama-aparanta-nirgrahyah kramah.
34 purusha-artha-shunyanam gunanam pratiprasavah kaivalyam svarupa-pratishtha va chiti-shaktih iti.

# Anmerkungen

1 Eigene Übertragung aus der engl. Fassung von Rabindranath Tagore, 1915.
2 Venkatesananda 1993, S. 47; eigene Übersetzung.
3 Vgl. Satyananda Sarasvati 1976, S. 57.
4 Meister Eckhart 1963, S. 57.
5 Meister Eckhart 1963, S. 98 f.
6 Vgl. Vivekananda 1955; ebenso: Savitripriya 1981.
7 Vgl. Larson und Bhattacharya 2006.
8 Nisargadatta Maharaj 1973, S. VI; eigene Übersetzung.
9 Thomas von Kempen 2007, S. 242.
10 Satyananda Saraswati 1967, S. 15; eigene Übersetzung.
11 Suzuki 2002, S. 112.
12 Eigene Übersetzung aus der 2007 von Mirabai Starr herausgegebenen kleinen Textsammlung zu Teresa von Avila, S. 96.
13 Satyananda Saraswati 2008, S. 83; eigene Übersetzung.
14 Vivekananda 1982, S. 117; eigene Übersetzung.
15 Vgl. z. B. Niranjananda Saraswati 2008.
16 Satchidananda 2009, S. 51; eigene Übersetzung.
17 The Essene Gospel of Peace. Book Two 1981; S. 37f.; eigene Übersetzung.
18 Vyasa, zit. in: Hariharananda Aranya 1983, S. 82; eigene Übersetzung.
19 Satyananda Saraswati 1967, S. 104; eigene Übersetzung.
20 Angelus Silesius (Johannes Scheffler) 2006, S. 27.

21 Vyasa, zit. in: Hariharananda Aranya 1983, S. 104; eigene Übersetzung.
22 Thomas von Kempen 2007, S.36.
23 Zit. in: Satchidananda 2009, S. 77; eigene Übersetzung.
24 Eigene Übersetzung der englischen Fassung von Rabindranath Tagore 1915.
25 Shunryu Suzuki 2003.
26 Savitripriya 1981, S. 43; eigene Übersetzung.
27 The Sankhya Aphorisms of Kapila 1885; eigene Übersetzung.
28 Zit. in Eknath Easwaran 2007, S. 212; eigene Übersetzung.
29 Shankara, Prasna-Uttara-Malika; ins Englische übertragen von Prabhavananda und Christopher Isherwood 1978, S. 135; eigene Übersetzung.
30 Jaganath Carrera 2008, S. 115; eigene Übersetzung.
31 Yamada Koun Roshi 2002, S. 212.
32 Mechthild von Magdeburg 1995, S. 318.
33 Meister Eckhart 2005, S. 27.
34 Satyananda Saraswati 2008, S. 175; eigene Übersetzung.
35 Auszug aus der Kena-Upanishad; ins Englische übertragen von Eknath Easwaran 2007, S. 214; eigene Übersetzung.
36 Venkatesananda 1993, S. 296; eigene Übersetzung.
37 Auf Mahavir geht der Jainismus zurück.
38 Zit. in: Jaganath Carrera 2008, S. 132; eigene Übersetzung.
39 The Essene Gospel of Peace, Book One 1981, S. 11 ff.; eigene Übersetzung.
40 Krishnamurti 2004, S. 33.
41 Hariharananda Aranya 1983, S. 214; eigene Übersetzung.
42 Ramana Maharshi 2005, S. 72.
43 Satchidananda 2009, S. 148; eigene Übersetzung.
44 Angelus Silesius 2006, S. 32.
45 Meister Eckhart 2005, S.62.
46 Saint John of the Cross 2008, S. 111; eigene Übersetzung.
47 Prabhavananda und Christopher Isherwood 2007, S. 157; vgl. auch u. a.: Vivekananda, 1956, S. 175, Satyananda Saraswati 2008, S. 194.

48 Buddha-carita XIV.2–3, zit. in: Edwin F. Bryant 2009, S. 266; eigene Übersetzung.
49 Mechthild von Magdeburg 1995, S. 20.
50 Huang Po (Tuan Chi) 1958, S. 29; eigene Übersetzung.
51 Niranjanananda Saraswati, *Prana and Pranayama*, 2009, S. 56; eigene Übersetzung.
52 Z.B.: Savitripriya 1981, S. 77; Chip Hartranft, 2003, S. 40.
53 Z.B.: Satchidananda 2009, S. 162; Prabhavananda und Christopher Isherwood 2007, S. 179.
54 Satyananda Saraswati 2008, S. 216; eigene Übersetzung.
55 Vgl. Niranjanananda Saraswati 2006, S. 105 ff.
56 Vyasa, zit. in: Hariharananda Aranya 1983, S. 245; eigene Übersetzung.
57 Niranjanananda Saraswati 2006, S. 7; eigene Übersetzung.
58 Daisetz Teitaro Suzuki 2003, S. 59; eigene Übersetzung.
59 Satyananda Saraswati 2008, S. 231; eigene Übersetzung.
60 Teresa von Avila 1979, S. 27.
61 Satyadharma 2003, S. 261; eigene Übersetzung.
62 Teresa von Avila 1979, S. 198.
63 Bibel, *King James Version*, Proverbs 23.7: »As a man thinketh in his heart, so is he.«
64 Thomas von Kempen 2007, S. 41.
65 Chief Yellow Lark, Let Me Walk in Beauty; eigene Übertragung (Auszug) aus der englischen Fassung, zit. in: Eknath Easwaran 2003, S. 188.
66 Vivekananda 1956, S. 192; eigene Übersetzung.
67 Satyananda Saraswati 2008, S. 260; eigene Übersetzung.
68 Vivekananda 1956, S. 192; eigene Übersetzung.
69 Rumi, eigene Übertragung aus einer Übersetzung ins Englische von Kabir und Camille Helminski, in: Kabir Helminski (Hg.) 2000, S. 67.
70 Paramahansa Yogananda 2004, S. 60 (Fußnote); eigene Übersetzung.
71 Satyananda Sarawati 2008, S. 532; eigene Übersetzung.

72 Kabir, eigene Übertragung aus der engl. Fassung von Rabindranath Tagore 1915.
73 Wie Anmerkung 72.
74 Wie Anmerkung 72.
75 Wie Anmerkung 72.
76 Rumi, eigene Übersetzung aus einer Übertragung ins Englische von Kabir und Camille Heminksi 2000, S. 86.
77 Satyananda Saraswati 2007, S. 150 f.; eigene Übersetzung.
78 Mani von Ktesiphon, Hymne von Mani, zit. in: Peter Hujis, Gnosis. Ströme des Lichtes in Europa 2005, S. 91 (Auszug).
79 Vivekananda 1955, S. 196; eigene Übersetzung.
80 Melvin Morse 2001.
81 Kenneth Ring 1999.
82 Melvin Morse, Transformed by the Light: The Powerful Effect of Near-Death Experiences on People's Lives 2001.
83 William Buhlman 2001.
84 Robert Monroe 1971.
85 Kenneth Ring, zit. in: William Buhlman 2003, S. 88.
86 Robert Monroe 1994, S. 198 f. (Auszug).
87 Stanislav Grof, Impossible, 2008.
88 Shankara 2002, S. 21.
89 Ramana Maharshi 2003, S. 191.
90 Shankara 1978, S. 136; eigene Übersetzung.
91 Shankara 1978, S. 70; eigene Übersetzung.
92 Yamada Koun Roshi 2002, S. 170.
93 Kabir, eigene Übertragung aus der engl. Fassung von Rabindranath Tagore 1915.
94 Wie Anmerkung 93.
95 Sekito Kisen 1978, S. 32.
96 Sekito Kisen 1978, S. 58.
97 Sekito Kisen 1978, S. 24.
98 Satyananda Saraswati 2008, S. 354; eigene Übersetzung.
99 Vivekananda 1982, S. 221; eigene Übersetzung.

# Literatur

## *Yogasutra-Übertragungen und Kommentare*

Die im Folgenden aufgeführten Fassungen des *Yogasutra* wurden zu Vergleichs- und Orientierungszwecken für die vorliegende Übertragung und Kommentierung herangezogen. Ich möchte damit allerdings keine persönlichen Empfehlungen aussprechen. Noch viele andere Titel könnten hinzugefügt werden. Manche Titel waren mir von großem Nutzen, andere weniger. Manchmal war gerade die Tatsache hilfreich, dass sie eine ganz andere Lesart einzelner Sutras aufzeigen als die vorliegende. Vielfach waren die Widersprüche zwischen den Texten – und zum Teil auch innerhalb derselben – derart groß, dass ich mich gezwungen sah, ganz andere Wege der Interpretation zu gehen. Besonders verwirrend sind die Kommentare im Zusammenhang mit dem Phänomen von Samadhi. Und besonders dünn ist die Kommentarlage im Zusammenhang mit dem dritten Kapitel, »Vibhuti Pada«. Wer selbst gerne tiefer in Patanjalis Text einsteigen will, der findet in der folgenden Liste Möglichkeiten des Einstiegs. Es handelt sich bei den *Yogasutra*-Ausgaben und anderen Quellen, die für den vorliegenden Text herangezogen wurden, vor allem um englischsprachige Titel, da die Literaturlage hier ergiebiger ist.

Wo bei den *Yogasutra*-Ausgaben kein Hinweis auf die Ausgabe erfolgt, handelt es sich jeweils um die Erstausgabe.

Bachmann, Nicolai, *The Yoga Sutras. Workbook*, Boulder 2010.

Bryant, Edwin F., *The Yoga Sutras of Patanjali. A New Edition*, Translation and Commentary, New York 2009.

Carrera, Jaganath, *Inside the Yoga Sutras*, Buckingham 2008.

Desikachar, T. K. V., *Über Freiheit und Meditation. Das Yoga Sutra des Patanjali. Eine Einführung*, 2006.

Feuerstein, Georg, *The Yoga-Sutra of Patanjali. A New Translation and Commentary*, Folkstone 1979.

Hariharananda Aranya, *Yoga Philosophy of Patanjali*, Albany 1983. Die Erstausgabe wurde 1963 in Kalkutta veröffentlicht (Nachdrucke: 1977, 1981). Hariharananda Aranyas Ausgabe enthält auch eine Übersetzung des Kommentars von Vyasa.

Hartranft, Chip, *The Yoga-Sutra of Patanjali*, Boston 2003.

Jnaneshvara Bharati, Swami, *Yoga Sutras Interpretative Translation* (ohne Orts- und Jahresangabe), Book-on-Demand.

Prabhavananda, Swami und Christopher Isherwood, *How to Know God. The Yoga Aphorisms of Patanjali*, Hollywood 2007 (Erstausgabe: 1952).

Prasada, Rama, *Patanjalis Yoga Sutras. With the Commentary of Vyasa and the gloss of Vachaspati Misra*, New Dehli 2002 (Erstausgabe: Allahabad 1912).

Satchidananda, Swami, *Integral Yoga. The Yoga Sutras of Patanjali*, Pocket Edition, 2007 (Erstausgabe: Buckingham 1985).

Satchidananda, Swami, *The Yoga Sutras of Patanjali. Translation and Commentary*, Buckingham 2009 (Erstausgabe: 1978).

Satyananda Saraswati, Swami, *Four Chapters On Freedom*, Bihar 2008 (Erstausgabe: 1976).

Savitripriya, Swami, *Psychology of Mystical Awakening*, Sunnyvale 1981.

Stiles, Mukunda, *Yoga Sutras of Patanjali*, San Francisco 2002.

Vivekananda, Swami, *Raja-Yoga*, New York 1982 (Erstausgabe: 1956).

## *Bhagavad Gita, Kabir und Thomas-Evangelium*

Die Auszüge aus der *Bhagavad Gita* sind eigene Übertragungen und Interpretationen auf der Grundlage einer ganzen Reihe von Ausgaben, darunter:


Easwaran, Eknath, *The Bhagavad Gita for Daily Living*. Band 1: *The End of Sorrow*, Band 2: *Like a Thousand Suns*, Band 3: *To Love is to Know Me*, Tomales 2008.

Mahatma Gandhi, *Bhagavad Gita. According to Gandhi*, Berkeley 2000.

Nikhilananda, Swami, *The Bhagavad Gita*, New York 1944.

Prabhavananda, Swami und Christopher Isherwood, *Bhagavad Gita. The Song of God*, Hollywood 1946.

Satchidananda, Swami, *The Living Gita. The Complete Bhagavad Gita. A commentary for Modern Readers*, Buckingham 1988.

Tapasyananda, Swami, *Srimad Bhagavad Gita. The Scripture of Mankind*, Chennai (ohne Jahresangabe).


Alle Zitate aus dem *Thomas-Evangelium* sind eigene Übersetzungen beziehungsweise Übertragungen, überwiegend vorgenommen auf der Grundlage von Marvin Meyer (Hg.), *The Nag Hammadi Scriptures. The International Edition*, New York 2007.

Zu Vergleichszwecken gelegentlich hilfreich war auch die gute deutsche Ausgabe von Katharina Ceming und Jürgen Werlitz, *Die verbotenen Evangelien. Apokryphe Schriften*, Wiesbaden 2007.

Die Passagen von Kabir sind eigene Übersetzungen aus der Übertragung von Rabindranath Tagore, *Songs of Kabir*, New York 1915.

## *Ausgaben klassischer Texte*


Angelus Silesius (Johannes Scheffler), *Cherubinischer Wandersmann. Kritische Ausgabe*, herausgegeben von Louise Gnädinger, Stuttgart 2006.

Anonymus (»Cloud-Autor«), *Die Wolke des Nichtwissens. Worin die Seele sich mit Gott vereint,* übertragen von Wolfgang Riehle, Freiburg i. B. 2007.

*Astavakra Samhita,* übersetzt und kommentiert von Swami Nityaswarupananda, Kolkata 2008 (Erstausgabe: 1940).

Ballantyne, James (Hg.), *The Sankhya Aphorisms of Kapila,* London 2005 (Elibron Classics Replica Edition der Originalausgabe, London 1885).

Byrom, Thomas, *The Heart of Awareness. A Translation of the Ashtavakra Gita,* Boston 2001.

Easwaran, Eknath, *The Dhammapada,* Thomales 2007.

Easwaran, Eknath, *The Upanishads,* Tomales 2007.

*Hatha Yoga Pradipika,* Kommentar von Swami Muktibodhananda unter Leitung von Swami Satyananda Saraswati, Bihar 2009.

Helminiski, Kabir (Hg.), *The Rumi Collection,* Boston 2000.

Huang Po (Tuan Chi), *The Zen Teachings of Huang Po. On the Transmission of Mind,* übersetzt von John Blofeld, New York 1958.

Mechthild von Magdeburg, *Das fließende Licht der Gottheit,* hrsg. von Margot Schmidt, Stuttgart-Bad Cannstatt 1995.

Meister Eckhart, *Deutsche Predigten und Traktate,* hrsg. und übersetzt von Josef Quint, München 1963.

Meister Eckhart, *Vom Wunder der Seele. Eine Auswahl aus Predigten und Traktaten,* hrsg. von Friedrich Alfred Schmid Noerr, Stuttgart 2005.

Saint John of the Cross, *Devotions, Prayers and Living Wisdom,* hrsg. von Mirabai Star, Boulder 2008.

Satyadharma, *Yoga Chudamani Upanishad. Crown Jewel of Yoga,* Bihar 2003.

Sekito Kisen, Sandokai, *Die Einheit von Essenz und Erscheinung,* übersetzt und kommentiert von Taisen Deshimaru-Roshi, Hemsbach 1978.

Shankara, *Shankara's Crest-Jewel of Discrimination* (Viveka-Chudamani), hrsg. von Swami Prabhavananda und Christopher Isherwood, Hollywood 1978.

Shankarachya, *Sieben Kleinode geistiger Erkenntnis*, übersetzt von Emanuel Meyer und Christoph Rentsch, Argenbühl 2002.

Star, Jonathan, *Tao Te Ching. The New Translation from Tao Te Ching. The Definitive Edition*, London 2008. Die übertragenen Verse beruhen primär auf dieser englischen Ausgabe.

Szekely, Edmond Bordeaux, *The Essene Gospel of Peace*, 1981 (ohne Ortsangabe; Erstausgabe: 1937).

Szekely, Edmond Bordeaux, *The Essene Gospel of Peace. The Unknown Books of the Essenes*, Buch Zwei 1981 (ohne Ortsangabe; Erstausgaben: 1974).

Teresa of Avila, *Devotions, Prayers and Living Wisdom*, hrsg. von Mirabai Star, Boulder 2007.

Teresa von Avila, *Die innere Burg*, hrsg. von Fritz Vogelsang, Zürich 1979.

Thomas von Kempen, *Die Nachfolge Christi*, hrsg. von Wendelin Meyer, Kevelaer 2007.

Venkatesananda, Swami, *Vasishta's Yoga*, New York 1993.

Vishvatma Bawra, Brahmrishi, *Kapil's Samkhya. Patanjali's Yoga*, Virat Nagar 2008.

Yamada Koun Roshi, *Hekiganroku. Die Niederschrift vom blauen Fels. Die klassische Koansammlung mit neuen Teishos*, Band 1, übersetzt und hrsg. von *Peter Lengsfeld*, München 2002.

## *Sonstige Literatur*

Buhlman, William, *Secrets of the Soul*, San Francisco 2003.

Easwaran, Eknath, *God Makes the Rivers to Flow*, Tomales 2003.

Grof, Stanislav, *Impossible. Wenn Unglaubliches passiert: Das Abenteuer außergewöhnlicher Bewusstseinserfahrungen*, München 2008.

Krishnamurti, Jiddu, *Tausend Jahre an einem Tag. Briefe an einen Freund*, Freiburg 2004.

Larson, James Gerald und Ram Shankar Bhattacharya (Hg.), *Enyclopedia of Indian Philosophies*, Band VI, Samkhya: A Dualist Tradition in Indian Philosophy, Dehli 2006.

Monroe, Robert, *Journeys out of the Body*, New York 1971.

Monroe, Robert, *Über die Schwelle des Irdischen hinaus*, München 1994.

Morse, Melvin, *Where God Lives. The Science of the Paranormal and How Our Brains are Linked to the Universe*, San Francisco 2001.

Muldoon, Sylvan J. und Hereward Carrington, *Projection of the Astral Body*, Melbourne 1929.

Niranjananda Saraswati, Swami, *Dharana Darshan. Yogic, Tantric and Upanishadic Practices of Concentration and Visualization*, Bihar 2006.

Niranjananda Saraswati, Swami, *Prana and Pranayama*, Bihar 2009.

Niranjananda Saraswati, Swami, *Sankhya Darshan*, Bihar 2008.

Nisargadatta Maharaji, *I am That. Talks with Sri Nisargadatta Maharaji*, Mumbai 1973.

Paramahansa Yogananda, *The Second Coming of Christ. The Resurrection of the Christ Within You*, Los Angeles 2004.

Ramana Maharshi, *Gespräche des Weisen vom Berge Arunachala*, München 2003.

Ramana Maharshi, Nan Yar? – Wer bin ich?, Saunstorf 2005.

Ring, Kenneth, *Mindsight. Near-Death and Out-of-Body Experiences in the Blind*, New York 1999.

Satyananda Saraswati, Swami, *Kundalini Tantra*, Bihar 2007.

Satyananda Saraswati, Swami, *Taming the Kundalini*, Bihar 1967.

Stiehl, Ulrich, *Sanskrit-Kompendium*, Heidelberg 2007.

Suzuki, Daisetz Teitaro, *Leben aus Zen. Wege zur Wahrheit*, Frankfurt am Main 2003.

Suzuki, Shunryu, *Seid wie reine Seide und scharfer Stahl. Das geistige Vermächtnis des großen Zen-Meisters*, München 2003.

Suzuki, Shunryu, *Zen-Geist, Anfänger-Geist*, Berlin 2002.

Vivekananda, *Karma-Yoga and Bhakti-Yoga*, New York 1982.

Vivekananda, Rishi, *Practical Yoga Psychology*, Bihar 2008.

Yoga Publications Trust (Hg.), *Sanskrit Glossary of Yogic Terms*, gesammelt von *Swami Yogakanti*, Bihar 2007.

# Danksagung

Die meisten Bücher tragen den Namen nur einer Person. Dabei sind oft viele am Gelingen beteiligt: Sei es direkt oder indirekt, ob sie ermutigen oder inspirieren, loben oder kritisieren – oder einfach nur akzeptieren, dass der Schreiber über lange Zeit auf kaum etwas anderes ansprechbar ist als das Thema, das ihn so beschäftigt. Ich bin einigen Menschen sehr dankbar für die Hilfe, die sie mir zukommen ließen.

Mein besonderer Dank gilt Richard Hackenberg. Er war der erste, der das Manuskript schon während des Entstehungsprozesses zu lesen bekam. Er brachte den Text in seinen praktischen Unterricht ein und gab mir regelmäßig unterstützende und motivierende Rückmeldungen. Seine Ermutigungen haben viel dazu beigetragen, dass diese Neu-Übertragung des *Yogasutra* nun vorliegt.

Bettina Lemke danke ich herzlich für ihre Geduld und liebenswürdige Hilfe bei vielen Fragen, die sich im Zusammenhang mit dem Anbahnen einer Buchpublikation ergeben.

Thomas Schölderle bin ich dankbar für seine Offenheit und Bereitschaft, sich als Sozial- und Geisteswissenschaftler dem Text zu nähern. Gerne erinnere ich mich an unsere philosophischen Diskussionen.

Beim Leiter des Arkana Verlages, Gerhard Riemann, möchte ich mich ganz herzlich dafür bedanken, dass er mir die Gelegenheit gab, das Buch in der renommierten Verlagsgruppe Random House zu veröffentlichen.

Dankbar bin ich natürlich dem ganzen Team des Verlages, vor allem Usha Swamy, die als zuständige Lektorin bei Arkana mit großer Umsicht zum guten Gelingen des Buches beitrug.

Schließlich will ich meiner lieben Frau Nella danken. Ich bin so glücklich, dass sie in diesem Leben an meiner Seite ist.

# Glossar

**abhiniveshah** Angst vor dem Tod; instinktives Hängen am Leben; eine der fünf Hauptursachen des Leidens; (2.3,9); siehe Klesha.

**abhyasa** konstante, hingebungsvolle Praxis oder Übung (1.12,13,18,32).

**advaita-vedanta** nicht-dualistische Philosophie, verbunden v. a. mit *shankaracarya*. Brahman (Gott) ist einzig absolute Realität, die Welt ist Illusion *(maya)*. Die individuelle Seele *(atman)* sucht die Verschmelzung mit Brahman.

**agama** gültiges Zeugnis; ein Weg, zu richtigem Wissen *(pramana)* zu gelangen; siehe auch *vritti (I.7)*.

**agami karma** siehe Karma.

**agni tattva** das Element Feuer.

**ahamkara** wörtl. Ich-Macher, Ich-Gefühl. In der Sankhya-Philosophie eines der grundlegenden Elemente der Schöpfung, aus dem sich *manas*, die fünf Sinnes- und fünf Handlungsorgane (*jnanendriyas* und *karmendriyas*) sowie fünf feinstoffliche und grobstoffliche Elemente (*tanmatras* und *mahabhutas*) entwickeln.

**ahimsa** Nicht-Verletzen, Gewaltlosigkeit; eine der fünf Regeln für das Verhalten in unserem persönlichen Umfeld; (2.30,35); siehe *yama*.

**ajapa japa** Mantra-Meditationspraxis, in der Mantra und Atem koordiniert werden; Technik, um Pratyahara zu induzieren, um zu Konzentration und tiefer Meditation zu gelangen.

**ajna chakra** sechstes Energiezentrum, das in der Mitte des Schädels liegt, im Bereich des verlängerten Rückenmarks *(medulla oblongata)*;

korrespondiert mit der Zirbeldrüse; auch *guru chakra* genannt; Begegnungspunkt von *ida, pingala* und *sushumna.*

**akalpita** wörtl. »nicht vorgestellt«, also: wirklich; bezieht sich auf den Vorgang von *maha-videha* (außerkörperliche Erfahrung); (3.44).

**akasha** Raum, Äther; in der Sankhya-Philosophie das erste von fünf grobstofflichen Elementen (3.42,43).

**aklishta** nicht schmerzhaft (1.5).

**alingani** undifferenziert, ohne Eigenschaften (II.19).

**amrita** wörtl. »todlos« (Gott); unsterblich; göttlicher Nektar, der aus *bindu* kommt und zu *vishuddi chakra* hinuntertropft (auch *soma* genannt).

**anagata** Zukunft; auch: das Unsagbare (im Sinne von *turiya*).

**anahad nada** siehe *anahata nada.*

**anahata** wörtl. »nicht angeschlagen«, »ungespielt«; bezieht sich auf *anahata nada,* den Klang des Herzens.

**anahata chakra** Herzchakra; korrespondiert mit dem *plexus cardialis* (Herzgeflecht); Sitz der Emotionen.

**anahata nada** kosmischer Klang des Herzens; erfahrbar in höheren Meditationszuständen.

**ananda** Glückseligkeit.

**anandamaya kosha** innerste von fünf Hüllen des Menschen; siehe *kosha.*

**ananta** unendlich, grenzenlos (2.34,47).

**anatman** Nicht-Atman, Nicht-Selbst, der vergängliche Körper (2.5).

**animan** die Fähigkeit, beliebig klein zu werden (3.43). Weitere parananormale Fähigkeiten, die Patanjali in Sutra 3.43 nur indirekt anspricht, sind: *mahiman,* unendlich groß werden; *laghiman,* Levitation; *prapti,* die Kraft, überallhin zu gelangen; *prakamya,* die Willensfreiheit; *vasitva,* Kontrolle über alle Dinge; *isitritva,* Macht, Dinge zu erschaffen; *kamavasayitva,* Kraft zur Wunscherfüllung.

**annamaya kosha** erste und äußerste Hülle oder Schicht des Menschen; wird durch Nahrung am Leben erhalten, daher: Nahrungskörper; siehe *kosha.*

**antahkarana** inneres Instrument, Bewusstsein, Synonym für Chitta.

**antar kumbhaka** Atemanhalten nach der Einatmung beim *Pranayama.*

**antaranga** innere Glieder; die letzten drei der acht Elemente des Ashtanga Yoga (3.7).

**anu** kleinste materielle Einheit, nicht mehr teilbares Partikel (1.40).

**anumana** logisches Schließen; ein Weg, zu richtigem Wissen *(pramana)* zu gelangen; siehe auch *vritti* (I.7,49).

**apana** siehe *apana vayu.*

**apana vayu** siehe *vayu.*

**aparanta** physischer Tod (2.23,33).

**aparigraha** Nicht-Greifen; Nicht-Gier; eine der fünf Regeln für das Verhalten in unserem persönlichen Umfeld; (2.30,39); siehe *yama.*

**arete** griechischer Begriff für »Tugend«; gemeint im Sinne von »taugen«; hier äquaivalent gebraucht für den Sanskritt-Begriff *dharma.*

**Arjuna** Krieger; Protagonist der *Bhagavad-Gita.* Steht symbolisch für den Menschen, der Zwiesprache mit Gott hält, um angesichts der Krisenhaftigkeit des Lebens Klarheit und Sinn zu finden; siehe *Bhagavad Gita.*

**asamprajnata samadhi** meditative Gipfelerfahrung; das Bewusstsein fokussiert dabei nicht mehr auf ein Objekt, ist aber auch noch nicht frei von *samskaras;* siehe Samadhi; siehe *samprajnata samadhi* (1.18).

**asana** Yoga-Haltung (2.29,46).

**ashishah** individueller Lebenswille; auch im Sinne eines schöpferischen Prinzips: Leben will Leben (4.10).

**Ashtanga Yoga** acht Elemente des Yoga, wie sie im zweiten Kapitel des *Yogasutra* dargelegt werden; synonym für Raja Yoga oder Patanjali Yoga. Die acht Elemente sind: *yama* (Regeln für den Umgang mit unserem persönlichen Umfeld), *niyama* (Regeln für den Umgang mit uns selbst), *asana* (Meditationshaltung), *pranayama* (Kontrolle und Ausweitung der Lebensenergie durch Atemübungen), Pratyahara (das Zurückziehen der Sinne), Dharana (Konzentration), Dhyana (Meditation) und Samadhi (meditative Gipfelerfahrung).

**asmita** Ich-Gefühl, Ego-Bewusstsein; eine der fünf Hauptursachen des Leidens; (1.17; 2.3,6; 3.48); siehe *Klesha.*

**asteya** wörtl. »Nicht-Stehlen«; Ehrlichkeit; sich nichts unrechtmäßig aneignen; eine der fünf Regeln für das Verhalten in unserem persönlichen Umfeld (2.30,37); siehe *yama.*

**atha** jetzt, nun (1.1).

**atita** Vergangenheit (3.16; 4.12).

**atman** wahres Selbst, Purusha, Seher, Sehender, höchstes Bewusstsein, inneres Licht, reines Gewahrsein (2.5,21; 4.25,41).

**aushadhi** Kräuter, Drogen (4.1).

**avidya** Nicht-Wissen, Nicht-Sehen, das Vergängliche für das Ewige halten, primäre Ursache des Leidens; Identifikation mit Körper, Geist und Gefühlen; Illusion; (2.3,4,5; 4); siehe *Klesha.*

**avyakta** nicht geschaffen; bezieht sich auf *avyakta prakriti;* siehe *prakriti.*

**bahir kumbhaka** Atemanhalten nach der Ausatmung beim *Pranayama.*

**bahiranga** äußere Glieder; die ersten fünf der acht Elemente des Yoga (Ashtanga Yoga); (3.8).

**bandha** Verschluss; Yoga-Praxis, die zu *pranayama* gehört.

**basti** siehe *shatkarma.*

**Bhagavad Gita** wörtl.: Lied oder Gesang Gottes; Teil des großen Mahabharata-Epos; dramaturgisch angelegt als ein Gespräch zwischen dem Krieger Arjuna und seinem Lehrer Krishna auf dem Schlachtfeld von Kurukshetra; eines der zentralen Werke indischer Spiritualität; enthält die Essenz der *Upanishaden* und des *Yoga.*

**bhakti yoga** Yoga-Weg der Hingabe; Tun, ohne an den eigenen Vorteil zu denken oder an den Ergebnissen des Handelns zu haften.

**bhrumadhya** Punkt zwischen den Augenbrauen, über den sich *ajna chakra* anregen lässt (2.30,38).

**bhuta** grobstoffliche Elemente; auch: *mahabhuta;* die fünf *bhutas* sind (vom feineren zum grobstofflichen): *akasha:* Raum, *vayu:* Luft, *agni:* Feuer, *apas:* Wasser, *prhitvi:* Erde (2. 8; 3.13,17,45).

**bindu** Punkt, Tropfen; »psychisches Zentrum«, das im hinteren Teil des Gehirns lokalisiert ist; Zentrum der *Nada-Yoga*-Praxis; von *bindu* tropft *amrita* (Nektar Gottes) zu *vishuddi chakra* hinab.

**Brahma** Gott in seinem Schöpfungsaspekt; Schöpfer des Alls.

**Brahman** das höchste, das allumfassende, göttliche, alles durchdringende Prinzip; Gott in seinem formlosen Aspekt; siehe *Brahma*.

**brahma granhti** psychischer Knoten in *muladhara chakra;* steht für die Anhaftung an die materielle Welt.

**brahmacharya** (*brahma* = höchstes Wesen in seinem Schöpferaspekt/Gott + *carya* = leben); im Bewusstsein um die Gegenwart des höchsten Wesens bzw. Gott leben; auch: sexuelle Selbstkontrolle; zuweilen auch übersetzt mit: Keuschheit, Leben im Zölibat; eine der fünf Regeln für den Umgang mit unserem persönlichen Umfeld; (2.30,38); siehe *yama*.

**buddhi** unterscheidende Intelligenz; Aspekt von Chitta, der die Dinge von einer höheren, spirituellen Perspektive aus betrachtet und bewertet; Intuition; Entscheidungsinstanz; aus dem Blickwinkel der *koshas* betrachtet, gehört *buddhi* zum Weisheitskörper; (4.22); siehe Chitta.

**chakra** psychisches Zentrum, Energiezentrum (3.30).

**chandra** Mond; steht im *Yogasutra* vermutlich für *ida nadi* (3.28).

**chaturthah** wörtl. »Vierter«; vierter Aspekt des Pranayama (2.51).

**chidakasha** der schwarze Raum vor unserem inneren Auge, in den man bei der Meditation blickt.

**chitishaktih** auch: chitta shakti; Mentalenergie (4.34).

**chitta** Bewusstsein, Geist; umfasst die bewussten und unbewussten Aspekte des Bewusstseins; die funktionalen Aspekte von Chitta sind *asmita* (Ich-Sinn), *buddhi* (unterscheidende Intelligenz), *manas* (mind) und Chitta (Gedächtnis); (1.2,30,33,37; 2.54; 3.1,9,11,12,19,35,39; 4.4,5,15,16,18,21,23,24,26).

**chitta-vritti** mentale Muster (1.2; 4.18).

**chitta-vritti nirodhah** Zur-Ruhe-Kommen der mentalen Muster; Definition und Ziel von Yoga (1.2).

**devata** Gottheit (2.44).

**dharana** Konzentration (2.29,53; 3.1; 4.20).

**dharma** die natürliche Rolle des Menschen im Leben; grundlegende Lebensgesetze, kosmische Ordnung; ethisches Gesetz, Tugend, gute Verhaltensweise, Gerechtigkeit; Praxis, Sitte (3.13,14,46; 4.12,29).

**dharmameghah samadhi** höchster Bewusstseinszustand; gleichbedeutend mit *kaivalya* (Befreiung); ein Leben, das von unterscheidendem Gewahrsein (viveka-khyateh) geleitet ist; (4.29); siehe Samadhi.

**dharmi** Substrat; alternativer Begriff für die unveränderliche Ursubstanz von *prakriti,* die sich aus den drei *gunas* zuammensetzt (III.14).

**dhauti** siehe *shatkarma.*

**dhruva** Polarstern (3.29).

**dhyana** Meditation (1.39; 2.11,29; 3.2; 4.6).

**divyam shrotram** »göttliches Hören«, unendlich feines Hören; Hören der Stimme Gottes (3.42).

**drashthuh** Seher, Zeuge, Reines Gewahrsein, Purusha (1.3; 2.17,20; 4.23).

**drishyam** »das Gesehene«, Objekte (2.17,18,21; 4.19,21,23).

**duhkha** Leid (1.31,33; 2.5,8,15,16,34).

**dvandva** Gegensatzpaare; Dualität (2.48).

**dvesha** Nicht-Habenwollen; Abneigung; eine der fünf Hauptursachen des Leidens (2.3,8); siehe Klesha.

**eka** Ein (1.32; 2.2; 4.9,16,29); siehe *ekagrata.*

**ekagrata** Einsgerichtetheit; einer von fünf Zuständen des Geistes; siehe *manas* (3.11,12).

**ekagrata-parinama** der Wandel zur Einsgerichtetheit; die erste von drei transformativen Phasen *(parinamas),* die das Bewusstein auf dem Weg des Yoga durchläuft (3.12).

**Gita** siehe: *Bhagavad Gita.*

**grahana** »das Ergriffene«, Wahrnehmung (1.41; 3.48).

**guna** Qualität; Grundbaustein; Modalität, Seinsweise; Grundqualität alles Geschaffenen. Die gesamte Schöpfung (Prakriti) ist aus *gunas* komponiert, die Mischung der *gunas* prägt die Eigenschaften der Objekte. Die drei *gunas* sind: *tamas, rajas, sattva.* Die drei *gunas* repräsentieren im Yoga Grundqualitäten des menschlichen Bewusstseins: *Tamas* steht für Trägheit, Dunkelheit, Negativität und Schwere, *rajas* für Ruhelosigkeit, Rastlosigkeit, Bewegung, *sattva* für Lichtheit, Klarheit, Leichtigkeit und generell positive Eigenschaften. Yoga versucht, ein sattvisches Gemüt zu entwickeln.

Das Wechselspiel der *gunas* ist verantwortlich für den Wandel in der Welt; (1.16; 2.15,19; 4.32,34); siehe Prakriti.

**guru** Lehrer (1.26).

**guru chakra** Bezeichnung für *ajna chakra*.

**ham** Mantra, das für das Halschakra *(vishuddi chakra)* steht.

**hamartia** griechisches Wort für »Irrtum« aus dem Neuen Testament; hier äquivalent verwendet für *avidya* (spirituelle Blindheit); zumeist übersetzt mit »Sünde«; siehe auch *metanoia*.

**hatha yoga** Yoga-System, das sich intensiv den körperlichen und mentalen Praktiken der Reinigung widmet. Asanas, Pranayama, *shatkarma* und so weiter verfolgen das Ziel physischer und mentaler Reinigung. Die Harmonisierung von *ida* und *pingala nadi* soll *sushumna*, den Zentralkanal öffnen, um so zur Erfahrung von Samadhi zu gelangen.

**Hatha Yoga Pradipika** grundlegende Schrift des Hatha Yoga aus dem 14. Jh.; zusammengestellt von einem Yogi namens *Swatmarama*.

**hridaya** Herz (3.35).

**hridayakasha** Herzraum.

**ida nadi** energetisches Netzwerk auf der linken Seite der Wirbelsäule; Mond- oder Mentalenergie. Korrespondiert mit dem parasympathischen Nervensystem.

**indriya** Kraft, Organ; Sammelbegriff für die Sinnes- und Handlungsorgane *(jnanendriyas* und *karmendriyas)*.

**Ishvarah** die Quelle, der alles entspringt; nicht-manifeste Existenz; Gott (1.23,24; 2.1,32,45).

**Ishvarah-pranidhana** Praxis der Hingabe an einen personalisierten Form-Aspekt Gottes (da er formlos und abstrakt nicht vorstellbar ist); eines der drei Elemente des *kriya yoga*; eine der fünf Regeln für den Umgang mit uns selbst; siehe *niyama* (1.23, 2.1,32,45).

**jalandhara bandha** Halsverschluss. Yoga-Technik, die vor allem im Zusammenhang mit *pranayama* eingesetzt wird.

**japa** Wiederholung eines Mantra oder des Namen Gottes; siehe *ajapa japa*.

**jiva** individuelle Seele; Lebewesen, Geschöpf.

**jivanmukti** zu Lebzeiten Befreiter, für den der Kreislauf aus Geburt und Tod (Samsara) beendet ist, obgleich er (noch) in einem Körper lebt.

**jnana** Verstehen, Erkennen; Hören; Bewusstsein; höheres Wissen, das in Meditation bzw. innerer Erfahrung gewonnen wird; Weisheit; Intellekt, Sinn (1.8,9,38,42; 2.28; 3.16,19,23,26,30,36,53,55; 4.17,18,31).

**jnana chakshu** »Auge der Weisheit«; »geistiges Auge«; alternativer Name für »Drittes Auge« oder *ajna chakra*.

**jnana yoga** Yogaweg der Selbstanalyse; Weg der Kontemplation; Nachdenken über das Wesen der Wirklichkeit; beständiges Nachdenken über das Selbst.

**jnanendriya** Fähigkeit, sinnlich wahrzunehmen. Die fünf Sinnesorgane sind: *shrotra* (Hörsinn/Ohren), *twacha* (Fühlsinn/Haut), *chakshus* (Sehsinn/Augen), *jihva* (Geschmackssinn/Zunge), *ghrana* (Geruchssinn/Nase).

**jyotirlinga** ovaler Stein, der als Objekt der Hingabe gilt und Shiva repräsentiert; Symbol für Reines Bewusstsein; das *jyotirlinga* im Kronenchakra *(sahasrara chakra)* steht für den Zustand des erleuchteten Bewusstseins.

**kaivalya** wörtl.: Isoliertheit, Alleinsein, Getrenntsein (gemeint ist: getrennt sein von der Anhaftung an die Welt: vollkommene Losgelöstheit); endgültige Befreiung; Ziel des Yoga (2.25; 3.51,56; 4.26,34).

**kaivalya pada** Titel des 4. Kapitels; Kapitel über die Befreiung.

**kapalbhati** Atemtechnik zur Reinigung der Frontalregion des Gehirns; siehe *shatkarma*.

**karma** Ursache und Wirkung; Handlung, Aktion. Es gibt drei Arten von Karma: *agami karma:* Dieses Karma wird jetzt erzeugt und reift in der Zukunft. *Prarabda karma:* Das Karma, das in der Vergangenheit erzeugt wurde und in diesem Leben reift. *Sanjita karma:* Dieses Karma wurde in der Vergangenheit erzeugt und reift in einem zukünftigen Leben (1.24; 2.12; 3.23; 4.7,30).

**karma yoga** Yoga-Weg des Tuns für andere; etwas tun, ohne Früchte für sich selbst zu erwarten; Handeln, das keine Bindungen an die Welt erzeugt.

**karmashaya** unbewusster Aspekt von Chitta; »Ort«, an dem die durch Handlungen, Gedanken und Emotionen erzeugten *samskaras* reifen.

**karmendriya** Handlungsorgan. Die fünf Handlungsorgane sind: *vach* (Sprechen/Mund), *hasta* (Greifen/Hände), *pada* (Bewegen/Beine), *upashta* (Fortpflanzung/Genitalien), *payu* (Ausscheiden/Anus).

**karuna** Mitgefühl (1.33).

**Katha Upanishad** auch: *Kathopanishad;* einer der wichtigsten Texte aus den *Upanishaden;* ein Gespräch zwischen einem jungen Mann namens Naciketa und seinem Lehrer Yama, Gott des Todes.

**kaya** Körper (2.43; 3.21,30,43,46,47).

**kevala kumbhaka** Aspekt des Pranayama; spontanes Anhalten der Atmung in tiefer Meditation, auch *kevala pranayama* genannt.

**klesha** Hauptursachen des Leidens: *avidya:* Nicht-Wissen um unsere spirituelle, unsterbliche, wahre Natur; *asmita:* das daraus entstehende Gefühl, ein vom Ganzen des Seins getrenntes Wesen zu sein; *raga* und *dvesha:* Habenwollen und Nicht-Habenwollen; *abhiniveshah:* das Hängen am Leben bzw. die Angst vor dem Tod (1.24; 2.2,3,12; 4.28,30).

**klishta** schmerzhaft, leidhaft (1.15).

**kosha** Hülle, Schicht. Das physiologische Modell des Menschen im Yoga kennt fünf Hüllen: 1. *manaomaya kosha* oder Nahrungskörper: die äußere, physische Hülle, aufgebaut aus Nahrung; 2. *pranamaya kosha* oder Energiekörper (gelegentlich auch Astralleib oder Ätherkörper genannt), aufgebaut aus prana; 3. *manomaya kosha* oder Mentalkörper, die Domäne von *manas;* 4. *vijnanamaya kosha* oder Weisheitshülle, Domäne von *buddhi;* 5. *anandamaya kosha* oder Glückseligkeitskörper ist der »innerste« oder »tiefste« Bereich.

**krama** Abfolge, Reihenfolge, Sequenz (3.15,23,53; 4.32,33).

**kriya** Aktion, Bewegung; auch synonym für die sechs *shatkarmas* des Hatha Yoga (2.1, 18,36).

**kriya yoga** Trias von *tapas* (Bemühung), *svadhyaya* (Selbsterforschung) und *Ishvarah-pranidhana* (Hingabe); (2.1).

**kshana** kleinste Zeiteinheit, »Zeit-Atom« (3.9,53; 4.33).

**kshetram** »Triggerpunkt« eines Chakra.

**kshipta** zerstreut; einer von fünf Zuständen des Geistes; siehe *manas*.

**kumbhaka** Phasen zwischen Ein- und Ausatmung während der Praxis des Pranayama; siehe *puraka* und *rechaka*.

**kundalini** wörtl.: eingerollt, zirkulär, Spirale, drehend; spirituelle oder kosmische Energie, die in *muladhara chakra* schläft. Symbolisiert durch eine dreieinhalbfach eingerollte Schlange: Sie repräsentiert die drei Bewusstseinszustände Wachen, Träumen, Schlafen und den vierten Zustand *turya*, der darüber hinausführt. Siehe *muladhara chakra;* siehe *Mandukya Upanishad*.

**kurma nadi** *kurma:* Schildkröte; energetisches Netzwerk hinter dem Brustbein. Es besteht eine Verbindung zu *muladhara chakra* (3.32).

**kutastha chaitanya** Bewustsein um das Höchste; Wissen um das Unveränderliche; »Gottesbewusstsein«; Bewusstseinzustand für den Erleuchteten; Paramahansa Yogananda übersetzt den Begriff als »Christusbewusstein«.

**laghu tula** leicht wie eine Baumwollfaser. Bezieht sich auf *maha-videha*, die außerkörperliche Erfahrung (3.43).

**lam** Mantra, das für das Wurzelchakra *(muladhara chakra)* steht.

**lila** das Spiel Gottes; Spiel der *gunas*.

**linga** differenziert; mit Eigenschaften (II.19).

**mahabhuta** die fünf grobstofflichen Elemente, aus denen die Natur aufgebaut ist; siehe *bhuta*.

**maha** groß; großer Geist; großes Prinzip; in seiner Totalität universales Prinzip der Intelligenz; wird in der Sankhya-Philosophie auch synonym gebraucht für *buddhi* als das individuelle Prinzip der Intelligenz; *maha* ist die erste evolutionäre Ausdifferenzierung, die sich aus der »Urenergie« von Prakriti entfaltet; reflektiert das reine Bewusstsein von Purusha in die Welt.

**mahaprana** Energie; *Prana* in seinem umfassenden, kosmischen Aspekt.

**maha-videha** »großes Körperlos-Sein«; Patanjalis Ausdruck für die außerkörperliche Erfahrung (3.44).

**mahavratam** großes Bekenntnis; betrifft die *yamas* (Regeln im Umgang mit unserem Umfeld); als großes Bekenntnis haben sie universale Gültigkeit (2.31).

**maitri** Freundlichkeit (1.33).

**manas** begrenzter, rationaler Verstand und Emotionen; jener Aspekt von Chitta, der mit den Sinnen und Wahrnehmung verbunden ist; Gedanken; Zweifel; Bewusstseinsaspekt, der auswählt und ablehnt; »operative Einheit« von Chitta: Input (Wahrnehmung), Verarbeitung und Output (Gedanken, Worte, Handlungen). *Manas* kennt fünf Zustände: *mudha* (dumpf), *ksipta* (zerstreut), *viksipta* (oszillierend zwischen Fokussiertheit und Zerstreuung), *ekagrata* (Fokussiertheit, Einsgerichtetheit), *nirodhah:* Stille (1.35; 2.53).

**manas shakti** Mentalenergie; Geisteskraft; Intelligenz, Verstehen; Energie, die durch *ida nadi* fließt.

**Mandukya Upanishad** einer der wichtigsten und zugleich der kürzeste Text der *Upanishaden*. Handelt von den drei Zuständen des Bewusstseins Wachen, Träumen, traumloser Tiefschlaf, die von den drei Buchstaben A-U-M repräsentiert werden. Als Ziel der spirituellen Entwicklung wird *turiya,* »der vierte« Zustand angestrebt, der alle anderen Bewusstseinszustände transzendiert.

**manipura chakra** wörtl.: Stadt der Juwelen; drittes Energiezentrum, Nabelchakra; sitzt hinter dem Nabel an der Wirbelsäule; korrespondiert mit dem Solarplexus (Sonnengeflecht), steht für Vitalität, Kraft, Macht, Energie.

**manomaya kosha** siehe *kosha*.

**mantra** Klang; kraftvolles Wort oder Satz, der dauernd wiederholt wird, um den Geist zu fokussieren (Meditationsobjekt); tantrisches Instrument, um das Bewusstsein auszuweiten (4.1).

**maya** kosmische Illusion; Ursache der phänomenalen Welt; falsches Verständnis von uns selbst; Irrtum, Täuschung.

**meghah** Wolke (IV.29).

**metanoia** griechischer Begriff aus dem Neuen Testament, der »Umdenken« oder »Neudenken« meint; zumeist übersetzt mit »Buße«; siehe auch *hamartia*.

**mudha** dumpf; einer von fünf Zuständen des Geistes; siehe *manas*.

**mula** Wurzel, Basis (2.12).

**muladhara chakra** erstes Energiezentrum, Wurzelchakra. Sitzt an der Basis des Körpers zwischen Anus und Genitalien. Sitz von *kundalini*.

**nada** Klang, Stimme, Ruf; subtiler Klang, der während meditativer Zustände erfahren werden kann. Steht symbolisch für die Klangschwingung der Vereinigung von Shiva und Shakti (reines Bewusstsein und materielle Energie beziehungsweise Gott und Mensch). Das Symbol von nada ist *ardha chandra*, der Halbmond: Er liegt unterhalb des Punktes *(bindu)* im Symbol von OM/AUM; erster Klang, aus dem die Schöpfung hervorging.

**nada yoga** meditative Praxis, Fokussieren auf den »inneren Klang«.

**nauli** siehe *shatkarma*.

**neti** siehe *shatkarma*.

**neti neti** wörtl.: »Nicht dies, nicht das.« Praxis der Selbsterforschung; zentrale meditative Frage: Wer bin ich? Diese lässt sich nicht positiv beantworten, sondern nur negativ: »Ich bin nicht dies, ich bin nicht das.« Die fundamentale Wirklichkeit kann man nicht positiv benennen. Alles, was benennbar ist, gehört zur phänomenalen Welt.

**nidra** tiefer, traumloser Schlaf; Bewusstsein, getrennt von den Sinnen; unbewusster Zustand; eines der fünf *vrittis* (1.6,10,38).

**nirbija samadhi** Samadhi »ohne Same«; finaler Zustand; synonym für *kaivalya*, Befreiung bzw. Zustand des Yoga (1.51; 3.8); siehe *sabija samadhi*; siehe Samadhi.

**nirodhah** Stille; einer von fünf Zuständen von *manas* (1.2,12,51; 3.9).

**nirodhah-parinama** das Erreichen der Stille; nach *ekagrata-parinama* und *samadhi-parinama* die letzte von drei transformativen Phasen *(parinamas)*, die das Bewusstsein auf dem Weg des Yoga durchläuft (3.9).

**Nirvana** Verlöschen, »Leere«; Begriff, der vor allem im Buddhismus eine wichtige Rolle spielt; endgültige Befreiung; Ende des Leidens.

**nirvichara** meditative Gipfelerfahrung; eine Stufe vor *asamprajnata samadhi*; siehe Samadhi (1.44,47).

**nirvitarka** meditative Gipfelerfahrung; zweite Stufe des Samadhi; siehe Samadhi (1.43).

**nivritti** ohne mentale Muster; siehe *vritti* (3.31;4.25,30).

**niyama** zweites Element des Ashtanga Yoga (acht Elemente des Yoga); fünf Regeln für den Umgang mit uns selbst; die *niyamas* sind: *shauca* (Reinheit), *santosha* (Zufriedenheit), *tapas* (Bemühung), *svadhyaya* (Selbsterforschung) und *Isvarah-pranidhana* (Hingabe); (2.29,32).

**padmasana** Sitzhaltung für die Meditation; »Lotussitz«.

**pancha kosha** siehe *kosha*.

**pancha vayu** »fünf Winde«; bezieht sich auf die fünf wichtigsten Arten von Lebensenergie; siehe *vayu*.

**paravairagya** »großes Losgelöstsein«; siehe *vairagya*.

**parinama** Wandel, Transformation, Veränderung. Patanjali spricht von drei transformativen Phasen: *ekagrata-parinama* (transformativer Zustand der Einsgerichtetheit), *samadhi-parinama* (transformativer Zustand von Samadhi) und *nirodhah-parinama* (transformativer Zustand der Stille); (2.15; 3.9,11,13,15,16; 4.2,14,32,33).

**paritapa** heiß, quälend schwierig (2.14).

**pingala nadi** wichtiges energetisches Netzwerk auf der rechten Seite der Wirbelsäule. Entspringt in *muladhara chakra*. Durch *pingala* fließt Vital- oder Sonnen-Energie, daher auch: *surya nadi*. Korrespondiert mit dem sympathischen Nervensystem, steht für Aktivität und externalisiertes Gewahrsein.

**plexus cardialis** Herzgeflecht; physiologische Entsprechung von *anahata chakra* (Herzchakra).

**pradhana** Anfangsursache, Grundlage, Matrix (Natur, *prakrti*); (III.49).

**prajna** Weisheit; Gewahrsein der Wirklichkeit; Intelligenz, individuelles Bewusstsein; rechte Unterscheidung; intuitives Wissen (1.20,48,49; 2.27; 3.5).

**prajna-alokah** Licht der Weisheit oder Licht der Erkenntnis (III.5).

**prakasha** Leuchten, Licht, Erleuchtung (2.18,52; 3.21,44).

**prakriti** grobstoffliche Natur, Welt; manifeste *(vyakta prakriti)* und nicht manifeste Natur *(avyakta prakriti)*; kosmische Energie; Urstoff beziehungsweise Urenergie, aus der alles Geschaffene im All geformt ist. Sankhya-Philosophie: Prakriti besteht aus den drei *gunas (trigunatmika)*: *tamas*, *rajas* und *sattva*. Solange die gunas im Gleichgewicht sind *(sama avashta)*, gibt es keine Manifestation, wird das Gleichgewicht jedoch gestört durch die Nähe von Purusha, beginnt die Schöpfung und Evolution (1.19; 4.2,3). Siehe *gunas*.

**prakriti moksha** endgültiger Seinszustand, in dem alle Wesen aus der Verstrickung in die Welt befreit sind.

**pramana** richtiges Wissen; eines der fünf *vrittis* oder mentalen Muster (1.6,7; 4.16).

**prana** essenzielle Lebensenergie, die Makro- und Mikrokosmos durchströmt; das Gesamt der Energie im All, ob manifest oder nicht; Atem; Lebensprinzip; Vitalenergie, die in verschiedener Form *(vayus)*, auf verschiedenen Wegen *(nadis)* und in den unterschiedlichen psychischen Zentren *(chakras)* im Körper wirkt; enge Verbindung zum Geist; als Unterbegriff ist Prana eines der fünf *vayus* im menschlichen Körper, zuständig für Einatmung, Absorbtion; (1.34); siehe *vayu*; siehe *pranayama*.

**pranamaya kosha** siehe *kosha*.

**prana shakti** Vitalenergie; fließt in *pingala nadi*.

**pranava** Bezeichnung für den Klang OM (1.27).

**prana vayu** siehe *vayu*.

**pranayama** Ausweitung *(ayama)* und Kontrolle *(yama)* von Prana (Lebensenergie) durch Atemtechniken; viertes Element des Ashtanga Yoga (acht Elemente des Yoga); (2.29,49).

**prarabda karma** siehe Karma.

**prasanta vahina** stilles Fließen des Geistes als Ergebnis der drei transformativen Phasen *(ekagrata-parinama, samadhi-parinama* und *nirodhah-parinama)*; (3.10).

**pratipaksha bhavanam** positives Denken; die Praxis, nicht förderlichen Gedanken und Emotionen dadurch zu begegnen, dass man förderliche, hilfreiche entwickelt (2.33,34).

**pratyahara** Rückzug der Sinne, fünftes Glied des Ashtanga Yoga (acht Elemente des Yoga); wach und voll bewusst sein, ohne den Körper zu fühlen (2.29,54).

**pratyaksha** direkte Wahrnehmung; ein Weg, zu richtigem Wissen *(pramana)* zu gelangen; siehe auch *vritti* (I.7,29).

**pratyaya** Bewusstseinsinhalt; Objekt der Meditation (1.10,18,19; 2.20; 3.2,12,17,19,36; 4.27).

**prithvi tattva** das Element Erde.

**puraka** Einatmung; siehe *rechaka* und *kumbhaka.*

**purusha** Seher, Sehender, Beobachter, Zeuge, Selbst, inneres Licht, reines Gewahrsein, *atman* (1.16,24; 3.36,50,56; 4.18,34).

**purusha-jnanam** das Erkennen des inneren Lichtes (3.36).

**raga** Habenwollen; Passion; Leidenschaft; Anhaftung; eines der fünf Kleshas oder Hauptursachen des Leidens; (1.37; 2.3,7); siehe *dvesha.*

**raja yoga** wörtl:. Königsweg des Yoga; auch: Ashtanga Yoga; Yoga-Weg der Meditation, wie er im *Yogasutra* dargelegt wird; Patanjali Yoga; Kriya Yoga.

**rajas** eines der drei *gunas;* Rastlosigkeit, Ruhelosigkeit; siehe *gunas,* siehe Prakriti.

**ram** Mantra, das für das Nabelchakra *(manipur chakra)* steht.

**rechaka** Ausatmung; siehe *puraka* und *kumbhaka.*

**ritambhara prajna** Wirkliches Wissen. Erkenntnis, die in der zweiten *vichara*-Stufe von Samadhi erlangt werden kann. Mentaler Eindruck, der andere *samskaras* blockiert und den Weg bereitet zu *nirbija samadhi* (1.48). Siehe Samadhi.

**rudra granthi** »Knoten Shivas«; psychischer Knoten in *ajna chakra,* der für Anhaftung an mentalen od. psychischen Kräften *(siddhis)* steht.

**sabija samadhi** zusammenfassender Begriff für alle Formen von Samadhi, die »mit Same« sind. Vorübergehende meditative Gipfelerfahrungen auf dem Weg zu *nirbija samadhi,* dem Samadhi ohne Same, das gleichbedeutend ist mit Befreiung (1.46). Siehe *nirbija samadhi;* siehe Samadhi.

**sadhana** konkrete regelmäßige Übungspraxis.

**sadhana pada** Titel des 2. Kapitels; Kapitel über die Praxis.

**sahasrara chakra** siebtes Energiezentrum; Kronenchakra; symbolisiert durch einen tausendblättrigen Lotus; Wohnstatt Shivas (reines Bewusstsein); höchstes psychisches Zentrum; Übergang vom Reich der Psyche ins Reich des Geistes (im Sinne von *spirit*).

**sama avashta** Zustand, in dem alle drei *gunas* im Gleichgewicht sind; siehe *prakriti*; siehe *gunas*.

**samadhi** Verschmelzen; meditative Gipfelerfahrung; in ihrer tiefsten Form synonym für *kaivalya* (Befreiung), zugleich das Ziel von Yoga; vollkommenes Eingetauchtsein in das Meditationsobjekt; kommt in diversen Formen bzw. Stufen vor: mehrere Stufen von *sabija* (Samadhi mit Same bzw. *samskaras*, mentale Eindrücke) und *nirbija* (Samadhi ohne Same, synonym für *kaivalya*). *Sabija* lässt sich unterteilen in *samprajnata* (Samadhi mit Fokus auf ein Objekt) und *asamprajnata* (objektloses Samadhi). *Samprajnata* kennt vier Stufen: zwei Stufen des Eingetauchtseins in die grobstoffliche Form des Meditationsobjektes, *savitarka* und *nirvitarka*, und zwei Stufen des Eingetauchtseins in die feinstofflichen Aspekte des Objektes, *savichara* und *nirvichara*. In *nirvichara* entstehen neue mentale Eindrücke: *ritambhara prajna* oder wirkliches Wissen, das alte *samskaras* löscht, überschreibt oder blockiert, *asamprajnata* oder objektloses Samadhi ist erreicht. Werden auch die durch *ritambhara prajna* erzeugten *samskaras* noch losgelassen, dann erreicht der Übende *nirbija samadhi* oder *kaivalya*. Dies ist gleichbedeutend mit einem Leben in *viveka-khyateh*, also dem beständigen Gewahrsein des inneren Lichtes und vollkommener Gegenwärtigkeit, dem Eingehülltsein in die Wolke der Wahrheit oder auch *dharmameghah samadhi* (1.20,46,51; 2.2,29,45; 3.3,11,38; 4.1,29).

**samadhi pada** Titel des ersten Kapitels; Kapitel über Samadhi; Kapitel über Meditation.

**samadhi-parinama** Transformation durch Samadhi. Nach *ekagrata-parinama* und vor *nirodhah-parinama* die zweite von drei transformativen Phasen *(parinamas)*, die das Bewusstein auf dem Weg des Yoga durchläuft (3.11).

**samana vayu** siehe *vayu*.

**samapatti** wörtl. Zusammenfallen; synonym für Samadhi (1.41.42; 2.47; 3.43).

**samprajnata samadhi** zusammenfassender Begriff für verschiedene Formen meditativer Gipfelerfahrung *(savitarka, nirvitarka, savichara, nirvichara)*; siehe Samadhi; siehe *asamprajnata* (1.17).

**samsara** Kreislauf von Geburt und Tod, der durch Karma aufrechterhalten wird; illusionäre Welt; weltliches Leben.

**samskara** jede Form mentaler Eindrücke, die auf der feinstofflichen Ebene in Chitta gespeichert werden; *samskaras* gruppieren sich zu *vasanas*, die dann unsere charakteristischen Persönlichkeitszüge bilden (1.18,50; 2.15; 3.9,10,18; 4.9,27).

**samyama** zusammenfassender Begriff für die letzten drei Elemente des Ashtanga Yoga (acht Elemente des Yoga): Dharana (Konzentration), Dhyana (Meditation) und Samadhi; diese drei werden auch *antaranga* (innere Elemente) genannt (3.4,16,17,21,23,27,36,42, 43,45,48,53); siehe *bahiranga*.

**samyoga** Verbindung von Purusha und Prakriti zum Zweck der Selbsterkenntnis (2.17,23,25).

**sandokai** wörtl.: Einheit von Essenz und Erscheinung; zentrale Schrift aus der Tradition des Zen, verfasst von Sekito Kisen (700–790).

**sanga** Verbindung mit anderen; Bindung (3.52).

**sanjita karma** siehe Karma.

**sankhya** wörtl.: Aufzählung; Philosophie des Yoga; ältestes der sechs philosophischen Systeme *(darshana)* Indiens (ca. 600 v. Chr.). Wird dem Weisen *Kapila* zugeschrieben. Alle anderen Philosophiesysteme Indiens haben daraus geschöpft. Besonders eng ist die Verbindung zum Yoga, mit dem Sankhya in der *Bhagavad Gita* sogar gleichgesetzt wird. Sankhya lehrt die Dualität von reinem Bewusstsein (Purusha) und Energie/Materie (Prakriti). Es ist deren Zusammenwirken, das die Schöpfung, die in Prakriti als reines Potenzial vorliegt, antreibt. Diese Dualität wieder aufhebend findet sich in der *Gita* und im *Yogasutra* des Patanjali das einende Prinzip von Isvarah (»Gott«), das Purusha und Prakriti transzendiert.

**sankalpa** Beschluss, Vorsatz.

**santosha** von Zufriedenheit getragene Lebenshaltung; eine der fünf Regeln für den Umgang mit uns selbst; (2.32,42); siehe *niyama*.

**sarvangasana** Schulterstand

**satchitananda** Sein-Bewusstsein-Glückseligkeit; höchster Zustand des Bewusstseins.

**satori** Begriff aus der Tradition des Zen; meditative Gipfelerfahrung; entspricht dem *Samadhi* des Yoga.

**satya** Ehrlichkeit, Aufrichtigkeit; eine der fünf Regeln für das Verhalten in unserem persönlichen Umfeld (2.30,36); siehe Yama.

**sattva** eines der drei *gunas;* Lichtheit, Klarheit; (2.41; 3.36,50,56); siehe *gunas;* siehe Prakriti; auch ein Synonym für Chitta.

**savichara** meditative Gipfelerfahrung; dritte Stufe von *samprajnata samadhi* (1.44); siehe Samadhi.

**savitarka** meditative Gipfelerfahrung; erste Stufe von *samprajnata samadhi* (1.42); siehe Samadhi.

**shancaracharya** siehe *Shankara*.

**shabda** Klang (1.9,42; 3.17,22).

**shakti** Urenergie; Energie; manifestes Bewusstsein; Kraft, Fähigkeit; weiblicher Aspekt der Schöpfung; in der Psychophysiologie des Yoga wohnt Shakti in *muladhara chakra* und wird symbolisiert durch *kundalini*. Shaktis Gegenpol ist Shiva und als solche stehen Shiva und Shakti zugleich für Bewusstsein und Materie, Purusha und Prakriti, Gott und Mensch.

**shatkarma** Sammelbegriff für yogische Reinigungstechniken; auch: *shatkriya*. Die *Hatha Yoga Pradipika* erwähnt sechs *shatkarmas*, von denen es viele Variationen gibt. Zur Reinigung werden Wasser, Hitze und Luft genutzt. Sie bewirken die tief gehende Reinigung des Körpers und seiner Organe, wirken auf den Stoffwechsel. Einige der *shatkarmas* haben zudem eine beruhigende Wirkung auf den Geist und werden als solche in der meditationsvorbereitenden Phase angewandt. Die sechs *shatkarmas* sind: *dhauti* und *basti* (für den oberen und den unteren Verdauungstrakt), *neti* (Nasenreinigung), *nauli* (muskuläre Technik zur Massage der Bauchorgane), *trataka* (»Starren«, eine Augen- und Tränenkanal-Reinigungstechnik), *kapalabhati* (eine forcierte Atemtechnik zur Reinigung der Frontalregion des Gehirns und Konzentration von Prana im Bereich von *ajna chakra*).

**shatkriya** Reinigungstechniken des Yoga; alternative Bezeichnung für *shatkarma*.

**shaucha** Reinheit; eine der fünf Regeln für den Umgang mit uns selbst; (2.32,40); siehe Niyama.

**shavasana** »Totenhaltung«; liegende Haltung im Yoga.

**shiva** wörtl.: der Gütige, Gute, Freundliche; Name eines der Götter der Hindu-Trinität. Er steht für den Aspekt des Zerstörens von Ego und Dualität beziehungsweise für reines, nicht-manifestes, kosmisches Bewusstsein. Männlicher Aspekt der Schöpfung. In der Psycho-Physiologie des Yoga wohnt Shiva in *sahasrara chakra*. Siehe Shakti.

**siddhi** paranormale Fähigkeiten; auch: *vibhuti*.

**siddhasana** sitzende Meditationshaltung; »vollkommener Sitz«.

**smriti** Erinnerung; eines der fünf grundlegenden *vrittis* oder mentalen Muster (1.11,20,43; 4.9,21).

**soham** (sah-aham) wörtl.: »DAS bin ich«; *so* repräsentiert kosmisches Bewusstsein, *ham* das individuelle. Ein Mantra, das in der Praxis des *ajapa japa* genutzt wird. Der natürliche Klang des Atems selbst, insofern das natürlichste Mantra überhaupt: *So* erklingt bei der Einatmung und *ham* bei der Ausatmung. In umgekehrter Betonung wird aus dem *soham*- das *hamsa*-Mantra: *Hamsa* heißt Schwan (der zugleich ein Bild für die spirituelle Entwicklung ist).

**Solarplexus** Sonnengeflecht. Korrespondiert mit *manipur* (Nabelchakra).

**soma** siehe *amrita*.

**sphota** Bedeutungsträger eines Wortes, der vom Klang beziehungsweise den Phonemen des Wortes selbst unabhängig ist.

**sthira** stabil, fest; bezieht sich auf Asana, die Meditationshaltung; *sthira* bildet zusammen mit *sukha* ein Paar (2.46).

**shunya** Leere.

**shunya svara** Atem der Leere, Phase der Atmung, während Energie in *sushumna nadi* frei fließt.

**shunyata** Begriff aus dem buddhistischen Kontext: Formlosigkeit, Leere.

**Sufismus** mystischer Zweig des Islam.

**sukha** Freude, Glück, Zufriedenheit; glücklich, komfortabel, angenehm. Bezieht sich auch auf Asana, die Meditationshaltung, und bildet zusammen mit *sthira* ein Paar (1.33; 2.5,7,42,46).

**surya** Sonne (3.27).

**surya nadi** energetisches Netzwerk; synonym für *pingala nadi.*

**sushumna nadi** Zentralkanal; zentrale Energiebahn, durch die Kundalini (spirituelle Energie) ihren Weg von *muladhara* zu *sahashrara chakra* nimmt; lokalisiert in der Wirbelsäule des Menschen; öffnet sich, wenn *ida* und *pingala nadi* im Gleichfluss sind.

**svadhisthana chakra** zweites Energiezentrum; psychisches Zentrum an der Basis der Wirbelsäule im Bereich der Geschlechtsorgane; Speicher unbewusster Eindrücke und sexuelles bzw. Genusszentrum.

**svadhyaya** Selbsterforschung; eines der drei Elemente des Kriya Yoga; eine der fünf Regeln für den Umgang mit sich selbst (2.1,32,34); siehe Niyama.

**svara** Atemzyklus; Atemfluss in den Nasenöffnungen; Ton, Klang, Geräusch.

**svara yoga** Yoga-Wissenschaft der Atemzyklen.

**svarupa** eigene Form (1.3,43; 2.23,54; 3.3,45,48; 4.12,34).

**tamas** eines der drei *gunas;* Trägheit, Dunkelheit, Negativität; siehe *gunas;* siehe Prakriti.

**tanmatra** die fünf feinstofflichen Elemente (in einem »präatomaren Zustand« sozusagen) sind: *shabda* (Klang), *sparsa* (Berührung), *rupa* (Form), *rasa* (Geschmack), *gandha* (Geruch).

**tantra** (von *tan*oti, ausweiten, und *tra*yate, befreien). Sehr alte Wissenschaft, die sich der Entwicklung des menschlichen Bewusstseins hin zu transzendentalem Gewahrsein widmet. Die Schriften des Tantra haben meist die Form eines Dialogs zwischen Shiva (Gott, reines Bewusstsein, männlicher Aspekt der Schöpfung) und Shakti (Mensch, Energie, Materie, weiblicher Aspekt der Schöpfung). Als konkreter Übungsweg (Sadhana) betont Tantra stark die Arbeit mit Mantren. Generell aber versucht Tantra alle Dimensionen des Menschen für spirituelles Wachstum zu nutzen und nichts auszuklammern: Sogar die Sexualität bzw. sexuelle Energie kann in diesem Sinne nutzbar gemacht werden.

**Tao Te King** wichtigste Schrift des Taoismus; ca. 500 v. Chr.; wird dem Autor Laotse (»der Alte«) zugeschrieben.

**tapas** wörtl.: erhitzen; Bemühung; erstes Element des Kriya Yoga; eine der fünf Regeln für den Umgang mit uns selbst; (2.1,15,32,43; 4.1); siehe Niyama.

**tattva** Element; Primärsubstanz; Essenz; Wahrheit; in der Sankhya-Philosophie Bezeichnung für die 25 Elemente der Schöpfung: Prakriti (Ursubstanz), *mahat* (kosmisches Bewusstsein) bzw. *buddhi* (individuelles höheres Bewusstsein, Intelligenz), *ahamkara* (Ich-Macher), *manas* (Rationalität, niedrigeres Bewusstsein), *jnanendriyas* (fünf Sinnesorgane), *karmendriyas* (fünf Handlungsorgane), *tanmatras* (fünf feinstoffliche Elemente) und *mahabhutas* (fünf grobstoffliche Elemente).

**Thomas-Evangelium** Sammlung von Sprüchen und kurzen Dialogen, die Jesus von Nazareth zugeschrieben werden. Gehört nicht dem Kanon des Neuen Testaments an, sondern wird den Apokryphen zugerechnet (und unterlag daher nie der kirchlichen Zensur). Keine Bezüge zur Lebens- und Leidensgeschichte Jesu. Erst 1945 fand man in Nag Hammadi die Sammlung mit 114 Aussprüchen (Logien).

**to ti en einai** die Wesenhaftigkeit eines Dinges oder Wesens; das »Ding an sich«; das, was jemand oder etwas letztlich ist bzw. wohin er/es sich entfalten soll; griechischer Begriff, der ein Äquivalent für den Sanskrit-Begriff des Dharma darstellt.

**trataka** »Starren«; wichtige yogische Konzentrationsübung; gleichzeitig eine Technik des Hatha Yoga zur Reinigung der Augen und Tränenkanäle; siehe *shatkarma*.

**trikuti** »drittes Auge«, siehe *ajna chakra*.

**turiya** »der Vierte«; gemeint ist der Bewusstseinszustand, der über Wachen (A), Träumen (U) und Tiefschlaf (M) hinausgeht; die Stille nach AUM; geht auf die *Mandukya Upanishad* zurück; im *Vedanta* die siebte und höchste Stufe der sieben Stufen der Weisheit *(jnana bhumika)*; höchster Bewusstseinszustand, in dem die individuelle Seele und Gott eins werden; Zustand von *nirvana* (Verlöschen) oder *kaivalya* (Befreiung).

**udana vayu** siehe *vayu*.

**ujjayi** Pranayama-Technik.

**Upanishaden** (*upa:* nahe, *ni:* unten, *shad:* sitzen); wörtl.: nahe (beim spirituellen Lehrer) sitzen und zuhören (die klassische Lehr- und Lernsituation im alten Indien, daher sind die alten Schriften zumeist als Dialog zwischen Lehrer und Schüler verfasst); philosophischer Teil der Veden *(Vedanta)*, dem es um die Beziehung von Natur/ Mensch und Gott geht; Quelltexte des *Vedanta*, Yoga und Sankhya.

**upaprana** untergeordnetes *prana vayu;* siehe *vayu*.

**uparaga** Einfärbung, Reflexion (4.17).

**utkrantih** Levitation (3.40).

**uttanasana** Yogahaltung; stehende Vorwärtsbeuge.

**vairagya** Losgelöstheit, Loslassen, Nicht-Anhaften an die Welt; zusammen mit *abhyasa* (kontinuierlicher und hingebungsvoller Praxis) Grundlage für die Entwicklung eines stillen Geistes; in der Vervollkommnung als *paravairagya* synonym mit dem Ziel des Yoga: *kaivalya* (Befreiung); (1.12,15,16; 3.51).

**vajrasana** Yogahaltung; »Fersensitz«.

**vam** Mantra, das für das zweite Chakra *(svadhistan chakra)* steht.

**vasana** tief liegende Gewohnheiten, mentale Disposition; Charakter- oder Persönlichkeitszüge; Wünsche, Begehren; prägende Tendenzen aufgrund wiederholter Handlungsweisen; Bündel von *samskaras;* Ursache von Tod und Wiedergeburt (4.8,24).

**vayu** Luft, Wind, Atem; Lebensatem; Ausdrucksform oder Funktion von Prana. Es gibt fünf Haupttypen von Prana oder *vayu* beim Menschen sowie fünf untergeordnete Typen *(upaprana)*. Die Haupttypen und ihre groben Lokalisierungen bzw. Funktionen sind: *prana vayu* (Thorax; Absorbtion), *samana vayu* (Abdomen; Assimilation), *apana vayu* (Unterleib; Exkretion), *udana vayu* (Kopf und

Gliedmaße; Reaktion) und *viyana vayu* (Koordination und Reservekraft der anderen *vayus*). Die fünf *upapranas* (untergeordnete *vayus*) sind: *krikara, devadatta, dhananjaya, naga, kurma* (zuständig für die Aktivitäten Niesen, Gähnen, Ausscheiden, Aufstoßen und Augenzwinkern); (3.41).

**Veda** auch: die Veden; (*vid:* sehen, erkennen); (heiliges) Wissen, Erkenntnis; Sammelbegriff für das älteste Schrifttum Indiens; ca. 5000 v. Chr.; Offenbarungen, die Seher *(rishis)* erhalten haben bzw. von ihnen gehört wurden *(shruti)*, im Gegensatz von bloß erlernten bzw. erinnerten Texten *(smriti)*; in diesem Sinne also keine von Menschen verfassten Texte und daher frei von Fehlern und Unreinheiten. Die Veden gelten als ewig; sie lehren, was Brahman (Gott) ist und auf welche Weise man ihn ehren soll.

**Vedanta** wörtl.: der letzte Teil der Veden, also: die *Upanishaden;* Lehre des letzten Zieles der Veden: die Gottverwirklichung; Bezeichnung für Schulen hinduistischen Denkens: reiner Non-Dualismus *(Advaita-Vedanta)* oder bedingter Non-Dualismus *(Vishishta Advaita)*; Während für den *Advaita-Vedanta* alles außer Brahman reine Illusion ist, vertritt der *Vishishta Vedanta* (der auf Ramajuna zurückgeht) die Auffassung, dass die Einheit Gottes in der Welt zur Vielheit wird, mit anderen Worten: Gott und Welt sind identisch; eines der sechs philosophischen Systeme *(darshanas)* Indiens.

**Veden** siehe *Veda*.

**vibhuti** paranormale Fähigkeiten; auch: siddhi; Thema des dritten Kapitels; siehe *vibhuti pada*.

**vibhuti pada** Titel des dritten Kapitels; Kapitel über die außergewöhnlichen Errungenschaften des Yogi; hier als Loslösung von der Begrenzung durch die Welt gedeutet.

**vichara** Sammelbegriff für die beiden Samadhi-Stufen *savichara* und *nirvichara*; siehe Samadhi (I.17).

**viccheda** wörtl.: das Abschneiden (oder Unterbrechen) der Atmung während des Pranayama (2.49).

**videha** körperlos (I.19; III.44).

**videha mukta** »befreit und körperlos«; eine befreite (»erleuchtete«) Seele, die ihren Körper verlassen hat.

**vijnanamaya kosha** siehe *kosha*.

**vikalpa** Vorstellung, Fantasie, Einbildung, Idee, Konzept; eines von fünf *vrittis* oder mentalen Mustern (1.6,9,42).

**vikshipta** zwischen Zerstreutheit und Fokussiertheit oszillierender Geist; einer von fünf Zuständen des Geistes; siehe *manas*.

**viparyaya** falsches Wissen, unkorrektes Verständnis; eines von fünf *vrittis* oder mentalen Mustern (1.6,8).

**virya** Vitalität (1.20; 2.2,38).

**vishishta vedanta** bedingter Non-Dualismus; siehe *Vedanta*.

**vishnu granthi** Knoten in *anahata chakra*. Steht für emotionale Anhaftungen.

**vishuddi chakra** wörtl.: Reinigung; das fünfte der sieben psychischen Zentren. Korrespondiert mit der Schilddrüse und dem Rachenbereich, steht für Reinigung und Kommunikation.

**vitarka** Überlegung, Gedanke, Meinung; mentaler Inhalt; auch: negative Gedanken (1.17,43; 2.33,34).

**vitarka samadhi** Sammelbegriff für die beiden ersten Stufen von *samprajnata samadhi* (*savitarka* und *nirvitarka samapatti*); siehe Samadhi.

**viveka** rechtes Unterscheidungsvermögen; unterscheidende Intelligenz oder Gewahrsein; die Fähigkeit, zwischen Illusion und Wirklichkeit, Gott und Welt, Leben und Tod, Ewigem und Vergänglichem zu unterscheiden (2.26,28; 3.53,55; 4.26,29).

**vivekajam-jnanam** Erkenntnis, die aus *viveka* (unterscheidendem Gewahrsein) geboren ist (3.53,55).

**viveka-khyati** Bewusstseinszustand bzw. Leben, das von permanentem unterscheidendem Gewahrsein geprägt ist (2.26; 4.29).

**viyoga** der Prozess der Trennung von Wirklichkeit und Illusion bzw. der persönliche Entwicklungsweg zunehmender Loslösung von falschen Identifikationen, die zu der Erkenntnis führt, dass wir nicht Prakriti (die Welt), sondern Purusha (reines Gewahrsein) sind. Entspricht in gewisser Weise der Idee des *neti neti* des *Vedanta* (nicht dies, nicht das) bzw. der *via negativa* (Weg der Verneinung) des Christentums. Durch Erkenntnis dessen, was wir nicht sind, kommt es zum Erfahren dessen, was wir in Wahrheit sind.

**vritti** Regung, Bewegung, Fluktuation, Welle des Bewusstseins *(chitta-vritti)*. Es gibt fünf *vrittis*: *pramana* (richtiges Wissen), *viparyaya* (falsches Wissen), *vikalpa* (Vorstellung), *nidra* (Schlaf) und *smriti* (Erinnerung) (1.2,4,5,10,41; 2.11,15,50; 3.44).

**vyakta** geschaffen; bezieht sich auf *vyakta prakriti;* siehe Prakriti.

**vyana vayu** siehe *vayu*.

**wu wei** Begriff entsammt dem Taoismus; »handeln, ohne zu handeln«; äquivalent zum Konzept des Karma Yoga, ein Handeln, das keine Bindungen an die Welt erzeugt; siehe Karma Yoga.

**yama** erstes Element des Ashtanga Yoga (acht Elemente des Yoga); fünf Regeln für das Verhalten in unserem persönlichen Umfeld. Die fünf Yamas sind: *ahimsa* (Nicht-Verletzen), *satya* (Aufrichtigkeit), *asteya* (Nicht-Stehlen), *brahmacarya* (Leben im Bewusstsein um die Quelle, aus der wir kommen) und *aparigraha* (Nicht-Greifen); (2.29,30).

**yoga** (*yuj* = verbinden); Einheit; Zustand (Yoga als Ziel) sowie Methode, die zum Ziel führt (Yoga als Weg); (1.1,2; 2.1).

**zazen** Sitzmeditation; Begriff aus der Tradition des Zen.